JN012096

資本主義の〈その先〉へ

大澤真幸

筑摩書房

資本主義の〈その先〉へ

はじめに

資本主義は最悪のシステムだ。問題はしかし、資本主義よりもましなシステムは他にないということである。

これは、ウィンストン・チャーチルが民主主義に関して言ったとされていることを、そのまま資本主義に適用したときに導かれる命題です。チャーチルの言葉は正しくは、「民主主義は最悪の政治形態だと言われてきた。これまで試みられてきた他のあらゆる形態を除けば、だが」というもので、文字通りには、結局「これまで試してきた政治形態の中では民主主義が最もよい」という単純なことを言っているだけです。しかし、それならば、チャーチルはどうして、ストレートにそう断定しなかったのでしょうか。実のところ、このもってまわった言い方は、言外にエッジの利いた逆説を暗示しているのです。チャーチルの言葉が人々を惹きつけ、繰り返し引用されてきた理由はその逆説にあります。逆説とは、次のような二律背反（アンチノミー）です。「それは最も悪い。しかしそれよりよいものが存在しない」

この逆説はしかし、民主主義に対してよりも、資本主義にもっとふさわしいように思います。つまり「それ」の部分には、「民主主義」ではなく「資本主義」を代入した方が、よりいっそう説得力のある命題を得ることができます。

一方で、資本主義は最悪です。今日、私たちが直面している深刻な困難のほとんどは、究極の原因にまで遡れば、私たちの社会システムが資本主義だという事実につきあたります。エコロジー的な危機にせよ、戦争や暴動やテロを引き起こしてもいる国家間の、あるいは国内の極端な経済格差にせよ、ブルシット・ジョブなどと呼ばれる空疎な仕事の増大にせよ、一部の企業や国家が蓄積した膨大な個人情報を利用することで生ずる私たちの自由への脅威にせよ、……と数え上げればきりがないのですが、それらの問題のすべてに関して、根本の部分までその原因を遡れば、資本主義があります。

他方でしかし、それでも資本主義よりよいシステムはないようにも思われます。20世紀には、資本主義を超えたと称する体制、つまり社会主義体制を採用する国家がたくさんできましたが、20世紀末までには、それらは資本主義の向こう側にあるシステムではなく、資本主義の手前にあったことが、資本主義への回り道だったことが明らかになりました。今日では、「社会主義」を看板にかかげる国家が、資本主義の優等生のひとつになっているくらいです。

チャーチルは、二律背反を、民主主義を肯定するためのレトリックとして活用しました。彼は、二律背反の後段の方をとったわけです（「それよりよいものはないのだから仕方がないだろう」と）。

しかし、資本主義に関しては、前段か後段のどちらかを優越させるという仕方で、二律背反を解消することはできません。資本主義については、前段と後段の両方をともにまじめに受け取らなくてはなりません。もし後段を優先させて前段を無視すると、それは、資本主義がもたらしつつあるとてつもない不幸や破局や不公正などを、致し方ないものとして受け入れることを意味します。しかし、後段を軽く見るわけにもいきません。後段を無視するとは、資本主義を成り立たせているある部分を単純に否定したり、禁止したりして、たとえば私的所有を全面的に排除して国有化するなどして得られる体制を、「資本主義よりもよいシステムである」「資本主義の先にあるシステムである」と提示する方法です。しかし、このようなやり方は、ねらいとは逆に必ず、資本主義よりも悲惨なシステムをもたらします。これこそ、20世紀の歴史の教訓です。

ならばどうすればよいのか。資本主義は、その内側から、内在的に乗り越えなくてはならない、ということです。資本主義のある根幹的な条件を徹底的に肯定すること、資本主義の自己否定にいたるまでにその条件を肯定すること。これしかありません。資本主義の〈その先〉への道は、資本主義の内側にまずは見出さなくてはなりません。

＊

そうだとすると、ひとつの方針が導かれます。〈変革〉に対する〈解釈〉の先行性。あるいは〈変革〉の最初の、そして不可欠な一歩としての〈解釈〉。

私はここで、カール・マルクスが「フォイエルバッハに関するテーゼ」（1845）という覚書の中で述べていることを念頭に置いています。その中の第11番目のテーゼ、これが最後のテーゼなのですが、そこでマルクスは、世界をさまざまに解釈しているだけの哲学者たちを批判しています。肝心なことは世界を変革することなのに、彼らは解釈ばかりをしている、と。

しかし、私はマルクスに反してこう言いたい。まずは〈解釈〉が重要である、と。〈解釈〉というかたちで〈変革〉は始められなくてはならない、と。どういうことなのか、説明します。

今し方、資本主義の〈その先〉への道は資本主義そのものの内部に見出さなくてはならず、資本主義は肯定を通じて乗り越えなくてはならない、と述べました。しかし実際には、資本主義を徹底させることで、資本主義の弊害を克服しようという提案は、これまでも繰り返しなされてきました。そもそも、実行されてきた対策もまた、資本主義そのものを肯定するものです。それなのに、さまざまな困難や弊害は一向に解決には向かわず、ときには拡大すらしています。たとえば、温暖化などの地球の生態系の破壊への歩みは止まらず、貧困化や格差はますます大きくなり、生の空虚化や人間疎外もますます深刻な問題となっています。

資本主義を肯定しているのですから、資本主義がもたらす問題が悪化するのは当たり前と言えば当たり前です。とすれば、資本主義を過剰に肯定することによる資本主義の超克という考えは、もともと不可能なことを求めているのでしょうか。そうではありません。

どこに躓きの石があったのか。私たちが資本主義とは何なのか、未だトータルには理解できていないのです。資本主義とはどのようなメカニズムなのか。資本主義がどのように私たちの行動と精神を捉えているのか。どうして、私たちは資本主義の外に出られないと感ずるのか。そうしたことが、私たちにはまだよくわかっていません。

普通は、資本主義は経済の仕組みのひとつだと考えられています。マルクス主義の教科書的な図式を使えば、つまり史的唯物論に基づいていえば、資本主義は経済的な土台の問題であり、要するに生産様式のひとつです。土台の上には、観念的な上部構造がある、ということになっています。もし資本主義がそのようなものに尽きるのだとすれば、資本主義の乗り越えに原理的な困難があるとは思えません。史的唯物論の公式見解に反して、私たちは、「観念」に、経済的な利害からは自立した力があることをよく知っているからです。観念は、経済的なものに全面的に規定されているわけではなく、逆に、経済的な行動を、ときには政治をも動員して、自らに従属させることもできます。

しかし、もしその観念も含めて資本主義だとしたらどうでしょうか。資本主義は、観念も経済的土台もその一部に含むトータルなメカニズムだとしたらどうでしょうか。私たちが普通に、資本主義的だと見なす経済現象は、より包括的な社会的メカニズムの一部、その氷山の一角でしかないとしたらどうでしょうか。観念の力もまた、資本主義的な運動の一部として発動されているのだとしたら、資本主義の乗り越えは簡単にはいきません。

というわけで、私たちはまず、資本主義という現象を、徹底的に〈解釈〉し、そのトータルな働き方を理論化しておく必要があります。そのことによって、資本主義にとって何が最も中核的な条件になっているのか、どの部分が〈その先〉への通路になっているのか、どこを徹底して肯定することが、資本主義を〈その先〉へとつなぐ転回をもたらすのか、そうしたことが明らかになってくるはずです。〈解釈〉において援用される理論が、不可能（そうに見えること）が十分に可能であることを示すわけです。

このように〈変革〉のための実践に先立って、〈解釈〉が必要になります。いや、〈解釈〉は、すでに〈変革〉の一部であるような探究であり、まずはこの「哲学者」の仕事が必要です。マルクスに反して、このように言わねばなりません。

ちなみに、マルクス自身も、実際のところは、資本主義を解釈する「哲学者」でした。確かに、マルクスは、変革をリードする革命家でもありました。しかし、今日でも私たちがマルクスに関心をもち、変革する実践家としての側面も含めて彼に注目するのは、まずは、マルクスが世界の解釈者として圧倒的に卓越していたからです。「フォイエルバッハに関するテーゼ」では「哲学者」を批判していますが、マルクスも、第一義的には〈解釈〉に従事する「哲学者」のひとりです。

＊

というわけで、本書でも、資本主義とは何であるのかを、その最大限の広がりと深度において解釈し、資本主義の働き方を理論として提起することに多くの努力が傾けられます。それは、資本主義の〈その先〉への道を見出す上で、不可欠な前提的な作業です。いや、このような言い方もまだ不十分かもしれません。資本主義の過去と現在を解釈する作業において、〈その先〉を示すための探究は潜在的にはすでに始まっています。

本書の全体の流れは、次のようになります。

第1章で、資本主義の世界に取り憑いてきた――そしてとりわけ現在において先鋭化している――〈終わり〉についての両義的な感覚を分析しながら、本書の問題意識を提示します。

第2章は、『資本論』でも描かれている経済現象としての（狭義の）資本主義を可能なものとしている――その背後において作用している――社会的なメカニズムを解明するしいうかたちで、資本主義をその全体において把握することを目的としています。経済的な意味での資本主義は、より包括的な現象の一部であることを示すことになるでしょう。

第3章と第4章は、観念や言説の領域で生じている近代的な変容や運動を、資本主義的なものとして説明します。この二つの章は、第2章で提起した理論を精緻化し、実質化するためのものでもあります。この二つの章を通じて、読者は「そんなことまで資本主義なのか」と驚かれることでしょう。

第5章では、ここまでの考察を前提にした――とりわけ先立つ二つの章の議論を受けて――、資本主義の〈その先〉の社会の最も基本的な骨格構造を、適切な抽象度において提示します。「適切な抽象度」という部分が重要です。

実質的なことは、もちろん本文に委ねなくてはなりませんが、ここで、予告めいたことをひとつだけ述べておきます。資本主義の内部から〈その先〉へと行くとして、つまりそれの徹底的な肯定を通じて資本主義の〈その先〉へと脱出するとして、そのときの鍵となるのは、〈普遍性〉の概念です。20世紀の最後の四半世紀頃より、私たちは、「普遍性」を標榜する態度を、いかがわしいものとして、ずいぶん捨ててきました。「普遍的価値」「普遍的理念」「普遍的正義」のようなものが、いかに欺瞞的で、ほんとうは一部の集団の利益に奉仕するものに過ぎないかということを示すのが、思想の流行でもありました。「普遍性」を退けるそのような議論は、説得力があり、正しいものです。では、そのような議論の犠牲にはならない、真の〈普遍性〉を確立することはできるのか。資本主義の内部から、そして資本主義に抗して〈普遍性〉を立ち上げることができるのか。社会的行動や社会構造のうちに受肉するようなかたちで、です。これが、〈その先〉へと私たちが行けるかどうかを分かつ中核的な問いとなるでしょう。

※ 引用文中の〔 〕内は著者による補記である。

資本主義の〈その先〉へ　目次

第2章 剰余価値はいかにして生まれるのか

第5章 〈その先〉へ

第1章

終わらぬ終わり

1 「下部構造／上部構造」図式を超えて

資本主義が終わるのではないか。資本主義の限界が近づいているのではないか。私たちはいま、そんな予感をもっています。実際、資本主義の終わりを直接的または間接的に示唆する内容の本が、世界中で広く読まれています。ときにはかなり難解なものも含めて、です。

しかし、資本主義の終わりということには、不可解な両義性もあります。アメリカの文学研究者のフレドリック・ジェイムソンが言っているように、資本主義の終わりを想像することは、人類の終わりや世界の終わりを想像するよりも難しいのです。[*1] 論理的には少しおかしいわけですが——なにしろ世界の終わりは資本主義の終わりを含んでいるのですから——、確かに、人類や地球の破滅を描くSFはありますが、資本主義の終わりを描いたフィクションはない。私たちは、資本主義の終わりや限界について予感めいたものをもってはいますが、しかし、その終わりを積極的に思い描くことができないのです。

なぜそうなるのかといえば、それは私たちが資本主義の〈その先〉について、イメージをもつことができないからです。資本主義は限界を迎えつつあるように見える、しかし、その後はどうなるのか、と。

しかし、そう問う前に考えるべきことがあります。というか、そのような問いが出てくるさらなる原因があるのです。資本主義とはそもそも何なのか、私たちはよくわかっていない、ということです。普通、資本主義は経済的なシステムだと考えられています。が、そのように考えてしまうと、資本主義がなぜかくもしぶといのか、どうして、切迫した終わりについての予感をふりまきながら、なおその先のオルタナティヴを思い浮かべることもできないほどの包括性をもっているのか、その理由が分からなくなってしまいます。資本主義というのは、経済に限定されないもっと一般的なシステムです。

史的唯物論の図式を使って、趣旨をあらかじめおおまかに説明しておきます。この図式は建築の比喩になっており、下部構造が経済的なもの、つまり生産様式であり、そして上部構造として、政治的・イデオロギー的なものがある、とされています。建築ですから、土台の下部構造の方が重要で、政治的・イデオロギー的な上部構造は経済的な下部構造に規定されている、と考えられているわけです。それに対して、政治的・イデオロギー的な上部構造には、（相対的な）自律性がある、という趣旨の反論が加えられてきました。そして、資本主義は、経済的下部構造のひとつのタイプだとされてきたわけです。

もしこの通りであるならば、資本主義を乗り越えること、資本主義を制御することは、そんなに難しくはないはずです。政治的・イデオロギー的な上部構造には、経済的下部構造に規定しつくされない独自の潜在力があるはずだからです。もっと分かりやすくいってしまえば、「人はパン（経済的下部構造）のみによって生きるにあらず」です。

しかし、ほんとうは、この「パン」（人間の「自然」な物質的欲求）を超える過剰な部分もまた、資本主義に含まれているのです。まさにその過剰な部分を、資本主義はむしろ自分のエネルギー源として活用している。言い換えれば、「経済的下部構造（生産様式）から相対的に自律した独自の力」

とされてきた部分、この部分もまた包摂しているのが資本主義です。その意味で、資本主義は、狭義の経済的現象を超えた一般的な現象です。普通、「資本主義的」とされている経済行動を派生的に生み出す、より包括的な社会現象が資本主義です。実は、『資本論』で資本主義について分析したとき、マルクスは資本主義を実際、このように捉えています。だから、マルクスは、哲学――とりわけヘーゲルの哲学――や神学――キリスト教神学――の用語を使いながら「資本」について説明しているのです。単なる修辞、単なる衒学のために、そうしているわけではありません。

この後の議論では、まず、そのように一般的に捉えたとき資本主義とは何なのか、そのことを明らかにしましょう。そのように根本から捉え直したとき、資本主義の〈その先〉について、どのような暗示が得られるのか、考えることにします。

2　賭博と黙示録

前置きは、ここまでとしておきましょう。

さて、人類学者のデヴィッド・グレーバーが大著『負債論』の中で紹介している、あるエピソードを見ることから始めましょう。それは、ごく初期の――ほとんど胎児段階といってもよいほど初期の――資本主義と資本主義以前の社会との出会いに関連したエピソードです。資本主義以前の社会とは、新大陸の社会、アステカ帝国です。スペイン人のエルナン・コルテスは、わずか500人の兵を率いて、メキシコ中央高原で栄えていたアステカ帝国を征服しました。1521年のことです。注目したいのは、その後にあった、一見、ささいなことです。コルテスは、捕らえたアステカ皇帝モンテスーマと、トトロックという名前のゲームに打ち興じています。コルテスは、このアステカのゲームに魅了され、いかさまで勝ち続け、モンテスーマから大量の金を巻き上げた、と言われています。

トトロックがどんなゲームだったのか、正確にはわかっていません。ただ、トトロックとよく似ていたと推定されている別のゲームのことがわかっています。それは球技で、特別な衣装で着飾った二つのチームの間で、ボールを前後に強打しながら少しずつ点をとるゲームです。ただ、ふしぎなことに、球技場の高いところに小さな石の輪が設置されていたのです。何のためにあるのかよくわからないという印象を与えるらしいのですが、実は、どちらかが、その輪を通してボールを送ることができると、それまでの経緯がすべてキャンセルされて、勝利者が決まり、ゲームオーバーになる。こうなったときには、勝者が、賭けられた品のすべてをとり、見物人の外套まで略奪する権利を得たそうです。とはいっても、その輪は、非常に高いところに設置されていたうえに、とても小さく、ボールをその穴に首尾よく通すことは、ほとんど不可能だったらしい。トトロックもこれに近いゲームだったと考えられています。

ここで注目したいのは、コルテスが、どうしてこのゲームにハマったのか、です。コルテスはすでに帝国を制圧しているのですから、こんなゲームでモンテスーマから金品を巻き上げる必要はなかったはずです。それなのに、彼はこのゲームに夢中になった。このゲームに、彼の心を強く惹きつけるものがあったのです。今述べたように、このゲームには、すべてを終わらせ、逆転させるような設定が用意されていました。言ってみれば、ゲームが前提にしている「世界」が突如として終わることがありうるように設定されているわけです。コルテスを惹きつけたのは、ゲームのこの終末論的な構造です。そして、ここに、資本主義がもっていたと思われるある本質的な性格とのつながりを、グレーバーは見ています。彼の言葉をそのまま引きます。

ここからなにか学ぶものがあるとすれば（中略）博打と黙示録（アポカリプス）のあいだには、とても深く、とても根底的な関係があるということである。資本主義とは、賭博師を、前代未聞の方法で、その作用の本質をなす一部として、聖堂に祭りあげるシステムである。しかしそれと同時に資本主義は、みずからの永続性を思考することが独特の仕方で不可能なのだ。[*2]

私は、なぜこんなささいなエピソードを紹介したのか。その理由は、グレーバーのこの洞察に関係しています。先ほど、私たちは現在、資本主義の終わりということへの予感をもっている、と言いました。が、実のところ、終わりということへの想像力、常に終わりということを思ってしまうということ、終わりに不安や恐怖を感じつつも、終わりにときには魅力を感じてもしまうということ、要するに、終わりの観念にネガティヴにもポジティヴにも取り憑かれるということ、資本主義には、最初からそのような性質があったのです。そのことを示すエピソードを、グレーバーの大著から引いてみました。

確かに、近年——21世紀に入った頃より——、資本主義における終わりへの感覚が、急激に切迫感を伴ってきたことは確かです。そのことを確認した上で、もう一度言いますが、資本主義はたえず終わりへの予感や予言とともにありました。しかし、予感や予言はことごとく外れ、資本主義は延命してきたわけです。歴史を振り返ってみると、資本主義が、終わりに最も近づいた瞬間、一瞬ではありますが地獄を見たと思った瞬間は、第一次世界大戦が終わっておよそ十年後に起きたあの大恐慌のときだったかもしれません。資本主義は、終わりの兆候を察知するし、延命のための方策を編み出してもきたわけですが、大恐慌のときには、それまでの中で最も有効で強力な延命措置が見出されました。それが、実践的には、ローズヴェルト米大統領のニューディール政策、理論的には、ケインズの経済学に代表されるような、国家による市場経済への積極的な介入でした。

3 時間かせぎの資本主義

一方では、資本主義は、終わりが迫っているという強い予感があり、他方では、資本主義は決して死なず、生き延びるという予感もある。二つの矛盾した感覚のアンチノミーが極限に達しているのが、現在かもしれません。

生まれたての資本主義の精神を体現していたコルテスが、終末論的なゲームにハマったというエピソードから始めたので、今度は、終わるかもしれないという危機意識と、その危機を回避する延命措置のいたちごっこという資本主義の特徴を、もう少し現在に近いところで、見ておきましょう。その点で参考になるのが、ドイツの社会学者ヴォルフガング・シュトレークの『時間かせぎの資本主義』という本です。[*3] この本は、１９７０年代以降の――厳密にはニクソン・ショック（ドルと金の交換の停止）以降の――資本主義がどのように破局的な危機を乗り越えてきたか、というか、ほんとうには乗り越えられず、矛盾を先送りしてきたか、について論じたものです。

シュトレークは、フランクフルト学派の系列に属しています。存命のフランクフルト学派の学者としては、ユルゲン・ハーバーマスが最も有名でしょう。シュトレークは、自分が、ハーバーマスらの後続の世代であることを強く自覚しています。つまり、ハーバーマス的な問題意識では現代を捉えられないという、はっきりとした認識がシュトレークの原点です。

ハーバーマスは、20世紀の資本主義――後期資本主義――の問題は、先の史的唯物論の図式を使えば、政治的・イデオロギー的な上部構造にしかない、と考えています。経済システムとしての資本主義にも、もともとはいろいろな困難があったわけですが、テクノクラートによる管理、ケインズ的な国家による市場への介入によって、それらの困難は取り除かれ、経済システムとしての資本主義は制御可能になった。これが、ハーバーマスの思い描いた後期資本主義です。

ハーバーマスによれば、後期資本主義の危機は、だから、政治的・イデオロギー的なもの（だけ）です。民主主義による支配の正当化という部分に、危機が生ずる、と。本来は、政治権力の源泉は、自由な公共圏における討議と合意形成でなくてはならないのに、後期資本主義においては、各種の業界を代表するロビイストとか、政党とか、労働組合とかの間のコーポラティズム的な妥協、私的利害の間の駆け引きや均衡になってしまっている。というわけで、公共圏での合理的な討議を復活させるために、ハーバーマスはコミュニケーション行為の理論に向かったわけです。

しかし、シュトレークは、資本主義経済そのものに、根本的な危機が内在していると考えました。そのことが、1970年代以降にはっきりしてきた、と。70年代初頭に高度成長が終わります。このことが、民主主義を標榜している「先進国」にとっては、大きな問題になる。経済成長しなくなるということは、生産的な投資がなされなくなり、その結果、失業者が出る、ということです。基本的に完全雇用（に近い状況）を達成することが、民主主義国家が安定するための最低限の条件です。民主主義的な政府は国民に対し、「完全雇用」の実現を約束しているのです。とはいえ、企業に雇用を強いることはできない。倒産してしまいますから。結局、経済成長が不可能になるということは、資本主義が死ぬ、ということです。

政府は、資本（利潤によって生きる）と労働者（賃金によって生きる）の両方を満足させなくてはならない。そのためにはお金が必要です。お金があれば、破局を先延ばしにすることができる。結局、70年代以降の資本主義国は、「資本主義の諸制度の中でも、最も神秘に満ちた制度である貨幣」を使って、時間を買ってきた――破局までの時間を稼いできた、というのがシュトレークの言っていることです。

ただ、問題は、どこから貨幣を調達するか、です。そこに矛盾というか、ごまかしがあるため、調達源は、次々と変化していきます。それによって、70年代以降の資本主義を段階区分できるというのが、シュトレークの着想です。第一に、70年代には、単純に政府が貨幣を発行しました。つまり紙幣を印刷したわけです。しかし、これだと、インフレになる。そこで、第二に、80年代より、輪転機を使って紙幣をそのまま刷るのではなく、政府は国債を発行しました。ということは、国債を買う民間の金融機関が、貨幣を調達しているということです。しかし、そうすると、国の借金はどんどん増え、それは、将来の有権者の負担となる。

そこで、2000年頃より、第三のやり方が案出されました。どういうことか。たとえば、低所得の労働者でも、クレジットカードで買い物ができるようになりました。あるいは、あのアメリカのサブプライム・ローンのようなものが拡大し、低所得者でもローンを組んで家をもつことができるようになった。ということは、どういうことかと言うと、結局、労働者たちの未来の購買力をあてにして貨幣が発行されているに等しいのです。別の言い方をすれば、政府債務をできるだけ家計債務に置き換えようとしている、ということになります。が、リーマンショックに至り、これも破綻しました。

現在は、第四段階で、貨幣を調達しているのは、結局、各国の中央銀行です。中央銀行が、ゼロ金利で市場に資金を提供したり、あるいは、どこかの国の国債を購入したり、株を購入したりして、貨幣を供給している。しかし、日銀が、経済成長も目標のインフレ率ももたらすことができないことからもわかるように、この第四の方法も挫折しつつあります。特に、ユーロ圏では、一部の国のデフォルト危機とその支援の問題というかたちで、矛盾が噴出している。

シュトレークが述べていることはここまでですが、最近では、現代貨幣理論（MMT）なるものが唱えられています。これは、自分の通貨をもつ政府は、いくらでも貨幣を発行できる（インフレさえ気をつければ）という説です。ある意味で、振り出しに戻っているのです。この理論に対しては、多くの経済学者が懐疑的です。私も、この理論に対しては批判的ですが、今はそのことについて詳しくは論じません。ただ、この理論を信じようが信じまいが、実際には、これに近いことを、各国の政府はやってきたのですが、特に日本の政府は、です。

いずれせよ、シュトレークによれば、現代資本主義は三つの危機を抱えており、それらがすべて解決されないと、最終的には破綻します。三つの危機とは、第一に、銀行など民間の金融機関が不良債権を抱えていること、第二に、国家が多額の借金を負っていること、第三に、経済がほとんど成長しないこと。問題は、これら三つを同時に解決することは、論理的に不可能だということです。[*4]したがって、論理的には破局しかないところを、貨幣をなんとか調達して、時間を買う――終わりを延期する――ことで、資本主義は持続している、というのがシュトレークの言っていることです。

要するに、資本主義の「正常」とされている作動の中に、破局に向かっているという予感と、その破局を永遠に回避しうるという力学との両方が含まれており、せめぎあっているのです。

4　安楽死か、それとも終わらない延命か

では、今度は未来の方に、といってもごく近い未来の方に目を向けてみます。現在の先端的な技術、特にIT技術が開きつつある資本主義の将来に対して、どのような展望がもたれているのか。ここで、とりあえず話題にしておきたいのは、あのレイ・カーツワイルの「シンギュラリティ[*5]」よりもさらに手前にある近未来です。カーツワイルのシンギュラリティは、まだ実現していない人工知能の話ですが、これから話すのは、すでにある技術を前提にした話、あるいはすでにある技術の、

ほんのちょっと先に見出される状況です。

この近未来についても、対照的なイメージが抱かれています。一方には、資本主義は死に向かっているという予想があり、他方には、資本主義は永遠の生を享受しようとしているという予想があるのです。前者の予想は、ジェレミー・リフキンの『限界費用ゼロ社会』で描れており、[*6]後者は、マイケル・ルイスが『フラッシュ・ボーイズ』で暴いている高頻度トレーダー（High-Frequency Trader : HFT）がきり開く金融市場が連想させる資本主義です。[*7]この二つについては、フレドリック・ジェイムソンによる非常にユニークな未来構想の長篇論考と、それに対する9名の論者による応答を収録した『アメリカのユートピア』の中で、スラヴォイ・ジジェクが、とても気の利いたかたちで解釈し、分析しています。[*8]

まずは、リフキンがいう「限界費用ゼロ」になる社会。いわゆる「モノのインターネット（IoT）」の出現によって、財やサーヴィスの価格はどんどん低下していきます。やがて限界費用がゼロになるでしょう。限界費用とは、財とかサーヴィスをあらたに一単位分増やすときに必要な費用のことです。限界費用がゼロだということは、要するに、無料で入手できる、ということです。

すでに、コミュニケーションのインターネットはあります。それに、エネルギーのインターネットとロジスティックス（輸送）のインターネットが合流する。そうすると、すべてのモノと人とを結びつけた、一大テクノロジー・プラットフォームができるわけです。何十億、何百億ものセンサーが、天然資源にも、生産ラインにも、あるいは家庭や会社にも、乗り物にも、そして人間にも埋め込まれ、ビッグデータがグローバルな情報ネットワークに供給されるでしょう。人々は、そのビッグデータにアクセスし、ほとんどゼロコストで、使うことができる。人々は情報やエネルギーやモノを、――ときには3Dプリンタを使って――自分で作り、そして互いに共有することになります。

この状態は、協働型コモンズ Collaborative Commons と呼ぶことができる。協働型コモンズが確立した社会では、金融的な資本よりも、社会関係資本の方が大事になります。情報やモノはほとんど無料で入手できるとはいえ、自分が、そのコモンズの仲間に入っているか、自分にコモンズへのアクセス権があるか、ということが大事になるからです。したがって、資本主義的なタイプの市場における交換価値は、協働型コモンズにおける、共有可能価値に置き換わっていく。

このリフキンが描く限界費用ゼロ社会は、「協働型コモンズ」という呼び方の中に示唆されているように、ほとんどコミュニズムです。つまり、資本主義の極限に、コミュニズムに類する社会が実現しようとしているわけです。私は、これは、資本主義の一種の安楽死だと解釈しています。

＊

しかし、逆の展望も見えてきます。つまりほぼ同じＩＴ技術をベースにして、資本主義は今後もずっと繁栄する、ほとんど倒錯的な繁栄を続ける、と予測することもできるのです。この予測を支える現実の技術の実例として、高頻度トレーダー（ＨＦＴ）があります。ＨＦＴというのは、コンピュータを使って、1秒にも満たない短時間、何ミリ秒という時間の間に、株を売り買いして利益を得る方法です。株のブローカーは、コンピュータの画面を見て、買い注文を出す。株価は、たえず微妙に揺らいでいますから、ＨＦＴのコンピュータは、千分の一秒後に少しだけ高くなった株価で、買った株を売り戻す。

ＨＦＴは、コストの割には儲からないなどの問題があって、一時よりは減っているようです（ピークは２００９年だったとのこと）。しかし、私は、ＨＦＴが示してしまった理論上の可能性が重要だと思います。つまり、株式市場からは、いざとなったら、こんな方法によっても利益を得ることができるのです。人間にはとうてい知覚できないほどのわずかな時間の間に生じている、株価の偶発的な揺らぎが、利潤の源泉となりうる。こんなものでさえも活用できるのであれば、資本主義はいつまでも生き続けるのではないでしょうか。

ＨＦＴは、先の限界費用ゼロ社会における協働型コモンズの微妙に幻想的な性格を利用していると解釈することができます。協働型コモンズを可能にしているインターネットの空間の中で、私たちは純粋に同期化したグローバルな共同体の中にいる、という感覚をもちます。物理的にどんなに隔たっていても、同期化していて、互いに直接的に結びついているに等しい、と。しかし、厳密には、これは幻想なのです。情報がケーブルの中を通過するのに、時間がかかるからです。ＨＦＴは、この時間を活用する。つまり、証券取引所の近くから接続している人と遠くから接続している人とでは、株価についての情報を得るのに何ミリ秒かの違いが出る。その違いを活用して、利益を得るのがＨＦＴです。

限界費用がゼロになれば、利潤が出なくなって、資本主義は終わる……と思っていたら、実体経済とは無関係な株価の微妙な揺らぎさえあれば、そこから利潤を得ることができる。とすれば、資本主義はやはりいつまでも延命するのではないか。こうも思えてきます。

ＨＦＴには理論的に興味深いことがあるので、付け加えておきます。社会的に有意味な現実とは何か、という問題です。それは、私の概念を用いるならば、第三者の審級によって認知された（と想定された）こと、です。第三者の審級に認知され、記録されなくては、有効な現実として認められません。このケースでは、株式市場の取引に使用されている機械こそが、「第三者の審級が何を認知したか」を示す指標になっているのです。その上で、私たちの生理的な身体、私たちの脳が知覚したり、感覚したりする「生の現実」と、第三者の審級によって認知されたとされる「社会的な現実」とは、一致しないということをもう一度強調しておきます。そういう観点で、ＨＦＴを見直してみると、おもしろいことに気づきます。

普通は、「生の現実」の方が、第三者の審級の目に映っている「社会的現実」よりも精度が高い。個人的には誰もが知っているけれども、公認の事実とはなっていないことは、たくさんあります（たとえば王様は裸だと皆知っているのに、それは、公式の事実ではない）。しかし、ＨＦＴではこれが逆転します。コンピュータは、私たちの知覚の識閾を超えた精細度の取引を記録する。つまり、株式市場の第三者の審級が認知する「社会的現実」は、私たちの知覚よりも細密なのです。ブローカー自身は、だから、どうしてこの株の価格が今上がったのか、理解できません。株の価格は、そのブローカーを含む多数のブローカーの買いと売りの注文の結果で上がったり下がったりしているわけですから、ブローカーは、自己自身の行為の結果を社会的現実として提示されているのです。しかし、その自己言及そのものの過程を自分では認知できていないことになります。

5 量子論の裏返し

少し脱線気味ですが、しかし資本主義という主題と無関係ではないので、ここで連想を膨らませておきます。私は、HFTの話で、量子論でいうところのトンネル効果を思い起こしてしまいます（といいますか、先にその名を出したジジェクが、この現象に言及しているので、私も思い出したのですが）。量子論というのは、あの量子論、物理学の量子論です。

トンネル効果というのは、電子のような極小の粒子が、エネルギー保存則を無視して壁を通り抜けた……としか思えない現象のことです。壁を抜ける前と抜けた後を比べれば、エネルギー保存則はちゃんと守られているのですが、間に壁があり、粒子が壁を抜けるのに大きなエネルギーが必要なはずなので、エネルギー保存則が破られているように見える――推定される――わけです。物理学の用語で言えば、粒子の波動関数（確率波）の小片が壁を通って溢れ出る、と表現されます。この現象は、「ハイゼンベルクの不確定性原理」から説明できるのですが、資本主義的な市場で一般的になされている信用取引に喩えることができるのです。物理学者のブライアン・グリーンが、超ヒモ理論を一般向けに解説した本の中で、実際、そのように説明しています。[*9]

今、東京にいるあなたは、ほとんどお金をもっていないとします。そこに、ニューヨークにいるあなたの親戚が、あなたに百万ドルを遺して、亡くなったという知らせが入った。あなたは「助かった」と思うわけですが、しかし、その百万ドルをとりに、飛行機に乗ってニューヨークまで行かなくてはならない。しかし、航空券を買うお金がありません。この東京―ニューヨーク間の飛行機による移動が、トンネル効果の「壁」に対応します。あなたはどうすればよいのか。調べてみると、航空会社の精算システムで使っているコンピュータのせいで、航空券の売買の記録は、飛行機が到着してから24時間後になされることがわかった。つまり、目的地に到着してから24時間以内に航空券代を送金すれば、出発前に代金が支払われていなかったことに気づかれずに航空券を手に入れることができるのです。そこで、あなたは、実際には飛行機にただ乗りし、ニューヨークに到着した後、遺産から、航空券代の何万円かを支払えばよい。遺産は、その分は減りますが、たくさん残るので、あなたは困らない。出発前と清算後で、お金の総額は変わりません。ただ、東京からニューヨークへの移動の最中に、ずるいことがなされており、いわばあなたがもっていないはずのお金が使われている。

この「お金」を「エネルギー」に置き換えると、トンネル効果の説明になります。つまり、電子などの粒子は、未来からエネルギーを借りることで、壁を貫通しているわけです。しかし、未来からエネルギーを借りるとは、どういうことなのか。未来のものはまだないのですから、そんなことは不可能なのではあるまいか。その通りで、ただ乗りが不法なのと同じように、それは本来は「不正なエネルギーの貸借」です。が、大丈夫なのです。先ほどの喩え話で、精算システムに記録が残らなければ、「不法なただ乗り」は発覚しなかったのと同様に、不正なエネルギーの先取りは、絶対に気づかれないからです。

その「気づかれない」ということを説明しているのが、ハイゼンベルクの不確定性原理です。この原理が言っていることは、エネルギー測定の精度と、その測定にかかる時間との間には、トレードオフの関係——足を引っ張り合うような関係——がある、ということです。つまり測定の精度を高め、エネルギーの変化を厳密に監視しようとすると、測定に時間がかかる。そして、精度を完全にして、すべてのエネルギーの変化を測定しようとすると、ついに測定時間が無限大になってしまい、結局、測定は不可能となる。つまり、ある時間幅よりも厳密には、測定はできない、ということです。先の喩え話でいえば、精算システムは、24時間の幅より細かいお金の出し入れは計算できず、24時間分まとめてしか感知しない。この「24時間」に対応するのが、不確定性原理で決まる時間幅です。この範囲内であれば、(まだ)存在しないエネルギーを使い、エネルギー保存則に反することが起きても許されるのです。

なぜならば、(原理的に)観測不可能であるとすれば、それは存在しないに等しいからです。ここで、量子論的な「観測」を、先ほど述べた、「第三者の審級による認知(観察)」に対応させるとよい。先ほど述べたように、第三者の審級に認知されたことだけが、有効な社会的現実になります。それと同じ仕組みが、量子論の世界にもあるのです。正式に——第三者の審級に——観測されたことだけが、物理的な実在、物理的な事実です。第三者の審級に観測された正式な物理的な事実の範囲では、物理の根本法則、つまりエネルギー保存則は完全に守られています。さらに付け加えておけば、もし粒子が、エネルギーを未来から借り、そしてすぐに返し、また借りて返し、を反復していけば、そして、それぞれの借りと返しのインターバルが、不確定性原理の時間幅の中であったならば、絶えず乱高下していて、エネルギー保存則は常に破られているのに、いわば、公認の物理的現実としては、そのようなことはまったくなく、法則に従った秩序が維持されている、ということになります。

＊

さて、私がほんとうに言いたいことは、その先のことです。エネルギーを借りては返しをたえず反復していても、それは観測されない、と言いました。では、その返すエネルギーもまた、さらに未来から借りてきているとしたらどうでしょうか。借金で借金を返すということです。したがって、いつまでも借金は消えない。これこそ、実は、私たちの資本主義ではありませんか。

そもそも、トンネル効果を、ブライアン・グリーンにしたがって一種の信用取引に喩えましたが、それが「とてもわかりやすい」と思えるのは、私たちが普通にやっていることだからです。飛行機にただ乗りする、などと言いましたが、クレジットカードで航空券を買っていれば、先ほどの例の通りになります。

個人だけではありません。企業も、金融機関も、そして何より国家が、未来からの借金があり、その借金を返すにあたって、さらなる未来から借金をしています。先ほど、シュトレークにしたがって、「時間かせぎの資本主義」について述べましたが、彼が指摘した状況とは、まさにこれです。資本主義において、国家も企業もそして個人も、未来から、とうてい返せそうもない借金をしている。資金の調達先の「未来」を次々と先送りすることを、シュトレークは、「時間かせぎ」と呼んだわけです。

実は、厳密に言えば、資本主義だけではありません。そもそも、貨幣の本質が、一種の負債である——貨幣とは流通する借用証書である、とする説があります。信用貨幣論などと呼ばれ、どちらかと言えば異端の説ですが、私は、この説は基本的には正しいと考えており、この立場から経済なるものの起原と経済システムの変動について考えています。[*10] ですので、貨幣を使うということが、すでに、いまだ返されていない借金を価値あるものとして流通させていることになるのです。が、話をここまで一般化してしまうと、焦点がぼけてしまいますので、今は、資本主義に絞って考えておきましょう。

もう一度、資本主義と量子論との類比関係を見ておきましょう。両者は、単純に並行した構造をもっているのではありません。そうではなく、両者は、いわば、互いに図と地とを相互に反転させたような関係にあるのです。量子論においては、決して（第三者の審級によって）観測されることがない状態、つまり未来からエネルギー（＝お金）を借りてきていて、基本的な物理法則（エネルギー保存則）が破られているような状態、それこそが、資本主義においてはノーマルな状態であり、いわば、白昼堂々とその姿を現しているわけです。量子論の世界にあっては、「何やら神秘的なことが起きている」と推測されながら、常に隠れているほかない状態が、資本主義においては、表に出ている。ということは、資本主義に対応した第三者の審級は、量子論の第三者の審級が決して観測しない、観測できない状態を、観察し、妥当なものとして承認していることになります。量子論の第三者の審級Qにとっては原理的に盲点になっていて、見えない「地」にあたる状態こそ、資本主義の第三者の審級Cにとっては、見るべき「図」です。あるいは、こう言ってもよい。量子論における、ハイゼンベルクの不確定性原理で決定されるあの短い時間幅、この時間幅を、まるで永遠であるかのように間延びさせたものこそ、資本主義である、と。

今述べていることは、もともと、ＨＦＴの話題から発展してきているわけですが、ＨＦＴに関しても、量子論との反転した類比のようなものが成り立つ、ということを述べておきましょう。先ほど述べたように、ハイゼンベルクの不確定原理で決まるようなミクロの時間幅、ミクロの距離で宇宙を捉えると、実は、エネルギーや運動量は激しく波打つように乱高下しているはずなのです。しかし、何度も述べているように、量子論的な世界では、その乱高下が直接観測されることはない。ところで、ＨＦＴは、まさにこの短時間の乱高下――この場合にはエネルギーや運動量ではなく株価の乱高下――を利用して、利益を得ています。つまり、ＨＦＴを実行するコンピュータは、量子論的な観測にとっては盲点になるような部分を捉え、記録していることになるのです。

＊

だが、考えるべきことはまだ先にあります。トンネル効果は、逆説的な現象、つじつまの合わない現象、あえて言えば、本来は不可能な現象です。絶対に成り立つはずの法則が破られているわけですから。不可能なことがまさに起きていると論理的には考えざるをえない。そして、くどいようですが、絶対に観測できない。そのため、謎めいた存在論的なステータスをもっています。それは、実在しているとも実在していないとも言えない、奇妙な出来事です。その実在を確証できない限りにおいて、実在しているわけです。第三者の審級Ｑが実在を確認しないその限りでのみ、実在している、ということです。

とすると、ことを資本主義の方に反射させて考えてみると、こう言わざるをえません。資本主義においては、本来は不可能であるはずのことが、普通のこととして起きている。どうして不可能なことが起きているのか。「第三者の審級（Q）が観測しない限りで……」とされているそれを、第三者の審級（C）は観察し、承認している。どうして、不可能なことが可能になっているのでしょうか。そのからくりはどこにあるのでしょうか。

不可能なこととは、存在しないお金を借りている、ということです。それが可能になるのは、将来、そのお金が返済されることが確実であると前提にされているからです。未来から借りてきたお金は、未来において実際に返済されることが確実であると、最初から先取り的に想定されている。だからこそ、まだ存在しないお金が、あたかもすでに存在するかのように機能するのです。私たちは、未来においてそのお金が返済されることがわかっている――そのことを知っている――（と想定できる）から、安心して信用取引ができます。電子のような粒子の場合、未来のことを知っているわけでも、予期しているわけでもないのに未来からエネルギーを借りることができているので、まったく不可解だということになるわけですが、人間の場合は、未来に起きることを既定のことのようにしてふるまうことができるので、本来は不可能なことが可能になっている、ととりあえず言うことができます（逆に言うと、電子は、まるで未来のことを知っているかのようにふるまっていることになりますから、量子的な現象とは実にふしぎなものです）。

もう一度、整理しましょう。第三者の審級Qは、つじつまの合った現象しか観測できません。それに対して、第三者の審級Cは、いわば逆説的でつじつまの合わない現象を認定し、それをノーマルなこととして承認します。第三者の審級Cにそんなことができるのは、そのCは、未来において、つじつまが合うことが――借金が返済されることが――確実であると想定しているからです。ということは、第三者の審級Cも、最終的には、第三者の審級Qと同様に、つじつまの合う状態、つまりエネルギーやお金が法則通りに均衡がとれる状態を、（あたかも未来を予知するかのように）観察しており、そのことを根拠にして、つじつまの合わない状態（存在しないお金を借りている状態）を容認しているということになります。こう考えると、量子論と資本主義は、――最初は両者の間に図／地が反転するような関係があると述べましたが――、結局のところは、完全に並行的な類比が成り立つ、ということになります。

が、しかし、もうひとひねり、あるのです。負債が返済されることが確実であると人々が信頼しているから、信用取引が成り立つと言いました。しかし、ほんとうに、すべての負債が精算されてしまえば、そのとき、資本主義は終わってしまいます。したがって、一方では、負債が未来において返済されることが確実であると先取り的に想定されているのに、他方では、負債は実際には決して、完全に返済され尽くすことはないわけです。確実なのに絶対に実現しない。一種の二律背反（アンチノミー）です。資本主義の世界の第三者の審級Cは、未来において、負債がきちんと返済されることを知っている（かのようです）。しかし、その第三者の審級Cは、負債がほんとうに返済され、無になるのを実際に目撃することは絶対にない。というわけで、再び、量子論的な第三者の審級Qとの対照性が現れていることになります。Qが観測するような状態を、Cは決して観測することはない、というわけですから。

と、かなり長い回り道をしましたが、本来の主題に戻ってくることができました。本来の主題とは、資本主義が、自らの終わりということに対して両義的な感覚をもっている、ということでした。そのことが、ここでまた確認されているのです。一方で、終わりの状態——負債がすべて精算されるとき——が確実に訪れることが前提にされ、他方では、その終わりの状態は、決して実現せず、いつまでも先送りされていくことになるわけですから。

6　生産力と生産関係の矛盾

もう一度、述べてきたことを繰り返します。資本主義は、常に、自らの終わりについての切迫した予感に取り憑かれながら、決して、終わることなく生き続けてきました。資本主義の起点においても、現状においても、そして近未来に関しても、同じことが言えます。この両義性はどこから来るのか。今のところは、こうした傾向性があることを、大雑把に見ただけですから、この問いに厳密に答えることはできません。

ただ、ごく基本的な構図を、抽象的にであれば、この段階でも提示しておくことができます。マルクス主義の教科書的な公式に便乗する——といいますか変形するかたちで、です。冒頭で、有名な、土台（下部構造）と上部構造という建築的な比喩に言及しました。この図式で、経済的下部構造とは、生産様式のことで、生産様式は、「生産力＋生産関係」です。

生産様式の転換に関して、次のような法則がある……とマルクス主義の教科書には書いてあります。生産力と生産関係の間には、普通は適合的な関係があります。生産力に見合った生産関係がある、というわけです。しかし、やがて生産力が拡大したとき、それまでの生産関係が足かせになるときがきます。このとき、生産関係が生産力に適合的なものへと劇的に変化する、とされています。その劇的な変化こそは革命であり、ひとつの生産様式から異なる生産様式への体制転換です。

資本主義的な生産関係は、次のようなものです。一方には、生産手段をもつ資本家がいる。他方には、自由な労働者、自由に自分の労働力を売ることができるし、生産手段をもたない（生産手段から自由でもある）労働者、つまり二重の意味で自由な労働者がいる。両者が、賃金労働というかたちで結びつくのが、資本主義的な生産関係です。マルクス主義の教科書によれば、ある段階で、この資本主義的な生産関係も、十分な生産力の発展を阻害するものになります。すると、（資本主義的な）生産関係を変える革命が起き、社会主義が到来するわけです。そして、社会主義のもとで、さらなる生産力の拡大が可能になる、云々。

しかし、実際の歴史は、この法則がまちがいであったことを証明しています。が、どの点にまちがいがあったのかを、正確に見定めておくことが大事です。この法則は、「生産力の拡大のために、生産関係が革新される」ということでした。が、よく考えてみますと、「生産力を高めるために、生産関係を刷新し続ける」というのは、資本主義の条件そのものではないですか。たえず拡大しようとする生産力とそれを実現するための生産関係との間に矛盾があるという状態は――資本主義を別の体制（社会主義とか）に変えるための条件ではなく――、資本主義そのものに内在している条件です。生産力を高めるために、ミクロにも、マクロにも、生産関係は常に変化している。一個の企業の中での分業という意味でも、また社会システム全体の中での分業という意味でも、そうです。

すると、ここから、一般的なこととして、次のような結論を導くことができるはずです。資本主義は、常に生産様式を更新し続けなくては生き延びていけないのですから、資本主義の生存の条件は、他の——直前の——生産様式の死の条件と合致する。先立つ生産様式にとっては、自らが終わり、異なる新たな生産様式へと開かれていくブレークスルーこそが、資本主義の持続の条件と合致するのです。資本主義が命を永らえる限りで、常に死が、その終結が含意されるのは、資本主義の生存条件にこうした逆説があるためではないでしょうか。これは、まったく抽象的な大枠に過ぎませんが、とりあえずはこのように言っておくことができます。

7 ただ一つの資本主義が残る?

この章の最後に、ここまであえて言及しなかったことについて、少しだけ述べておきます。「資本主義の終わりや限界についての予感が、今日急速に高まっている」という話題であれば、きっと誰もが思ったであろう、現代の状況に関する話題です。それは、中国の資本主義です。社会主義を看板にかかげているこの国の資本主義は持続するのでしょうか。

長い間、資本主義と民主主義とは、車の両輪のように考えられてきました。資本主義は、民主主義のもとでしか成功しない、というのが常識だったのです。ですので、一党独裁の権威主義国家である中国の資本主義は、早晩挫折する、あるいは権威主義的な政治体制を崩壊に導く、と思われてきました。しかし、そのような予想は外れつつあります。専門家の見解はまだ割れているように見えますが、中国型の資本主義がありうるのではないか、と考える人が増えつつあります。

たとえば、ブランコ・ミラノヴィッチの『資本主義だけ残った』[*11]。この本は、二つの資本主義が残った、と要約すべき内容をもちます。二つのうちのひとつは、もちろん、私たちが標準的に考えている資本主義、アメリカに代表される資本主義、つまりリベラルで能力主義的な資本主義です。そして、もうひとつが中国に代表される資本主義、権威主義的資本主義です（ミラノヴィッチは「政治的資本主義」と呼んでいますが、「権威主義的」という形容の方が特徴をよく捉えているでしょう）。

中国の権威主義的資本主義については、私は別のところで少し論じているので、ここではあまり詳しく検討するつもりはありません[*12]。ただ、ここまで論じてきたことと関連が深いことについて、少し述べておきましょう。

まず、権威主義的資本主義は、先ほど紹介した、マルクス主義の歴史法則に対する究極の反例になっています。わざわざ「究極の」と付けたのは、法則が想定している因果関係の順序を正確に逆走しているように見えるからです。法則では、生産力が発展し、資本主義的な生産関係が桎梏となり、それを脱して社会主義的な生産関係に脱皮したら、生産力がさらに大きくなる、と考えられていました。しかし、中国の場合、まずは社会主義的な生産関係があります。国営企業とか、土地の私有の禁止とか、計画経済などによって特徴づけられる社会主義的な生産関係です。これが、生産力の発展にとって大きな障害になっているように見えたので、いわゆる「改革開放」によって、社会主義的な生産関係を、資本主義的な生産関係に取り替えたのです。民間企業を認めたり、土地の事実上の私有を認めたり、価格の統制をやめたり、等々。すると、生産力が爆発的に伸びた、というわけです。

もうひとつ、現在、アメリカをはじめとするリベラルな資本主義の陣営の中で、ひそかに抱かれている不安は、先ほど紹介したミラノヴィッチの本が証明しようとしていたことよりもっと踏み込んだものではないか、ということです。どういうことかと言うと、残る資本主義は二つではなく、たった一つではないか、ということです。その唯一は、標準的なタイプの方ではなく、異端的だと考えられていたタイプ――少し前までは自滅すると信じられていたタイプ、つまりは中国の権威主義的なタイプの資本主義ではないか、と。

もちろん、中国の権威主義的資本主義には、長続きを阻みそうないろいろな欠陥がありそうにも見えます。ひどい格差を生みつつある、等。しかし、それを言うなら、リベラルな資本主義だって同じです。それどころか、もしかすると、権威主義的資本主義の方がより頑強で、持続可能性が高いのではないか……はっきり口にされることは少ないですが、そういう密かな不安が広がっているように見えます。特にアメリカで、です。

つまり、資本主義は残るかもしれないが、残るのは、中国型の資本主義ではないか。少なくとも、権威主義的資本主義は、自由主義的資本主義より長生きするのではないか。このような不安が浸透しつつある。このように説明すれば理解してもらえるでしょう。中国の資本主義に対して覚えている脅威は、実は、資本主義が終わるかもしれないという危機感の、ひとつの表現なのです。資本主義は、このままでは終わるのではないか、という不安が基底にあり、それでも、何とか資本主義が残るケースをイメージしようとすると、その資本主義は、権威主義的な姿をとっている、というわけです。

＊1　Frederic Jameson, *An American Utopia: Dual Power and American Army*, Verso, 2016, p. 3.

＊2　デヴィッド・グレーバー『負債論』酒井隆史監訳、高祖岩三郎・佐々木夏子訳、以文社、２０１６年（原著２０１１年）、５２７頁。

＊3　ヴォルフガング・シュトレーク『時間かせぎの資本主義――いつまで危機を先送りできるか』鈴木直訳、みすず書房、２０１６年（原著２０１３年）。

＊4　たとえば不良債権をたくさんかかえて危機にある銀行が貸し渋ると、経済の成長が阻害される。そこで国が不良債権を引き受けたり、銀行に資本を直接注入したりするということになれば、国家の債務が大きくなるわけだから、国債の信用低下を招きかねない。これによって国債が値下げすると、国債の利回りが高くなるので、国家の資金調達コストが上昇し、国家の債務危機は深刻化する。また国債の価格の下落は、国債を保有する銀行の資本を劣化させるので、結局、銀行の貸し渋りを招き、実体経済の成長が阻まれる。等々と、あちらを立てれば、こちらが立たずというような状況になる。

＊5　レイ・カーツワイル『ポスト・ヒューマン誕生』井上健監訳、小野木明恵・野中香方子・福田実共訳、NHK出版、２００７年（原著２００５年）。

＊6　ジェレミー・リフキン『限界費用ゼロ社会』柴田裕之訳、NHK出版、2015年（原著2014年）。
＊7　マイケル・ルイス『フラッシュ・ボーイズ』渡会圭子・東江一紀訳、文藝春秋、2014年（原著2014年）。
＊8　Slavoj Žižek, "Seeds of Imagination", F. Jameson, *op. cit*, pp. 270-276.
＊9　Brian Greene, *The Elegant Universe*, New York: Norton, 1999.（ブライアン・グリーン『エレガントな宇宙――超ひも理論がすべてを解明する』林一・林大訳、草思社、2001年）。
＊10　大澤真幸『経済の起原』岩波書店、2022年。
＊11　ブランコ・ミラノヴィチ『資本主義だけ残った』西川美樹訳、みすず書房、2021年。
＊12　大澤真幸『この世界の問い方』朝日新書、2022年、2章全体（97―201頁）。

第2章

剰余価値はいかにして生まれるのか

1 労働価値説・再考

1-1 資本主義経済とは

ここまで、資本主義についての常識的な理解に便乗するかたちで、資本主義が、「終わり」に対してもってきた両義的な関係について見てきたわけですが、冒頭に述べたように、私たちはそもそも資本主義とは何かを、ほんとうには分かっていません。予告したこと、つまり資本主義を、（狭義の）経済的下部構造に限定されない真にトータルな現象として把握し、分析する作業に、本格的にとりかからねばなりません。『贈与論』のマルセル・モースに——彼の叔父にあたるデュルケームの概念を発展させた——「全体的社会的事実」という概念がありますが、資本主義は、単純な経済的事実ではなく、全体的社会的事実です。資本主義を、そのように理解してはじめて、述べてきたような逆説的な両義性がどうして資本主義に宿るのかも、説明可能なものとなります。

そのため、次のような筋で考えていきます。まず、一般には資本主義がどのように理解されているのか、つまり経済的な意味での資本主義はどのようなものなのか、そのことをきちんと規定します。その上で、その経済的なアスペクトを十全に説明できる理論的な枠組みを探究します。すると、結果として、資本主義が、ひとつの包括的な現象として、あらためて規定されることになるでしょう。

さて、繰り返せば、わたしたちが普通、これは「資本主義」だとアイデンティファイするときに指標としている現象は、経済です。経済にとりあえず視野をしぼって資本主義を暫定的に規定するとどうなるでしょうか。特に、市場経済と資本主義経済とはどう違うのでしょうか。

貨幣を媒介にして、商品（財）を入手する交換を、商品交換と呼びます。大半の財が、商品交換で手に入れられるようになれば、市場経済ということになります。しかし、これだけでは、資本主義ではありません。利潤の獲得を目的として、市場で販売する商品を生産する個人や企業が存在する、というだけでは、資本主義ではないのです。そのような個人や集団は、何千年も前から、世界中のいたるところに存在していました。では、「自由な労働者」の存在、つまり賃金労働者の存在はどうでしょうか。これもまた、資本主義を定義するには不十分です。そのような労働者も、何千年も前から存在していたからです。

では、もっと踏み込んで、普通の市場経済では売買の対象となっていない生産要素、つまり、労働のみならず、自然（土地）や資本といった生産要素までもが商品となっている市場経済、という定義はどうでしょうか。ここまでいくと、確かに、資本主義的な経済を切り出しているとは言えるのですが、説明されるべきことがすでに定義の中に先取りされてしまっており、探究の起点としては上策ではありません。そのような結果を生み出す——とりあえずは経済に限定された——衝動のレベルに、着眼する必要があります。

私は、社会学者のイマニュエル・ウォーラーステインが述べていることが、最も適切だと考えています[*1]。資本主義とは、資本蓄積が無限になっているシステム、無限の資本蓄積が優越するシステムである、と。ここでいう資本とは、マルクス主義的な意味ですから、流通・回転しながら自己増殖する交換価値（商品としての価値）のことです。それは、流通過程で、貨幣であったり、工場のような固定資本であったり、製品のような流動資本であったりと、いろいろな姿をとりますが、いずれにせよ、ただ消費される富ではなく、さらに増殖するためのものです。この定義で、最も重要なのは、「無限」という部分です。このシステムに参加する個人や企業は、さらに利潤を得るための利潤の蓄積を、どこか適当なところでやめることができません。個人も企業も、より多くの価値（貨幣）を獲得するためにこそ資本を蓄積するという自己目的的な過程を持続させなくてはならず、この過程には終わりがないのです。

無限の資本蓄積が、明示的な法のようなかたちで命令されているわけではありません。だから、たとえばある企業が、資本蓄積を適当なところでやめたからといって、法的に罰せられるわけではありません。しかし、他の企業が、無限の資本蓄積を目指している中で、自分だけがそれをやめれば、その企業は、敗者として、資本主義経済のシステムから排除されてしまう。これが資本主義です。

1-2 流通の公式

そうだとすると、マルクスが『資本論』で提示している流通の公式は、資本主義的な経済の定義を表現するのに好都合です。[*2]

流通の基本的な形態が、

W－G－W′ ……①

であるような段階は、資本主義ではありません。ここでWとは、商品（Ware、ドイツ語）のことです。そして、Gは、貨幣（Geld）です。この公式は、それぞれの個人が、自分自身の必要を超える商品Wを生産し、それを売って、貨幣Gを得たあと、最後にその貨幣Gで自分が欲している別の商品W′を買う、というプロセスです。これが、人間の欲望の本来のあり方に見合った公式だと言えます。人は、何かを欲します。たとえば、上着W′が欲しい、と思う。しかし、自分は上着W′を作ることはできない。しかし、自分は米Wを作ることならばできる。そこで、米Wをたくさん作って、それを売り、欲しいと思っていた上着W′を手に入れる。ここで、プロセスは完結します。でも、これは、資本主義以前のものです。なぜなら、資本の無限蓄積が生じていないからです。

資本主義では、流通の基本的な形態が、次のようになっているのです。

G－W－G′ ……②

この公式が意味していることは、各個人は、まず自分の貨幣Gによって、ある商品Wを買っているわけですが、それは、より多くの貨幣G′（＝G＋ΔG）を得るためです。②は、①とひとつの点で根本的に異なっています。①は、W′に達したところで、終極を迎えます。しかし、②は終わりません。なぜなら、終わりもまた貨幣Gである以上、それは、すぐに、あらたな始まりにもなるからです。したがって、②は、貨幣の量によって表現されるような価値増殖の無限の運動を表していることになります。これこそ、無限の資本蓄積ということです。

どうしても、①が本来で、②が派生的なもの、疎外されたものと見なしたくなります。何か具体的な欲望の対象W′があって、それを売るために、（余分に）Wを生産し、交換するのが基本だと思えるからです。しかし、②の方が本来的な形態として現れるのが、資本主義です。②は、終極の目的をもたないことが特徴です。もちろん、ひとつの循環においては、終点のG′が目的ではありますが、しかし、その目的はすぐに手段に転じてしまいます。端緒のGと終点のG′とは、量的な違いしかないからです。したがって、目的としてのG′は、同時に、次の循環のための手段です。目的が常に手段でもあって、どこまでもほんとうの終極の目的に到達しないところが、②の運動のポイントです。

循環①の場合には、目的は、経済の外部にありますが、循環②は、貨幣量そのものが目的ですから、経済の内部に閉じています。流通②を基本とするということは、経済的な価値そのもの以外の目的をもたずに、経済活動に従事することになります。資本主義以前には、商品ではなく、市場経済の外部からもたらされていた生産要素も、資本主義経済の中では、全面的に商品化され、価格をもつようになるのは、このためです。

流通形態の②が駆動するためには、その循環を通じて、Gが増殖しなくてはなりません。Gに対するG′の増殖分、つまり$G'-G=\Delta G$を、マルクスは「剰余価値」と呼んだわけですね。剰余価値はいかにして生まれるのか。これが『資本論』における中心的な問いのひとつです。資本主義の本質を問おうとしている私たちとしても、この問いにかかわらざるをえません。実際のところ、剰余価値の発生ということを正面から問うたのは、マルクスしか――マルクスとその影響のもとで発展した学問であるマルクス経済学しか――ありません。

どうして剰余価値が発生するのか。仕組みに関係しそうなのは中間にある項、つまりWです。Wは、交換価値をもつ生産物です。つまり商品です。が、一般には、商品を間に挟んだからといって剰余価値が発生するわけではない。ただ、等価なものを交換しているだけですから。しかし、特殊な商品、価値をもつだけではなく価値を生み出す商品だったら、事情が異なります。マルクスの洞察もこの点にあります。そのような特殊な商品が労働力です。

1－3 抽象的労働

したがって、私たちとしては、マルクスの理論を出発点として考えるのが適当です。が、いきなり、一歩目でつまずきます。原因は労働価値説です。一般に、労働価値説はマルクスの理論における最も弱いポイントだと考えられています。マルクス以前の経済学、つまり古典派が、労働価値説に立脚していました。だから、マルクスが活動した当時にあって、労働価値説は、むしろ普通の学説です。しかし、今日の経済学は、労働価値説を完全に打ち捨てています。商品の交換価値は、純粋に商品たちの関係から生まれるもの、需要や供給の関係から生まれるものであって、その商品の生産のために投下された労働の量や時間とは無関係である、と。

しかし、細かい文献的な裏づけを省略して、私の結論を言ってしまえば、マルクスの労働価値説を古典派のそれと同一視することはできません。むしろ、マルクスが述べていることの中核部分に関して言いますと、ほとんど自明といってよいほどの真理なのです。どういう意味なのかはこれから説明しますが、大事なのは、『資本論』の序盤のハイライトとも言うべき価値形態論を考慮に入れることです。価値形態論は、貨幣（一般的等価物）がどのようにして存立するのかを、論理的に論じた部分ですが、この論理は、価値は、生産物に投下された労働の量によって決定される、という命題をまったく前提にせずに理解できます。

価値形態論で言っていることを、ものすごく一般的にざっくりと言ってしまえば、商品の価値は、関係に依存している、ということです。人々の関係、商品を提供し、また欲する人々の関係に、です。この命題と、価値の唯一の源泉は労働である、という労働価値説的な命題とはどのように関連づけて理解すればよいのでしょうか。二つの命題は、同じことの言い換えであると解釈できます。どう考えればよいのか。価値は、それぞれの個人が社会的労働の全体にどのくらい関与しているのか、個人の労働が全社会の労働のネットワークにどのくらい参入していることになるのか、その程度を示しているのです。このように理解すると、労働が価値の源泉であるという主張と、価値は社会的な関係に依存しているという主張とは、同じことの二つの表現と見ることができます。

こういう言い方だけでは、あまりに一般論的で無内容に思えるでしょう。しかし、「抽象的労働」という概念のことを考えると、実質が出てきます。マルクスによると、商品には二重性があります。商品は、一方では使用価値をもち、他方では交換価値をもちます（厳密には、「価値」と「交換価値」とが分けて考えられていますが、細かいことは気にせず、ここでは同一視します）。このボールペンは、文字などを書くことができるという意味で使用価値がありますし、商品としての交換価値もあって、価格も付けられます。この商品の二重性に対応して、労働に二重性があります。以下のように対応します。

使用価値　←　具体的労働
交換価値　←　抽象的労働

使用価値を生産する労働としてみれば、具体的労働であり、交換価値を生産する労働としては抽象的労働です。このときの「抽象性」とはどういうことなのか。普通は、次のように解釈されています。個々の具体的な商品を生産する労働は、それぞれに個性があって多様ですが、その内容の一般化にともなう抽象性から、「抽象的労働」という概念が導かれる、と。たとえば、どんな労働も、生物としてのパワーの消費をともなっている、という意味では同一である、と。

しかし、このような解釈は、明らかにおかしい。今紹介した普通の解釈では、使用価値（具体的労働）と交換価値（抽象的労働）の関係を、特殊なものと一般的なものとの間の意味論的な関係と同じだと考えています。たとえば、「柴犬も秋田犬もゴールデンレトリバーも犬である」というのと似たような関係として、です。しかし、そうだとすると、さまざまな使用価値を包摂する一般的なカテゴリーは、「有用性一般」であって、「交換価値」ではありえません。交換価値は、多様な使用価値の一般化ではない。使用価値に対する何らかのプラスアルファです。このプラスアルファが、抽象的労働に関係しています。

抽象的労働というのは、さまざまな労働を見て、それを頭の中で、一般化したり、抽象化したりした産物ではありません。抽象的労働というのは、社会的な過程の産物なのです。その社会的な過程が、資本主義というシステムに固有のものなのです。抽象的労働こそが、資本主義という社会システムの歴史的本質だという考えを、マルクスから受け継ぎ、マルクス以上に明晰にその意味を展開してみせた学者として、モイシェ・ポストンという人がいます。ポストンの『時間・労働・支配』に基づいて説明しましょう[*3]。

抽象的労働は、労働の社会性といいますか、労働の社会的媒介としての側面を指す概念です。と言ってもわかりにくいと思います。どうして、商品を生産する労働が、それ自体ですでに、社会的媒介と見なすことができるのでしょう。これは、とりあえずはごく簡単なことです。資本主義は市場経済の浸透を前提にしており、かつ②のような形式の流通が基軸になったときには、労働や土地や資本そのものといった生産要素すらも商品になる、と先ほど説明しました。人々は必要なものを市場で商品を買うことで入手し、市場で商品として売るために生産します。つまり資本主義は、商品が生産物の一般的な形態となっている社会です。ということは、人々は、自らが生産した物を自分では消費しない、ということです。つまり、人は、他者が消費する物をもっぱら生産しているわけです。したがって、このように交換価値としての商品を生産する労働には、強い社会指向性があります。抽象的労働が社会的媒介だと見なされるのはこのためです。

しかし、これだけでは、とうてい納得できないでしょう。他者たちの消費のために労働するということは、とりたてて資本主義のもとでの労働の特徴ではないのですから。人類の最もシンプルな社会、狩猟採集民の社会でも、たとえば男は、バンド（一緒に遊動する集団）の全員のために狩りをします。非資本主義社会でも、労働には、社会指向性があります。とすれば、抽象的労働は、すべての人間社会にある、ということなのでしょうか。

そうではありません。非資本主義社会と資本主義社会とでは、指向されている社会性に、決定的な違いがあるのです。その違いのために、資本主義社会の労働だけが、まさに抽象的労働として特徴づけられることになります。どんな違いがあるのでしょうか。

非資本主義社会では、労働が社会的であるのは、その労働が、人格を備えた具体的な他者に向けられている場合です。このような社会では、労働する者にとって、何らかの意味で親密な他者に向けられている労働が、社会的とされるわけです。ポストンは、この状態を、指向されている社会関係が"overt"（あからさま、よく見えている）だと表現しています。その代わり、その労働が目指している社会関係の範囲は狭くなります。つまり、特殊に限定されている。家族や親族の範囲とか、村落などの小さな共同体の範囲とか、です。

資本主義社会では、逆になっています。まず、生産者は、どの具体的な他者のために労働している、という意識をもちません。つまり、生産者は、自分の労働の「利他的な性格」を意識しません。彼または彼女の主観的な意識では、その労働は、純粋に利己的です。生産した物を売って得る、自分の利益のことだけが意識されているのです。しかし、客観的には、資本主義社会における労働の生産物は、それ以前のどの社会よりも広く他者たちに開かれている。資本主義社会の労働が目指している社会関係の範囲は、原理的にいえば、無制限です。誰もが、対価さえ支払えば、その商品を入手できるからです。だから、資本主義社会における労働は、具体的には誰と意識することができない、抽象的な社会全体に貢献しているわけです。それゆえ、その労働は、抽象的だ、とされるわけです。

整理しましょう。非資本主義社会では、労働はあからさまな（具体的な）社会関係に向かっているけれども、その関係の範囲は狭く限定的です。資本主義社会では、労働は、主観的には利己的な行為として遂行されていますが、客観的には、無制限に開かれた社会的媒介の働きをもっていて、それだからこそ、抽象的です。抽象的労働の「抽象性」は、労働の生産物や労働自体の内容のもつ性質ではなく、労働が目指している社会的な範囲の一般性に由来するものです。

1-4　資本主義のもとでの貨幣――商品の物神性

交換価値は、抽象的労働によってもたらされます。交換価値があるということは、貨幣によって買うことができる商品だということです。ですから、抽象的労働は、貨幣という具体物によって表現されている、と解釈することができます。要するに、貨幣は、抽象的労働の具体化です。

もう少しきちんと言い直すと、貨幣が表現しているのは、抽象的労働に対応している、非物質的な社会関係です。どういうことかと言うと、貨幣によって、どんな商品でも買うことができる。つまり、貨幣は任意の商品に対する請求権のようなもので、私たちは暗黙のうちにそのように約束をしているわけです。貨幣は、この約束を目に見えるかたちにしているのです。このような意味で、貨幣は、社会関係の表現です。非物質的で観念的な社会関係が、具体的な物質性をもつ対象に、貨幣という対象に表現される。このことの意味は、絶大です。

どうしてなのか、説明しましょう。人は、貨幣を、物質それ自体として見たときには、特段の価値があるわけではない、ということをよくわかっています。ただの紙切れであったり、金属片だったりする。にもかかわらず、その具体的・物質的な対象が、まるでそれ自体、価値があるかのようにふるまうわけです。要するに、貨幣を増やしたり、蓄積したりすることに、人生の大半を使ったりするのです。こういう現象を、マルクスは、「商品の物神性（フェティシズム）」と呼びました。貨幣や商品の価値は、商品たちの社会関係の――とりわけ商品と貨幣の社会関係の――効果なのですが、私たちは、商品や貨幣がそれ自体として価値をもっているかのようにふるまいます。ここで、「ふるまう」というところが大事です。私たちは、価値が社会関係の（先ほど述べたように暗黙の約束の）結果であることを、十分意識しているのに、ふるまい（行動）のレベルでは、まるで、商品や貨幣に価値がはじめからあるかのように行動しているのです。

貨幣は、今述べたように、抽象的な社会関係を具現しています。そうすると、貨幣を通じて、人は、本来は所有できない、抽象的な社会関係を私的に所有することが可能になるのです。別の言い方をすると、貨幣の所有者には、一種の権力、非政治的な権力が与えられたに等しいことになります。というのも、商品というものはすべて、買われることを、いわば貨幣によって承認されることを望んでいるからです。貨幣の所有者は、その商品の望みをかなえてやることも、拒否することもできる。貨幣の所有者の方が選択できるのです。

ここで、物質としての貨幣と交換価値との関係について、少しばかり哲学的な考察を加えておきます。交換価値は、商品の商品たるゆえん、商品の本質です。その本質が、商品が買われるときに支払われる貨幣（の量）というかたちで現れます。一般には、当たり前のことですが、事物の内的な本質がまずあって、それが外に現れる、という構図で考えられています。商品についても同様です。たとえばこの万年筆には、ある価値が内在しており、それを、たとえば1万円という貨幣が量的に表現している、と見なしている。哲学的な言い方をすると、本質が現象に対して存在論的なプライオリティをもっている、ということになります。

が、ヘーゲルは、真実は逆である、と述べています。まず、現れがある。すると、それの現れであるところの本質が存在しているかのように見えてくるわけです。先にあるのは、現れの方である、というわけです。現れが、本質に対して存在論的にプライオリティをもつ、と。このことは、今私たちが考えている、商品交換の場面にも応用できます。支払いに一般的に使われうる、貨幣という現象形態をもつがゆえに、それに対して支払われた商品に、内在的な本質としての価値があるかのように見えてくるのです。

先ほど述べた「物神性」ということを基準にしたとき、資本主義の貨幣は、現在まで、三つの段階をたどってきました（貨幣そのものの起原については、私は『経済の起原』で論じています[*4]。ここで述べるのは、資本主義の段階に入ってからの貨幣について、です）。物神性というのは、物質としての貨幣にはこれといった価値がないことがわかっているのに、まるで、物質に体現された貨幣という対象それ自体に価値があるかのように人々はふるまっている、ということでした。

第一段階。貨幣は、実際に価値があるとされている物質性をもっています。つまり、貨幣は、金や銀です。この段階でもすでに、貨幣としての価値と金・銀などの価値との間には、分裂が生じています。硬貨に刻印されている価値と、その硬貨を構成している金や銀の価値が一致しないことがありますが、前者の価値で貨幣は通用します。が、いずれにせよ、貨幣は、金・銀といった、それ自体価値がある物質の支えを必要としていました。

第二段階。しかし、やがて、貨幣は、いかなる内在的な価値ももたない「単なる記号を記した紙切れ」になります。つまり不換紙幣になるわけです。紙幣は、しかし、それでも、まだ微妙に、価値ある物質へのこだわりのようなものを残しています。紙幣は、価値を直接もっているとされている物質（金）へのつながりを、残り香のように微妙に留めている。不換紙幣は兌換紙幣ではない、ということです。ということは、不換紙幣は、「かつて兌換紙幣であった」という記憶を留め、反響させているのです。

第三段階。そして、現在の電子的な貨幣の時代がやってくる。こうなると、物質的なものとのつながりは完全に断たれます。（ここでいう電子的な貨幣は、仮想通貨（暗号資産）のことではありません。仮想通貨は、投機の対象となっていることからもわかるように、ほんものの貨幣になりそこねました。貨幣というものは価値が安定していなくてはならず、それ自体が投機の対象になってしまえば、もはや貨幣ではありません。）

もともと、価値があるのは物質そのものではなく、貨幣が記号として意味しているところの「抽象的な社会関係」こそが価値の源泉でした。そうだとすると、貨幣が物質との関係を断った第三段階においては、物神化の魔術は解けている……そのように見えます。第三段階において、脱物神化が実現したのだ、と。しかし、これはまちがいです。逆なのです。第三段階において、物神化は、より深まっている。物神化が二重になっているのです。第一段階の物神化は、物質としては貨幣に特別な価値がないことがわかっていながら、その物質としての具体的な対象に価値があるかのように人はふるまっている、ということでした。貨幣の電子化によって生ずることは、貨幣がリアルな物質から離脱しているのに、人は、デジタルな記号に対応する対象が、あたかも現実に存在しているかのようにふるまいはじめます。今や、不在の物質をめぐる物神化が生じている、というわけです。

さて、あらためて思い起こしましょう。資本主義は、貨幣において表現されている資本の価値を無限に増殖させようとする運動が優越しているシステムでした。ということは、資本の価値が増殖しなくてはならないのです。剰余価値が生まれているわけです。しかし、剰余価値は、いかにして発生するのか。その仕組みこそが、資本主義なるものを根本から特徴づけているはずです。

2 利子の謎

2-1 利子生み資本

資本がまさに資本であるための条件は、剰余価値をともなって自己増殖する、ということです。つまり、先の流通の公式を使えば、G……G′という運動こそが、資本の条件です。と、すると、最も肝心な部分だけ切り詰めて書くとG－G′となります。これは、『資本論』にある「利子生み資本」の公式と同じになります。

「利子」というものがあることは、現在の私たちにとっては当たり前のことですが、しかし、この後すぐに説明するように——というか多くの人が知っているように——、「利子」というものは、長い間、「うさんくさいもの」「よくないもの」「罪深いもの」と見られてきました。その「利子」が、ある時期から、経済にとって、正常なカテゴリーになりました。貸し付けた貨幣を回収するにあたって「利子」をとることが正当なことと見なされるようになったわけです。貨幣というものは、基本的には増殖するものだという常識が定着したからです。ということは、剰余価値なるものが、自然なもの、自明なものになっているということでしょう。要するに、利子が正常なものとして認められているかどうかは、剰余価値が経済システムに定着しているかどうかの指標になるのです。マルクスも、資本は利子生み資本になったとき、完成した資本になる、と論じています。利子生み資本なるものがあるということは、利子を生むことが貨幣の本来的な属性のように感じられているということです。貨幣が何やらふしぎな仕方で利子を発生させていくわけですから、これは、資本の究極の神秘化です。マルクスは、次のように書いています。見事なレトリックです。

資本は今では物ではあるが、しかし、物として資本である。貨幣は今では胸に恋を抱いている。貨幣が貸し付けられさえすれば、または再生産過程に投下されさえすれば（中略）、それが寝ていようと起きていようと、家にいようと旅をしていようと、夜であろうと昼であろうと、それには利子が生える。こうして、利子生み貨幣資本では（中略）、貨幣蓄蔵者の敬虔な願望が実現されているのである。[*5]

ところで、ヨーロッパでは、長い間、キリスト教の教義に基づいて、利子をとること、つまり徴利は、禁止されてきました。利子をとることは、最も大きな罪の一つでさえありました。利子を罪悪視するシステムとそれを正当な報酬と見なすシステム。どこに違いがあるのでしょうか。その違いを精確に抽出できれば、剰余価値とは何なのか、それがどのようなメカニズムの中で生み出されているのか、その秘密を抉（えぐ）り出すことができるのではないでしょうか。利子を許容するシステムは、剰余価値が自明化しているシステムです。利子が禁じられていたシステムと比較することで、何が、いかなる違いが、剰余価値を可能にしていたのか、その鍵を見定めることができるはずです。

2-2 罪の中の罪

ヨーロッパ中世史の泰斗ジャック・ル・ゴフは、『中世の高利貸』を次のように始めています。

高利。一二世紀から一九世紀に至る西洋七百年の歴史で、この現象ほど、経済と宗教、金と救済の強力な爆発性混合気体を提供しているものが他にあろうか。[*6]

ル・ゴフによると、高利は、「長い中世の表徴」であり、そして、「高利をめぐる激烈な論争は、言わば「資本主義の産褥」である」。ここで、ル・ゴフは、高利（利子）の普及と正常化が、資本主義の誕生のための必要条件、しかも最も重要な必要条件である、とする認識を示していることになります。これは、私たちの見通しとも合致します。まずは、利子に対して、著しい嫌悪感を示した、ヨーロッパの中世を、ル・ゴフを参照しながら見ておきましょう。

キリスト教徒にとって、ウスラ（高利）は、数ある罪の中のひとつという域を超えていました。それは、罪の中でもとりわけ重いもの、ほとんど罪一般の代表でさえあったようです。たとえば、オセールのギヨーム（1150頃―1231）は、「ウスラは、それ自体、その本性上、罪である」と述べています。ウスラは、「貪欲」の罪のひとつですが、ただの貪欲ではなく、霊的な貪欲と見なされていたのです。念のために述べておけば、「高利」と聞くと、利子が特別に高いから悪いのであって、法定の利子率よりも低ければよい、と現在の私たちは思いがちですが、そうではないのです。利子そのものが、一般に「高利（ウスラ）」なのであって、許容される利子率の閾値などは存在しません。このような高利の罪悪視は、実はキリスト教の普及・定着よりも前からあったようです。しかし、高利が特権的な罪になったのは、12世紀半ば以降です。ヨーロッパで貨幣経済が広く深く浸透したのが、この時期だからでしょう。

というわけで、ヨーロッパの中世では、人に金を貸して利子をとることを生業とする者、つまり高利貸は、最悪の罪人でした。高利貸は、ほとんど人間の枠をはみ出し、動物的なレベルに属していると見なされていたのです。実際、中世の教訓説話や説教の中では、高利貸は、さまざまな、恥ずべき動物に喩えられています。狼、狐、蜘蛛、等々。

フランドルの司教、ヴィトリのヤコブス（1160／70―1240）は、説教手本の中で、こんなことを述べています。神は三種類の人間を定めた。第一に、人間の生活を支える農民と労働者。第二に、彼らを護る騎士。第三に、彼らを治める聖職者。ところが、この三種類に収まらない、四種類目の人間がいます。それこそ、ほかならぬ高利貸です。ヤコブスは、高利貸だけは、神ではなく悪魔が設けた、と説いています。

このヴィトリのヤコブスの説明は、現在の神話学の観点からあらためて分析してみると、興味深いものがあります。ル・ゴフが指摘していることですが、神が創造したことになっている、三種類の人間は、ジョルジュ・デュメジルが定義した、名高い「印欧神話の三機能図式」に対応させることができます。三機能図式というのは、インド・ヨーロッパ神話には、F1主権、F2戦闘、F3生産、という三つの機能からなる構造があって、それぞれの機能は、神話の登場人物や特定の社会階層によって担われている、という仮説です。この図式を、ヤコブスの説教にあてはめると、F1が聖職者、F2が騎士、F3が農民・労働者となります。これら三つの機能の中に入らない、第四機能があり、それが高利貸によって担われていた、ということになります。三機能図式の観点からは、あるはずのない、例外的な第四の機能を、社会システムが自分にとってノーマルな要素として取り込み、十分に内部化したとき、資本主義が生まれる。このように考えることができるかもしれません。

2-3 メディチ家の金融技術

このように、中世キリスト教圏では、徴利はきわめて重い罪、罪の塊と見なされていました。利子のこのような罪悪視が、宗教改革期を通じて克服された、ということを歴史家の研究は教えてくれます。ル・ゴフはさらに、「煉獄」の発明が、徴利の許容のための重大な前史になった、という説を唱えています。煉獄というのは、生前に罪を犯したために天国にはすぐには行けない魂が、地獄行きの執行猶予の期間に入るところです。そこにいる間に魂を浄化することができれば、地獄行きを免れることができたのです。[*7]

ここでは、こうした歴史過程について、復習しません。ただ、ひとつの俗説を棄却しておきたいと思います。しばしば、イスラーム教は利子を厳しく禁じたがために、この宗教の影響のもとにあった文明では資本主義が順調に成長しなかった、と主張されてきました。この説は、イスラーム圏で資本主義が困難であり、キリスト教圏で成功したことの説明にはなっていません。イスラーム法が利子の徴収を禁じていることは確かです。しかし、今見てきたように、その点では、キリスト教も同じです。さらに付け加えれば、利子に対する敵意という点では、中世のキリスト教の方がイスラーム教よりもはるかに大きかったのです。しかし、そのキリスト教の影響下にある文明から、近代的な資本主義は生まれました。とするならば、利子を禁ずる規定をもともともっているということは、資本主義の誕生を妨げはしなかったのです。ある意味では、逆だとさえ言えます。まさに利子を禁じる宗教のもとで資本主義は成功した、と。

むしろ、私たちは、次の事実から補助線を得ようと思います。今述べたように、宗教改革の前には、ヨーロッパでは利子の徴収は著しく罪深いことであったのですが、すると、奇妙な事実に気づきます。中世末期からルネサンス期のヨーロッパの富豪はしばしば、金融業者です。たとえば、ルネサンスの芸術家のパトロンとして知られているメディチ家も金融業者です。利子をとることができないのに、彼らはどうして巨万の富を築くことができたのでしょうか。彼らは、非合法的に、闇で高利貸業を営んでいたのでしょうか。もちろん、そうではありません。メディチ家は、一族から4人ものローマ教皇を（そして2人のフランス王妃を）輩出した名門です。そのような名門が、闇の高利貸屋であったはずがありません。またそんな方法ではたいした富を築けたはずがありません。

実は、公式には利子ではない、事実上の「利子」を、合法的にとる方法があったのです。それはどんな方法だったのか。その方法を媒介にすることで、私たちは次のような問いに対する答えへの手掛かりを得ることができるはずです。利子とは何であるか。利子がなぜ嫌悪の対象となったのか。利子をとるということ、そして剰余価値を得るということは、結局、何を意味しているのか。何が、実現できたときに、剰余価値が可能になるのか。

＊

メディチ銀行が設立されたのは、14世紀末（１３９７）です。メディチ家は、その「事実上の利子を合法的に得る特殊な方法」によって莫大な富を築きました。メディチ家の最大の顧客は、他ならぬ、ローマ教皇です。メディチ家は、どうやって「利子」を得ていたのか。この疑問に関しては、幸いにも、メディチ家が駆使した金融技術について論じた、高階秀爾の魅力的な論文があります。高階秀爾は西洋美術史研究の大家です。高階は、彼の研究対象となっている芸術家たちに資金を提供したメディチ家が、どうやって金を稼いでいたのかに興味をもち、その金融技術を調べたのだそうです。金融史や経済史の専門家の論文にも、同じ内容のことは書かれているのですが、特別に魅力的でわかりやすい高階の論文をもとに、メディチ家の金融技術を、いわばルネサンスの金融工学を解説しましょう。[*8] 少々複雑なので、図を参照しながら、説明を追ってください。

今、ヴェネチアにいるAという人物が、何らかの理由でお金を必要としており、メディチ銀行のヴェネチア支店Mから１０００ドゥカーティを借りたとしましょう。ちなみに、メディチ家は、ヨーロッパの10都市に支店を開設していました。このあとの説明から理解していただけるはずですが、支店がさまざまな都市にあったということが、非常に重要だったのです。なお、「ドゥカート」は、

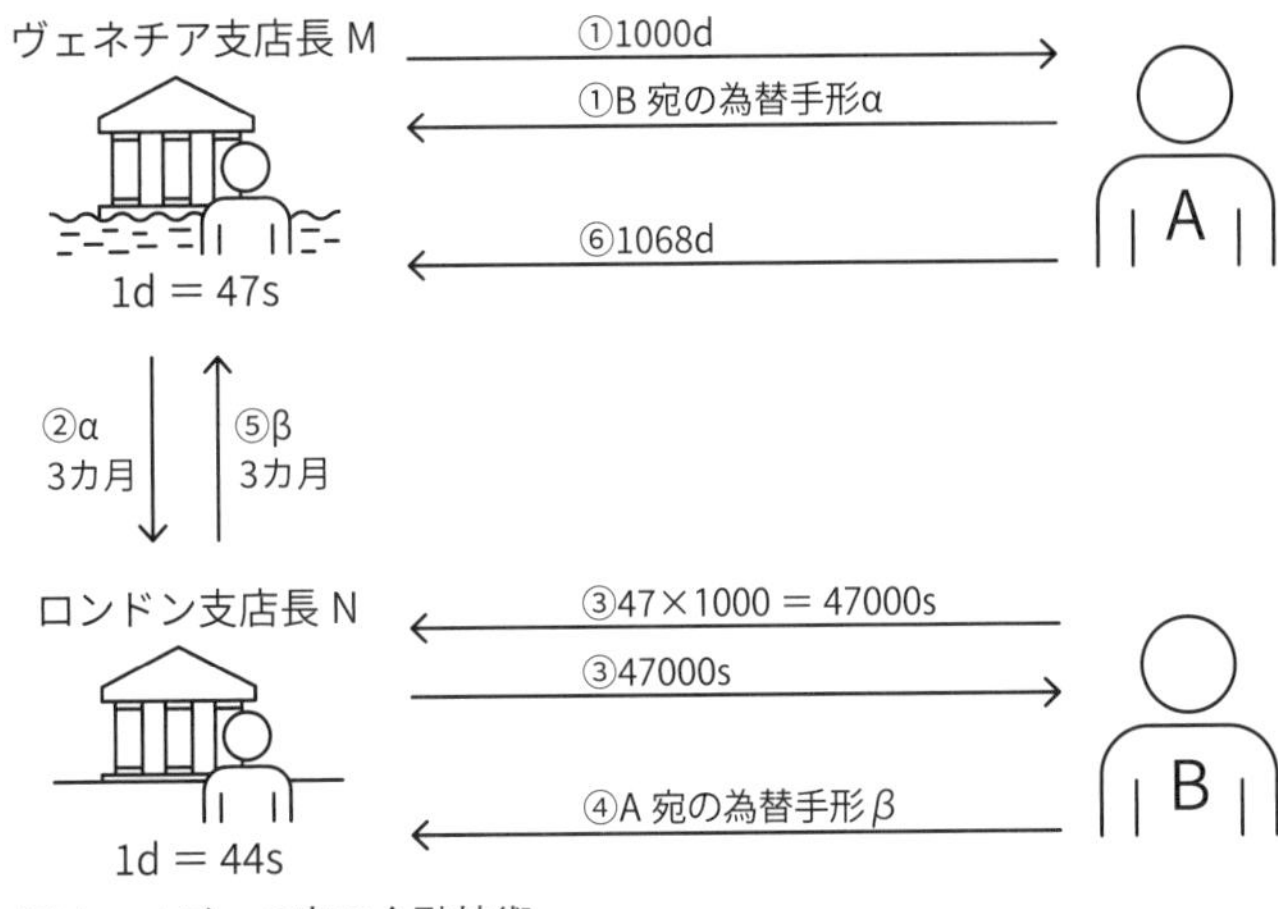

図1　メディチ家の金融技術

当時のヴェネチアの通貨です。これを示しているのが、図1の①上の矢印です。

ここで、Aは、1000ドゥカーティをメディチ銀行ヴェネチア支店から借りるにあたって、あることを要求されます。Aは、ロンドンにいる自分の代理人Bに宛てた為替手形αを、メディチ銀行に対して振り出さなくてはならないのです。ロンドンにも、メディチ銀行の支店があります。この手形αは、Aの代理人Bが、ロンドン在住のメディチ銀行の代理人、つまりロンドン支店長Nに、1000ドゥカーティ相当分を支払わなくてはならない、ということを指示しています。要するに、Aは、「私の代わりにメディチ家に借金を返してくれ」という趣旨のB宛の手形を、メディチ家のヴェネチア支店長Mに渡すのです。……①下の矢印

ただし、BがAの代理人として、1000ドゥカーティ分をNに返すとき、その支払いはロンドンでなされるのだから、英貨ステルリーニが使われます。ヴェネチアにおける、ステルリーニとドゥカートの交換レ

ートは、

1ドゥカート＝47ステルリーニ……（v）

です。

Aから B宛の為替手形αを受け取ったメディチ銀行ヴェネチア支店長Mは、これを、ロンドン支店長Nに送ります。これには、一定の時間がかかるのです。……②

その一定の期間の後に、（Mの代理人である）ロンドン支店長Nは、受け取った為替手形αを根拠に、（Aの代理人）Bから支払いを受けます。この支払いは、もちろん、MがAに貸した金に対する返済にあたります。Bは、Aの代理人として、Aの借金を返済したわけです。そしてNは、Mの代わりにそれを受け取りました。これで、貸し借りがなくなります。しかし、ここで奇妙だと思われるでしょう。なぜヴェネチアで借りたものを、わざわざロンドンで返さなくてはならないのか。……③上の矢印

何かからくりがあるのか、BからNにいくら支払われたかを確認する必要があるでしょう。しかし、その前に、借金（ヴェネチアで）から返済（ロンドンで）までの「期間」について述べておきます。この期間は、慣習によって決まっていたようです。ロンドンとヴェネチアの場合には、その期間は3カ月でした。もちろん、実際に、為替手形αは、3カ月かけてヴェネチアからロンドンに運ばれます。ここで、為替手形を大急ぎで運んでも何の意味もありません。MからNに早く運んだからといって、メディチ家としては早く返済してもらえるわけではないのです。今述べたように、都市と都市の距離によって、期間が決まっていたからです。この都市間ごとに定められた「期間」は、

都市間の空間的距離を、時間の次元に写像したものだと解釈してよいのでしょう。……②

さて、ではNはBからいくらの返済を受け取ったのか。もちろん、1000ドゥカーティ分です。何のごまかしもありません。ただし、英貨ステルリーニによって返済されたのでした。するといくらになるのか。レートは(v)式によって与えられています。つまり、BがNに支払ったのは、

47×1000=47000ステルリーニ

です。……③上の矢印

これでメディチ家は、何か得るものがあったでしょうか。メディチ家は儲けたでしょうか。「利子」にあたるものは発生したでしょうか。もちろん、メディチ家は、全然、得してはいません。「利子」も得てはいない。ただ、Aに1000ドゥカーティを貸し、同額を返してもらっただけです。しかし、からくりは、この後に仕組まれているのです。

ロンドン支店長Nは、せっかくBから支払ってもらった47000ステルリーニを直ちにBに返してしまいます。もともと、「B→N」と支払われた47000ステルリーニは、Aの借金の返済でした。これが、そのまま、今度は、「N→B」と戻されたのですから、Aのメディチ家への負債(1000ドゥカーティ)は、丸ごと残っていることになります。借金は、まだ一銭も、いや1ドゥカートも返されていません。……③下の矢印

47000ステルリーニが戻されるのと同時に、今度は、ロンドンのBの方が、ヴェネチアのA宛の為替手形βを振り出します。このβには何が記されているのか。それは、先の為替手形αと逆のことが書かれています。すなわち、「ヴェネチアのAが、ロンドンのBの代理人として、470

00ステルリーニ相当をM（ヴェネチア支店長）に支払うように」という趣旨のことが記されているのです。……④

ここからあとは、これまでの経過を逆流するように、ことが進行していきます。まず、為替手形βは、3カ月かかって、N（ロンドン）からM（ヴェネチア）へと運ばれます。……⑤

ヴェネチアで、ヴェネチア支店長Mは、為替手形βを根拠にして、Aから支払いを受けます。Aはいくら払えばよいのか。もちろん、1000ドゥカーティである。これで、Aの借金は返済された、ということになります。……⑥

……ということで片付けば、まったく利子は発生していません。メディチ家は、Aに1000ドゥカーティを貸して、6カ月後に1000ドゥカーティを返してもらっているだけです。メディチ家は、何の利益も得ていない。

しかし、AがMへと支払うべき金額は、1000ドゥカーティではないのです！　いくらなのでしょうか。ここで留意すべきことは、返済の局面において、ヴェネチアのAはロンドンのBの代理人だということです。最初は、Bの方がAの代理人でした。しかし、為替手形βのもとでは、もとの関係が逆転して、AがBの代理人になっています。Bは、ロンドンの市民として、ロンドンで為替手形を振り出しているのですから、そのBの代理人であるAは、ロンドンのレートに従わなくてはなりません。ロンドンにおける、ステルリーニとドゥカートの交換レートは、

1ドゥカート＝44ステルリーニ　……（l）

です。Aは、レート（l）に基づいて、47000ステルリーニ相当を、ヴェネチアの通貨ドゥカ

ートで、Mに支払わなくてはなりません。したがって、Aが支払うべきは、

4７０００÷４４＝１０６８ドゥカーティ

となります。これが、Aの返済額です。……⑥

したがって、メディチ銀行は、Aに１０００ドゥカーティを貸し、半年後に１０６８ドゥカーティの返済を受けていることになる。つまり、メディチ家は、半年で、実質約７パーセントの利子を得たことになるのです！

これは、完全に合法的なやり方です。なぜなら、これは、表面上は、ただの両替だからです。ヴェネチアの通貨からロンドンの通貨へ、そしてロンドンの通貨からヴェネチアの通貨へと、両替が２回なされているだけです。両替を、利子付きの貸借に転換するのに与っている最大の工夫は、為替手形にあります。一説では、為替手形の発明者こそ、メディチ家です。厳密な研究によれば、この説は間違っているようですが、このような説がまことしやかに語られていたということは、「為替手形と言えばメディチ家」という連想が働くほど、メディチ家は為替手形を活用したことを示しています。

事実上の利子が発生するのは、ヴェネチアとロンドンでは、通貨間の交換レートが異なっているからです。一般に、自国の通貨は自国で強い（つまり自国通貨は自国で相対的に高い）。この傾向が利用されているのです。

2-4　ヴェネチア市民は何になったのか

ルネサンス期の金融技術、つまりメディチ家の金融技術のどこにポイントがあったのでしょうか。ここでは、為替手形が実に巧みに活用されています。

最初の交換①——Aがメディチ銀行Mから1000ドゥカーティの貸付けを受けたときの交換——は、ヴェネチアでなされています。それゆえ、当然のことながら、両当事者、MとAは、ヴェネチアの市民としての資格でそれを行っています。「ヴェネチア市民としての資格」は、ヴェネチアという都市空間の内部にとどまっているわけではありません。この資格は、ロンドンで執り行われた、Bとメディチ銀行Nとの間の4700ステルリーニのやりとり③にまで及んでいます。というのも、③は、Aが振り出した為替手形αに基づいているからです。Bは、ロンドンにいても、ヴェネチアのAの代理人なので、ヴェネチアの市民です。ロンドン支店長Nも、ヴェネチア支店長Mの代理人です。ロンドンの通貨を用いているのに、③のレートがヴェネチアのそれに準拠しているのは、そのためです。

しかし、最後に、Aがヴェネチア支店長Mに返却するとき（⑥）、A（とM）はヴェネチアにいながら、ロンドン市民の資格でそれを行っています。⑥は、ロンドンのレートに基づいていることが、このことを示しています。レートが、つまりヴェネチアの通貨とロンドンの通貨の間の交換比率が、ヴェネチアとロンドンとでは異なっているところが、からくりのポイントです。この差異が生み出す差額が、実質的な「利子」となるわけです。

AとMは、最初はヴェネチア市民だが、最後はロンドン市民です。貸付けがなされたときと、返却のときでは、交換当事者のアイデンティティが転換しており、そのために実質的な利子が発生するのです。いつ、交換当事者たちのアイデンティティの転換が生じたのでしょうか。

それは、BがA宛の為替手形βを振り出したとき、つまり図1の④の時点です。それまでは、Bは、ヴェネチアのAの代理人でした。しかし、為替手形βを発行するときには、Bは、自分自身の立場で、つまりロンドン市民としての資格で、書類を作ります。最後の取引⑥は、この為替手形βに基づいているため、今度は、AこそがBの代理人になるのです（それゆえ、MもNの代理人です）。だから、⑥のAは、ロンドンにいるヴェニスの商人です。

以上は、まだややラフで、不正確な説明です。もう少し慎重に言い直す必要があります。最初の交換①において、A（とM）の社会的なアイデンティティは、「ヴェネチア市民」です。これは、今まで解説した通りです。けれども、最後の交換⑥において、A（とM）の社会的なアイデンティティは、「ロンドン市民」であるだけではないのです。同時に、「ヴェネチア市民」というアイデンティティも保持されています。「ロンドン市民」の観点からは、1068ドゥカーティは47000ステルリーニに相当し、そこにはなんらの価値の増殖もありません。1068ドゥカーティを「価値が増えた」と認知する視点は、「ヴェネチア市民」の方に帰属しているのです。したがって、最後の交換⑥においては、Aの社会的なアイデンティティは二重化しています。彼は、「ヴェネチア市民」でもあれば、「ロンドン市民」でもある。彼は、二つのアイデンティティの間を往復することができるのです。

さらに精確に言いかえましょう。最後の交換⑥における、二つのアイデンティティは対等ではありません。Aの優位なアイデンティティは、「ロンドン市民」としてのそれです。彼は、すでに、（Bの代理人である限りは）「ロンドン市民」です。だが、彼は、「ロンドン市民」でありながら、「ヴェネチア市民」としてのアイデンティティを類推し、「ヴェネチア市民」の視点から事態がどのように認知されるかを想像することができるのです。最後のAは、「ヴェネチア市民としての視点に自分自身を想像的に投射することができるロンドン市民」だということになります。

したがって、①→⑥の転換を通じて、Aの社会的なアイデンティティは単に変化しただけではありません。それは、より包括的なものになったのです。①の段階のアイデンティティは、単純に放棄されてはおらず、⑥の段階のアイデンティティに言わば、包摂されているのです。したがって、こう結論することができます。利子が獲得されているとき、Aの社会的なアイデンティティの内容が、より普遍化されたのだ、と。

ヴェネチア市民①　→　ロンドン市民（∪ヴェネチア市民）⑥

利子が悪いことと、うさんくさいことと見なされたのはどうしてなのか、もわかってきます。利子がやりとりされるということは、借りるときと返すときとで交換当事者のアイデンティティが——交換当事者のそれぞれが「何者であるか」ということが——変化することを含意しています。しかし、アイデンティティの継続は、規範が作用する上での最小限の条件です。私が同じ私であり続けるがゆえに、過去に犯した失敗の責任も問われるわけです。

ともあれ、ルネサンスの金融技術おいては、為替手形をともなう空間的な移動によって、交換当事者の社会的なアイデンティティが内容的に普遍化しています。その普遍化にともなう偏差が、利子として現象したわけです。ここから、私たちは、次のように考えを発展させることができるのです。この空間的な移動によってもたらされる差異を――アイデンティティの普遍化を含意するような差異を――時間的に構成することができれば、どうでしょう。このとき、剰余価値が生まれるはずです。

3 予定説の逆説

3-1 資本主義の精神……時は金なり

空間的な移動に対応した差異を時間的にもたらすとはどういうことなのか。そのことを理解していただくためには、その前に説明しておかなくてはならないことがあります。

マックス・ヴェーバーは、資本主義研究の古典中の古典である『プロテスタンティズムの精神と資本主義の精神』の最初の方で、「資本主義の精神」を代表する人物として、ベンジャミン・フランクリンをあげています。[*9] ヴェーバーによれば、フランクリンの三つの教えが、資本主義の精神をよく示しています。ヴェーバーが紹介している、フランクリンの三つの教えとは、次のことです。第一に、「時は金なり」。第二に、「金は金を生む」。第三に、「信用は金なり」。

どこに「資本主義」の精神と呼ばれることの根幹があるのでしょうか。すべてお金に関係していることだからなのか。そうではありません。ヴェーバーは、フランクリンをヤーコブ・フッガーと対比し、フッガーの方は、資本主義以前の態度が濃厚に残っていると見なしています。フッガーは、16世紀ドイツの大商人です。フッガー家の初代ハンスは、農村からアウグスブルクに出てきて、職工となり、その後、織布を販売する（原料の木綿をヴェニスから仕入れて、地元アウグスブルクの織工に加工させ、製品をヴェニスで販売する）商人として成功しました。[*10] ハンスの孫にあたるヤーコブは、銀鉱山を取得し、銀をもとにして巨万の富を築きました。フランクリンの方は、18世紀の人で、独立宣言の起草にかかわるなどアメリカの建国の功労者として知られています。彼は、成功した印刷業者なのですが、むしろ、政治家や外交官としての功績で記憶されています。あるいは、学者——たとえば雷の本性が電気であることを実証した「気象学者」——としても知られています。もし「お金」への貪欲さということが資本主義的だというのであれば、フッガーの方が、フランクリンよりもずっとふさわしい、ということになるでしょう。

では、ヴェーバーが注目したポイントはどこにあるのでしょうか。私の考えでは、核心を正確に射抜くには、三つの教訓は、あとの方から遡るようにして見ていった方がよい。三番目の教訓は、他人との取引において正直であれ、誠実であれ、というごく普通のことを言っているように思えます。ただ、そうした他人への接し方から出てくる信用が、お金（利益）に結びつくことが、規範的に望ましいこととされている点が注目に値するところです。言い換えれば、正直であることで高められた信用によって富を獲得しないことは、道徳的に望ましくないことなのです。ということは、言い換えれば、資本主義というものは、人を、常に罪の意識によって苛むということです。まず、自分が、道徳的に正しいやり方で稼いでいるかどうかが絶えず問われているということです。そもそも、金を稼ぎ、富を増やすということ自体が、道徳的な意味をもっている。そのことを言っているのが、第二の教訓です。そこで言われていることは、獲得されたお金――第三の教訓にあるようなやり方で正しく得られたお金――は、さらなるお金を生みうる、ということです。ですから、浪費してはならない。つまり節約するか、あるいは合理的に運用しなくてはならない、ということになります。

そして、最後に、第一の教訓において、時間とお金とが同一視されます。資本主義の精神の中心には、独特の時間の感覚がある、ということです。この時間でもあるところのお金は、第二の教訓にあるように、その自然な性向として、つまり本来のやり方で正しく使用すれば増殖するはずだ、と考えられています。このことを含めて考えれば、「時は金なり」という教えは、「利子生み資本」の表現そのものです。第1章で、フランクフルト学派に連なる社会学者、ヴォルフガング・シュトレークの、貨幣は「資本主義の諸制度の中でも、最も神秘に満ちた制度」だという言葉を引きました。これに対しては、貨幣は、資本主義ではない社会、資本主義以前の社会にもあるではないか、と反論したくなりますが、シュトレークが言う「貨幣」は、今、述べたような貨幣、「時間」と緊密な関係にある貨幣、時間と等価に交換できる貨幣である、と考えるべきです。要するに、時間とともに増殖する貨幣こそが、資本主義というものの謎の核心にあるわけです。

3-2　カルヴァン派が有力だった地域

さて、ヴェーバーが、資本主義の精神をもたらした決定的な要因として見出したのが——本のタイトルにもあるのでたいていの人が知っているように——プロテスタントたちの倫理（エートス）でした。ただ、ヴェーバーは、すべてのプロテスタンティズムについて等しく重視しているわけではありません。資本主義の精神との関係でヴェーバーがとりわけ大事だと見なしたのは、カルヴァン派です。ルターについてもヴェーバーはかなり論じていますが、カルヴァン派の方がより重い意味をもちました。

もっとも、ヴェーバーに言われなくても、プロテスタンティズム——中でもカルヴァン派——と資本主義の成功との間に相関関係がありそうだ、ということは誰でも気づくことです。早くから資本主義化した地域、あるいは経済成長が順調だった地域は、プロテスタントが有力な地域、とりわけカルヴァン派が優勢な地域です。このことは、多くの人が気づいていたことでした。

地図を眺めるだけでも、そのことはわかります。たとえば、歴史学者のピエール・ショーニュは、——1980年代初頭のことですが——まことに率直な筆致で、つぎのように書いています。

> 一九八〇年の地図と一五六〇年の地図を広げてみよう。それはほとんどぴたりと重ね合わせることができる。起きたことは起きなかったことには決してならない。一五二〇年から一五五〇年までのあいだにあらゆることが起きた。ひとたび確定された改革勢力と対抗改革勢力の境界はそこから先でもう揺らぐことはない。一六世紀半ばの地図と二〇世紀半ばの地図は九五％

の割合で重なるのだ。では、所得の多い順に、また研究・開発投資額の多い順に、これらの国や地方を並べてみよう。いまでは古典となったウォルト・ロストウの分類にしたがってテイクオフと持続的成長が始まった日付の順に並べてみよう。八〇％以上の割合で上位を占めるのは、プロテスタントが多数派で、文化的にもプロテスタンティズムが優位な国々であり、さらにその先頭に立つのはカルヴァン主義の伝統に拠って立つ国々だ。[*11]

ヴェーバー自身も、似たような事実を記しています。資本主義の先進地帯、早くから近代的な資本主義が勃興した地域は、カルヴァン主義がよく浸透した地域と一致する、と。カトリックが有力だった地域でなかったことはもちろんですが、ルター派が主流だった地域でもなく、カルヴァン主義が多数派だった地域こそが、資本主義を先導した、というわけです。

地理的な分布だけではありません。ヴェーバーによると、練達な資本主義的事業感覚をもった経営者は、カルヴァン派か、あるいはそのような信仰をもった家庭の出身者が多かった。子どもに高等教育や実用的教育を与えることにとりわけ熱心なのも、カルヴァン派の家庭だったようです。あるいは、資本主義に適合的な仕方で働く労働者は、カルヴァン派に近い宗教教育を受けてきた者に多かった、ともヴェーバーは書いています。「資本主義に適合的な仕方で働く」とは、たとえば、出来高賃金制にしたとき、少しでも高い報酬を得ようと最大限努力する、ということです。普通、経営者は、労働者の労働意欲を高め、できるだけ長時間働かせようと意図して、出来高賃金制を導入するわけですから、そんなの当たり前だと思うかもしれませんが、必ずしもそうではありません。

出来高賃金制にすると、少しがんばれば、短時間で今までと同じ賃金を得られます。すると、もうそれ以上は働かず、その時点でその日の仕事をやめてしまう労働者がたくさんいたのです。しかし、カルヴァン派の宗教教育を受けてきた者は、そういう働き方はしませんでした。

というわけで、さまざまな事実が、カルヴァン派の宗教的なコンテクストの中で、資本主義というものにより向いている主体が生まれてきたらしい、ということを示しています。が、ここまでのことであれば、特に洞察力がなくても、すぐに気づくことです。どうして、カルヴァン派の倫理が資本主義の精神につながったのか、それを説明しなくてはなりません。

とりあえず、カルヴァン派〔敬虔派〕のような厳格なプロテスタント、つまりピューリタンと資本主義の精神を結びつけているひとつの性質に注目しておきましょう。その性質とは、あることの断固とした拒否です。「あること」とは、完全な充足のことです。最終的な享受という意味での充足です。ヴェーバーは、次のように書いています。

> われわれは進んで、ピュウリタンの天職〔召命〕観念と禁欲的生活態度の促迫が資本主義的生活様式の発展に対して直接に影響を及ばさざるをえなかった、そうした諸点をとくに明らかにしていこうと思う。〔中略〕〔ピューリタンの〕禁欲が全力をあげて反対したのは、とりわけ、現世とそれが与える楽しみのこだわりのない享楽ということ、ただ一つだった。[*12]

ここで、資本主義の定義に含まれていたあの条件、つまり「資本の無限蓄積」を思い起こしてください。資本の蓄積が無限に繰り返されるのは、最後の「こだわりのない享楽」ということが拒否されているからです。さて、そうすると問うべきことははっきりしてきます。カルヴァン派の行動様式の何が、どのような論理が、このような現世における「こだわりのない享楽」の拒否を可能にし、いかにしてそれが資本主義の精神に転化したのか、これが問いです。

3-3 予定説の謎

資本主義が他に先がけて出現したり、順調に発展したりしたのは、カルヴァン派が有力だった地域だと述べました。とすると、カルヴァン派を特徴づけているものは何なのか、ということが鍵になります。カルヴァン派が特に重視したのは、「恩寵による選びの教説」、すなわち「予定説」と呼ばれている教義です。

ヴェーバーは、ウェストミンスター信仰告白をそのまま引用することで、この教義を紹介しています。ウェストミンスター信仰告白というのは、イングランド国教会の改革のために、1646年にウェストミンスター会議(神学者たちの会議)で作成された信仰告白(信念の表出)です。イングランド国教会よりも改革が進んでいたスコットランド教会が、1647年にこれをすぐに採決し、翌48年には、イギリス議会も採決しました。これは、ピューリタン革命からやがて起こる名誉革命へと至る一連の変革の中での出来事で、信仰告白が定着するまでには、さらに紆余曲折があるのですが、結論的には、今日では、世界中の教会で、非常に権威ある信仰基準として受け入れられていますす。信仰告白を作成したウェストミンスター会議を主導した改革派の神学者こそ、カルヴァン派でした。ヴェーバーが、ウェストミンスター信仰告白に、カルヴァン主義の信仰の表現を見たのは、このためです。

予定説とはどのような教義なのか。その議論をする前に、キリスト教の基本前提を確認しておく必要があります。キリスト教は、いわゆる終末論の構成をもっているのですが、それは次のような意味です。人間は皆、神によって救済されるか、あるいは呪われるかのいずれかです。前者は、神の国（天国）での永遠の生命が与えられ、後者には、永遠の死滅（地獄）が待っています。それぞれの個人について、救済なのか呪いなのか。それは、終末のときの最後の審判において明らかになります。これは、プロテスタント、カトリック等の違いにかかわりのない、キリスト教の基本的な設定です。

この前提を踏まえた上で、予定説は、次の点を極限にまで徹底させて強調します。人類のうち誰が救済され、誰が呪われるかは、神によってあらかじめ予定（決定）されており、それは、人間の行為によって変えることはできない、と。ここから、神のその予定（決定）は人間にはまったく不可知であり、実際に「判決」がくだされるそのときまでまったくわからない、ということも導かれます。もちろん、神の判決がどうであるかは最後の審判のときまでわからない、というのは当たり前なのですが、人間の行いが神の決定に影響を与えることができるという前提であれば、自分は何らかの善きことをしたから――たとえばちゃんと告解をしたからとか、贖宥状（しょくゆうじょう）を買ったからとか――おそらく救済されているだろう、と推測することができるのです。しかし、行為と救済（あるいは呪い）との間のこうした因果関係が否定されていれば、神の決定の不可知性は絶対に克服できないものになります。つまり、信者たちは、自分が救済される側に予定されているのか、呪われる側にいるのか、「そのとき」までまったくわからず、わずかに推測することもできない、ということになります。

これが予定説のポイントです。さて、そうだとすると、これはとんでもない教義ではないでしょうか。二つのことが疑問になることでしょう。第一に、こんな神は、信じるに値するでしょうか。誰が、このような神をあえて信じようとするでしょうか。そんな人はいるのでしょうか。第二に、仮に信じる者がいるとして、その者の行動に何か実質的な変化が生じるでしょうか。つまり、このような神を信じている者と信じていない者との間に、何か行動の上での違いが出るでしょうか。もう誰が救われるのか呪われるのかは決まってしまっているのですから、つまり何をしたら救われるだろうと言われるわけではないのですから、結局、この神を信じていようが信じていなかろうが、やることは同じになってしまいます。

このような疑問は避け難く出てきます。叙事詩『失楽園』で知られるジョン・ミルトンが「たとい地獄に堕されようと、私はこのような神をどうしても尊敬することができない」と言ったことはよく知られていて、ヴェーバーもこの言葉を引用しています。日本の代表的なクリスチャン、内村鑑三も、『キリスト教問答』で、予定説の説明に苦戦しており、（自分自身で想定している）質問者に、「そのよう（ママ）の事をいまでも信ずる者がありますか」などと疑問を出され、とまどったりしています。

予定説的な状況を次のように置き換えたら、これがいかに奇妙な説であるかがわかります。たとえば、私が大学で授業を受け持つとしましょう。私は、開講するや、教室に集まった学生たちにこう宣言します。この授業は予定説方式である、と。つまり、どの学生が合格し、どの学生が不合格かを、私はあらかじめ決めており、その決定は、学生が学期中に何をなそうと変えることはできない、と。これに学生はどう反応するでしょうか。学生は、まったく勉強をしなくなるに違いありません。がんばってよいレポートを提出しようが、教師（つまり私）の質問によく答えようが、積極的に討論に参加しようが、合否はもう決まっているのですから。

私が学生たちの学習意欲を引き出し、熱心に勉強させたかったら、予定説方式とは正反対のやり方を選ばなくてはなりません。つまり学生には、君たちが合格し、単位を取得できるか、不合格となり単位を落とすかは、君たち一人ひとりの努力次第である、と言わねばなりません。熱心に講義を聴き、よいレポートを提出すれば合格するだろう、と。私は、その結果を見るまでは合否を決めてはいけません。

しかし、ヴェーバーの言うように、予定説を唱えるカルヴァン主義のもとでこそ資本主義の精神が生まれたとすると、実際の歴史で起きたことは、私の予定説方式の授業とはまったく逆のことだった、ということになります。予定説を採用するカルヴァン主義のもとで、人々は、ヴェーバーが「世俗内禁欲」と呼ぶ熱心さで働きました。つまり、世俗の活動が宗教的な情熱に導かれているかのようだった、ということです。それは、予定説方式の授業に出席した学生たちが、普通の授業に出ている学生たちよりも熱心に勉強した、ということを意味している……ということであるように見えるわけです。どうして、こんな逆転が生じたのでしょうか。何かが根本的に違っているはずです。私の予定説方式の授業と、プロテスタントの予定説とでは。それはいったい何なのでしょうか。

人は一般に、救いを求めて宗教を信じます。だから普通は、宗教は次のように説くことになります。何か善いことをすれば、それによって、救われ、幸福になる、と。いつどこで幸福が得られるかは、宗教ごとにさまざまです。現世の比較的近い未来かもしれない。天国や彼岸かもしれません。あるいは、いったん死んだあとの来世かもしれません。いずれにせよ、何らかの行為と救済とを結びつけるのが、一般の宗教です。

ところが予定説は違います。あなたの行為が救済の確率を上げることはいささかもない、と説いているわけです。とするならば、そんな神をわざわざ信ずる気もしない、というミルトンの批判はもっともです。

が、しかし、実際には信じた者がたくさんいたのです。しかも、彼らの行動には顕著な特徴があり、それがために、意図せざる結果として、資本主義（の精神）の誕生が促されたわけです。「予定説」が何であるかを聞いたときにただちに予想される二つのこと、つまり「誰も信じないだろう」「信じたとしても、人の行動に何の変化ももたらさないだろう」という二つのことは、ともに現実に起きたこととは別だった、ということです。いったい、予定説は、どのようなメカニズムで、人々の行動に影響を与えることになったのでしょうか。

3-4　一神教の理念型

予定説と資本主義とのつながりを説明する前に、述べておかねばならないことがあります。ここまでの論述の中にあった、誤解を招きかねない部分を訂正しておく必要があるのです。カルヴァン派の倫理が資本主義の精神の誕生に大きく与った、というと、西ヨーロッパの、ごく一部のキリスト教徒だけが、資本主義の源泉になった、という印象を与えます。なにしろ、カルヴァン派は、プロテスタントの全体ですらなく、さらにその一つの宗派なのですから。しかし、マイナーなキリスト教徒の態度が、（脱宗教化されて）世界中に広まり、一人勝ちした、というイメージは、正確ではありません。それでは、なぜそれが勝つことができたのか、さらに説明しなくてはならなくなってしまいます。

どう考えるのがよいのか。キリスト教の教え全体の中での予定説の位置を正確に見ておくことがポイントです。前節では、予定説は奇怪な教義であって、キリスト教徒自身が、自分はなぜそんなものを信じているのか自分でもよくわからない、とまで言っている、という事実を指摘しておきました。これだけだと、とても異端的な教義だという印象を与えます。しかし実際には、少なからぬキリスト教徒が予定説を受け入れたのでした。そのふしぎを説明するためには、予定説は、ある意味では、キリスト教の教えの「典型」、その理念型的な純化だということを理解する必要がありま す。

つまり予定説は、キリスト教にとって例外的な教義であると同時に――いやそれゆえに――キリスト教のエッセンスを代表しているとも言えるのです。どうしてかと言いますと、唯一神教の原則を純化し、徹底させれば、その論理的な帰結として必然的に予定説が導かれるからです。キリスト教は一神教です。一神教の原則とは、唯一の神が被造物（人間）に対して、絶対的に超越している、ということです。神が、人間をはじめとする世界の諸事物に対して、（論理的に）優越しており、神が人間に影響を与えることはあっても、人間が神に影響を与えることはない、というのが、神の超越性ということです。

たとえば、人間が雨乞いをしたことに応えて、神が雨を降らせたとすると、それは、人間が神を操作していることになり、神の超越性は侵されます。このとき、神が人間に対して超越しているのか、逆に人間の方が神に対して超越しているのか決定できなくなっているのです。ヴェーバーは、雨乞いのように人間の意図に神を服させることを「神強制」と呼び、呪術の特徴と見なしました。ヴェーバー的な意味での(宗教の)合理化、つまり脱呪術化とは、神と人間との間の優劣を混乱させる「神強制」的な側面を脱していくことです。一神教は、このような合理化の産物として出てきます。

しかし、一神教でも、神強制としての要素は完全には消えません。知られているように、ルターは、カトリックの贖宥状(免罪符)に反対しました。贖宥状を買ったことで、救済が約束されるのだとすれば、それは、やはり神強制の一種です。神を買収して、神の意思を操作していることになるからです。このような呪術的な残滓を払拭して、一神教として純化したらどうなるのか。

神は完全に全知にして全能、そして神の意思や判断は、人間からの影響を一切受けない。するとどうなるのか。それこそ予定説にほかなりません。神は全知ですから、当然、私が何者なのか、私が何をすることになるのか、私以上に知っています。ですから、神は、私を救うのか、呪うのかを、はじめから決めているはずです――つまり神は、それを予定しているはずです。神の予想を外して――神の予定を出し抜いて――、私が何かをする、などということはありえません。たとえば、神の予想を超えて私が善いことをして、神が、いわば感心し、心動かされ、「はじめは、大澤は地獄行きと決めていたが、やはりヤツを天国に迎えてやろう」と予定を変更する、などということはありえないのです。もし私の「善行」によって神の予定を変更できたとしたら、それ自体が、一種の神強制です。

そうだとすると、次のように言うことができるのではないでしょうか。予定説は——確かに一部の宗派だけが支持する極端な教義ではありますが——、一神教としてのキリスト教が一般に、そして潜在的に目指している極限である、と。実際に、そこまで徹底できる宗派、信者、神学者は、そうたくさんはいません。その前の段階で妥協してしまうのが普通です。しかし、予定説は、キリスト教の、言ってみれば、理想的にはそうであるべきひとつの姿である、と考えることができるのです。（もちろん全員ではありませんが）多くのキリスト教徒が、予定説に関して、「そこまで過酷な神はいくらなんでも……」という違和感をもちながらも、結局、それを受け入れ、信じたのは、キリスト教というものにはじめから予定説へと向かう傾きのようなものがあるからです。

したがって、予定説と資本主義との関係を論ずるにあたって、ほんとうは、キリスト教の特定の宗派だけが資本主義の精神の温床になったかのように見るのは、適切ではありません。予定説は、実際にそれを明示的に唱えた宗派は一部だったとしても、キリスト教の諸宗派がそれのまわりに配置されるような原点だからです。ここまでも、またこれからも、私は、「カルヴァン派が云々」という表現を用いますが、この「カルヴァン派」の部分には、西側の——つまり東方正教会ではない——キリスト教のすべての重みがかかっている、と考えてください。

3-5 「予定説」を信ずると……

さて、本来の問題に戻りましょう。予定説をこのように理解しておくとして、ではその予定説は、どのような論理で、資本主義の精神へとつながっていったのでしょうか。それは、どのような意味で、資本主義やその精神と適合的だったのでしょうか。先ほど述べたように、一見したところ、予定説は、それを信じていようが信じていまいが、人の行動に変化をもたらさない……とそのように思えます。ところが、実際には、「変化をもたらさない」どころか、予定説を媒介にして、人々の行動を大きく変容させ、「資本主義」というこれまでにはなかった社会システムの誕生が促されたのです。しかし、どのようにして、でしょうか。どのような因果関係が作用したのでしょうか。

ヴェーバーはどう論じているか、見てみましょう。……と言いたいところですが、実は、ヴェーバー自身の説明も、十分に明晰とは言い難いのです。ヴェーバーも説明に苦労しています。そこで、ヴェーバーが述べていることに逐語的に従うよりも、ヴェーバーの語り方から自由に、独自に論理の骨格を抽出した方がよいでしょう。実は、ここで、ゲーム理論の領域で「ニューカムのパラドクス」として知られている思考実験を使うと、その論理の骨格を示すことができます。ニューカムのパラドクスにおける二人のプレイヤーを、予定説的な状況における人間（信者）と神に対応させることができるのです。ただ、ニューカムのパラドクスまで動員して説明していると大きく回り道をすることになりますし、私は別のところで、このパラドクスを利用しながら予定説の効果について説明したこともありますので[*13]、詳しくはそちらを参照していただくとして、ここでは、結論だけを述べることにします。

＊

さて、最も重要な前提は、神は結果をすでに知っている、ということです。「結果」とは、最後の審判の判決のことです。（人間にとって）そのときは、つまり終末は未来のことです。ですから、人間には、判決がどうなるのかわかりません。しかし、神はすでに結果を見てしまっている。「終末」を基準にすると、人間の視点は「事前」に属しており、神は、「事後」の視点をもっています。

神が結果を知っているのは――（もっと普通の言い方にすると）神が結果を決めてしまっているのは――、どうしてなのか。神が知っていることは、その最終的な結果だけではないからです。神は、その結果に至るまでの過程もすべてすでに知っています。つまり、神は、ある個人、たとえば「大澤真幸」という個人が、これから死ぬまでどのような人生を歩むかをすでに知っています。だからこそ、神は、迷うことなく、最後の審判での判決について予定しておくことができるわけです。

ここが、私の「予定説方式」の授業とは違うところです。私は開講するや、学生たちに、君たちの合否はすでに決めてしまっていると宣言するわけですが、学生一人ひとりが、その授業の最初から最後に至るまでどのようにふるまうか――どのように勉強し成長するのか――を、まだまったく知りません。ですから、私の合否判断は、私の恣意的な決断です。それに対して、神は、いまだ実現していない未来の過程を知っているのですから、最後の審判での判決は、その知っていることから導かれる自然な帰結です。神は決断しているわけではなく、知っていることからの推論によって必然的な結果を導いているだけです。だから、先ほど、神は結果を「定めている」とは言わず、結果を「知っている」と表現したのです。

ところで、先ほど、神の視点は、未来の「終末」を基準にして「事後」に属すると述べました。その上で、神は、その終末までの過程もすべて見て、知っています。ということは、神の立場、神の発話は、時制としては、フランス語で言うところの前未来futur antérieur（英語の未来完了）のかたちをとることになります。単純未来futur simpleではなく前未来だということが大事なポイントです。

＊

このとき、「私」が信者だとしたら、どのようにふるまうことになるのか。「私」は、自分が救われるのか、呪われるのか、知ることはできません。神は、前未来の視点をもちますが、「私」の視点は現在進行形だからです。

「私」自身には、最後の審判において自分がどちらと判定されるのか確定できない――つまりどちらと判定されるか確実に予期することはできない――わけですが、しかし、確実なことがあります。判定がすでに決まっている、ということです。「私」は救われるのか、あるいは呪われるのか、どちらかであることがすでに決まってしまっています。「私」には不可知な「それ」を、神は知っており、すでに見ています。

信者である「私」は、当然、結果を、つまりその判定を知りたい。つまり、神が知っていること、神が見ていることを、「私」は、狂おしいほどに知りたい。うるさいほど繰り返しますが、すでに決まっており、神がそれを知っているからこそ、「私」は、知りたいという欲望にかられるのです。しかし、「私」は絶対にそれを知ることができません。「そのとき」になるまでは。

さて、ここで、「私」は、次のことを理解しています。神に選ばれ、救われることに定まっている人は、（多分）ごく少数である、と。全員が救われるわけではありません。救われるべく選ばれた人と呪われている人とに分割され、しかも――おそらくですが――前者の方が、だいぶ少ない。ですから、客観的に見れば、「私」が救われる側に入っている確率は、かなり低い。100万枚に1枚の割合でしか入っていない、宝くじを買うような気分です。

が、ここで、「私」が（神を）信じる、とはどういうことかを考える必要があります。「信じる」ということは、客観的な立場から、「私」がどうなるかを予想するのとは違います。「信じる」とは――「知る」とは違って――、主体的なコミットメントのひとつです。

と、同時に、今、ここで問題にしている「神」は、予定説において前提にされている神だということを考慮しなくてはなりません。普通の神が相手であれば、つまり「私」の行いを見て、これから「私」を救うかどうかを決めるような神であれば、「私」は、「今の段階では「私」は救われるか救われないかはわからないが、神に救われるように、神に喜ばれるようにがんばろう」という思いをもつことが、「信じる」ということになります。しかし、予定説の神に対しては、そのような態度をとることはできません。

では、もう一度、問いましょう。このとき「私」が神を信じるということは、どういうことなのか。それは、神が「私」を、救済する者たちの一人に選んでいる、と一種の公理のように――つまり独断的に――前提にする、ということです。予定説の設定の中では、「私」が、救われるか呪われるかはっきりしない未決状態にまだある、ということはありえません。「私」は、必ず、すでに救われるか、呪われるかのどちらかに入っています。しかし、「私」は救われない側に入っていると思いつつ、神を信ずる、などということがありうるかと考えてみると、それは不可能です。予定説の神を信ずるということは、「私」が救われる側にいる、と、究極的には何の根拠もなく仮定し、結果を先取りすること、それ以外にはありえません。

＊

「私」は神に救われる側に入っているのだから、あとはのんびり生きればよい。入試の前にすでに合格通知をもらった気分なので、受験勉強なんかせずに遊んでいればよい。……と、このようになるのかといえば、そうではありません。ここからが肝心です。

繰り返し述べてきたことを、もう一度、強調します。神は、知っているからこそ、「私」を救済される者の側に選んだのです。神は、「私」がこれまで行ってきたことだけではなく、これから死ぬまでに行うことをすでに見ており、知っている。そうであるがゆえに、神は、「私」を、救済されるにふさわしい者として選んだのです。そうであるとすれば、神が（すでに）知っている通りのこと、前未来の観点から神がまさに見てしまった通りのことが、実際に、起きなくてはなりません。そうでなくては、「私」は、自分が救済されているはずだ、という（独断的な）確信を維持することができなくなります。

ということは、どういうことか。「私」は、神が「私」について知っていること、前未来の立場からすでに見てしまっていることを想定し、まさにその通りに行動する、ということです。別の言い方をすれば、「私」は、神の予見、神が「私」に関して予想していたことが、まさにその通りに的中するように行動するわけです。今、「予見」とか「予想」とかという語を用いましたが、それは、現在に縛られている「私」の立場からの表現であって、神からすれば、すでに見てしまっていること、すでに知ってしまっていることになります。いや、「神がこのようにあらかじめ見ていた」「神はすでに知っていた」という設定が成り立つためにも、「私」は、神が予見していたことに適合するように行動するのです。

ここで、客観的には根拠を（外部に）もたない論理の自己言及的循環が生じています。ほんとうは、神が「私」を救う側の人間として選んでいる、というのは「私」の勝手な前提です。「私」としては、しかし、神が知っていること――それこそが私が選ばれる根拠になっています――にそって行動しているだけだと理解している。けれども実際には、神が「まさに選ばれるに値するものとしての「私」について知っていそうなこと」に合致して行動しているということが、「私」が、救済されるべく選ばれているはずだという公理的な前提の正しさへの確信を作り出しています。つまり、「私」の独断的な想定（神が救っている）の論理的な帰結であることを、「私」が自分で実現することによって、「私」は自分の想定の妥当性への確信を得ようとしている――逆にいえば、「私」の想定が誤りであるかもしれないという不安（「ほんとうは救われていないのではないか」）を打ち消そうとしている――ということになります。

自己言及の構造になっているので、ほんとうは、「私」の想定、つまり「私」は救われる側にいるという命題の正しさの証明はありえません。自己言及的な命題は、真偽を決定できないからです。それにもかかわらず、この不決定性が信者である「私」に気づかれないのは、つまり「私」が不安を克服し、救われているはずだという確信をもってしまうのは、繰り返しますが、神がとにかくすでに知っており、それに基づいて決定してしまっている、ということだけは確実だ、と絶対に反駁しえないかたちで「私」が信じているからです。

＊

とはいえ、ここにはまだ問題が残ります。神が「私」について知っていることを想定し、その通りに行動する、と言いましたが、神は何を知っているのでしょうか。神は、「私」がこれからなすことをあらかじめ知り、すでに見てしまっているわけですが、何を知り、何を見たのか。それは、原理的には「私」にはわからないのです。「私」にとっては、原理的に不可知です。

ただひとつ手掛かりがあります。神は、「私」について知っているそのことを、救済に値することだと見なしている、ということです。「私」が公理のように前提にしてしまったこと――「私」は救済される――が真であるのは、「私」がまさに救済されるにふさわしいように生きたということが、神にとっては事実だからです。

では、何が、救済に値することなのか。つまり、何を、神は喜び、よしとするのか。しかし、これが結局、分からないのです。神は、人間を圧倒的に超えています。神にとって何がよいのか、人間にはわかりません。神にとってよいことと、人間にとってよいこととが合致せず、両者の間につながりがない、ということこそ、神が人間に対して超越している、ということのひとつの含意でもあるからです。旧約聖書の『ヨブ記』の主題もまさにここにあります。ヨブに次々と不幸なことが起きる。つまり人間の観点から見て、よくないことが起きている。ヨブの友人たちは、それはヨブが神にとってよくないことの証拠だ、としてヨブを批判するのですが、ヨブは、その批判を絶対に受け入れません。すると、神が出てきて、ヨブの友人たちの主張を退け、それに屈しなかったヨブを称賛するわけです。

というわけで、神は、「私」の行いを見て、救済に値すると判断した（はずな）わけですが、なにが、まさにその救済に値することなのかを、「私」は確定することができません。が、しかし、この点については、やはり、おおよそ推測はできるのです。神が何を喜ぶのか、神の道具であるところの「私」が何をすることが神の栄光を増すことになるのか、皆目見当がつかない、……ということではありません。神にとってよいこと、神が「それ」をまさに救済に値すると見なすことが何であるかは、確実には決められなくても、だいたいは推測できます。

「私」は、こうして、神が「私」について知っているに違いないことに合致するように、行動することになります。特に非日常的な宗教的場面だけではなく、日常のすべての活動、とりわけ日々の仕事に関しても、そのように行動します。それが、結果的に、「世俗内禁欲」とヴェーバーが呼んだ、きわめて勤勉で、そして情熱的で、さらに合理的な労働や生活として現れるわけです。あるいは、ベンジャミン・フランクリンが勧めていたような誠実な仕事、正直な商売も、その一部です。

3－6　商品の「命がけの飛躍」――最後の審判としての

予定説と資本主義的な行動との間にどのような関係があったのか、について論じてきました。予定説を信じる行動が、世俗内禁欲に基づいた仕事への取り組みを促進することになる、と。予定説と資本主義の結びつきは、ほかにもあります。ヴェーバーが述べていることではありませんが、予定説は、資本主義の中核にある活動、資本主義の本質とも言ってよい活動に適合的な態度を生み出すのです。資本主義の中核にあって、その本質とも見なすべき活動とは、「投資」です。先に資本主義の条件は、資本の無限の蓄積である、と述べました。それは、投資がいつまでも繰り返される、ということです。予定説は、投資に有利な態度をもたらすのです。

とはいっても、予定説とか、あるいはそれに関連したキリスト教の教義に、投資を勧める内容が含まれている、ということではありません。ここで関連しているのは、教義や思想やイデオロギーの内容ではありません。そうではなく、予定説というものを信じたときに人がとることになる行為の形式が、投資という活動に非常に適合的なのです。ポイントは「終末論的な構成」です。「最後の審判」について云々したように、予定説というものは、終末論を前提にして機能しています。このことがこれから説明することの鍵です。

資本主義における資本の流通の公式は、G－W－G′だと、――マルクスに従いながら――述べておきました。資本家は、貨幣Gを投資して商品Wを入手します。これが、公式の前半のG－Wにあたります。その商品Wを——ときには購入した商品Wを用いて別の商品W′に変換した上で——、再び市場で売り、貨幣G′を得ます。これが公式の後半W－G′です。Gの投資は、最終的に、価値の増殖をともなってG′（＝G＋ΔG）として回収されなくては、失敗だったことになります。つまり、商品Wは、市場に送り出されますが、それが、買ってもらえるとは限りません。だから、マルクスは、商品を最後に売りに出すことを、商品の「命がけの飛躍」と呼びました。この「命がけの飛躍」は、資本にとって「最後の審判」に相当します。

ほとんど誰にも買われない商品は、つまり十分な需要がない商品は、奈落の底に沈むことになります。「買われる」ということは、その商品が、貨幣によって承認されることであり、いわば貨幣によって救済されることを含意しています。だから、貨幣は、神の役割を担っているわけです。マルクスも、貨幣のことを「諸商品の神」と呼んでいます。繰り返せば、資本の運動の最終局面W－G′は、最後の審判のようなものです。こうした対応関係を前提にすると、予定説と資本主義のさらに深いつながりが見えてきます。

予定説によれば、人間（信者）は、原理的に、神の予定（決定）を知ることができず、またその決定を変更すべく、それに影響を与えることもできないのでした。神の予定が何であったかを知るのは、最後の審判に臨んだときです。にもかかわらず——いやそれゆえに——信者は、神の予定を知っているかのようにふるまうのでした。信者は、最後の審判における神の判断を（勝手に）先取りし、その結果を既定のこととして前提にした上で、その結果へと向かう因果関係をたどるように行動するのです。このときの神の視点は、信者にとっては、最後の審判が終わったあとに獲得する視点と合致します。つまり、最後の審判の後に、信者がその判決とそれまでの自分自身の人生を振り返ったときに見るものは、まさに神が最初から見ていた（予定していた）ものと同じです。したがって、最後の審判を基準にしたとき、一方には、それに未だにたどりつかない視点（事前の視点）があり、他方には、それをすでに通り過ぎてしまった視点（事後の視点）がある、と述べたわけです。世俗内禁欲は、この二つの視点の協働によってもたらされます。

ここで、資本を無限に回転させる活動、つまり投資という活動を見てみましょう。投資するとき、企業家や投資家は、将来売ることになる商品、これから開発しようとしている商品が市場で高く評価され、しかるべき価格で売れるはずだ、と想定しているはずです。この想定こそが、プロテスタントがやっていたのと同じ、事後の視点の先取りではありませんか。「最後の審判」に対応しているのが、今しがた述べたように、商品を市場に売り出すときです。この場合、商品を買う貨幣こそが神であり、売れることが、（最後の審判の）救済の判定に対応しているのです。

冒険的で多額の投資には、勇気が必要です。商品が、命がけの飛躍に成功し、再びしっかりと大地に着地できる保証はないのですから。着地に失敗すれば、破産です。投資は、そのことからくる不安や恐怖を克服しなくてはできません。予定説を信じるプロテスタントも、同じような不安や恐怖——いやこの種の不安・恐怖の極大化したもの——をもっています。しかし、彼らは、神が「私」をすでに救済しているはずだとの想定を通じて、この不安・恐怖に対抗し、積極的に行動ができる。起業家や投資家も、神を貨幣（を支払う人）に置き換えることで、同じメカニズムで不安・恐怖を克服することができるのではないでしょうか。不安や恐怖が消え去るわけではありません。残っています。しかし、予定説的な態度に規定された行動は、不安・恐怖に圧倒されることなく、これらに対抗していく術となります。

＊

本来の最後の審判は、定義上、一回だけです。それは歴史の終焉を意味しています。しかし、もし最後の審判が、いつまでも反復されるのだとしたらどうでしょうか。最後の審判が終わったと思ったとたん、さらに先に、次の——ほんとうの——最後の審判が待っている、とします。その最後の審判を終えても、その先にまた最後の審判がある、とします。このように最後の審判が無限に反復され、無限に先送りされるのだとしたら、どうでしょうか。

これこそ、資本主義の精神に基づく行動でしょう。今述べた対応関係を用いるならば、最後の審判の無限の反復とは、投資し、商品を売ることでそれを回収し、再び投資し、それを回収する……という繰り返しの運動になります。つまり、最後の審判の反復は、資本の無限蓄積を結果するのです。資本の無限蓄積こそが、資本主義の定義です。このように、最後の審判を基準にした事前／事後の視点の精妙な協働から、宗教的な内実を消去しつつ、そこから得られる行動の形式だけを無限に反復する。そうすると、資本主義の原型となるような活動が得られることになるわけです。

ここで、第1章で述べたことを思い起こしてください。資本主義は「終わり」という黙示録的な観念に取り憑かれている、と述べました。にもかかわらず、決して終わらないようにも見える、とも論じました。どうして、こんな両極端の二重性が出てくるのか。今述べていることが、答えを示唆しています。資本主義が指向している終わりに自己矛盾があって、終わりが反復されるようになっているのです。この「反復される終わり」への執着の源泉を、私たちはここで見定めたことになります。

資本主義のもとで、典型的な行為者は、「すでに」（終極＝目的）と「未だ」（過程）に挟まれた時間的な厚みの中を生きなくてはなりません。資本主義のもとで、「時間」が、つまり労働が投下されている（抽象的な）「時間」が、唯一の価値の源泉と見なされるのは、実はこのためなのです。

ここまで述べてきたように、来るべき「すでに」は、そのたびに先送りされるので、行為者は、「今」における完全な充足（だけ）を常に逸することになります。まず、最後の審判に未だ到達していない段階がある。そこで、最後の審判における救済——市場において商品が承認される（貨幣で商品が買われる）こと——を目標として投資がなされます。商品が売れたとき、人は、最後の審判を通過したように感じるでしょう。すでに最後の審判を終えたのだ、と。ところが、その「すでに」が、まるで「ルビンの杯」が図／地の転換によって見え姿を突然変えてしまうように、「未だ」へと反転してしまうのです。未だ最後の審判に到達していなかった、と。もう一度、「すでに」の段階に入っても、その「すでに」も「未だ」へとその度に反転します。時間の内部に孕まれている、無数の「すでに」（目的）へと前進している（労働の）時間だけが、「価値」をもつと見なされるのです。

3-7 「終わり」の反復

ここでしかし、注意深く議論を追ってきた人は、論理に飛躍があったことに気づくのではないでしょうか。今、私は、「世界の終わり」に相当するものが反復されたらどうなるのか、と述べたのでした。しかし、どうして、終わりの反復などということが起こり得たのか。決して、反復しないものこそが「終わり」なのだから、どうして、その反復などということが起こったのか。

それに対する私の仮説的な回答は、ここでもまた、キリスト教という文化的な文脈が利いている、ということです。キリスト教が、です。つまり、こういうことは、まずは、キリスト教の伝統があるところでしか、起こり得なかったのではないか、ということです。

またキリスト教か、と思われるかもしれませんが、ここまでの議論を振り返ってみると、真のキリスト教的本性は、十分に活用されてはいません。いや、そんなことはないだろう、と反論されるでしょう。なにしろ、プロテスタントだ、カルヴァン派だ、予定説だ、とキリスト教の内部の要素ばかりが強調されてきたのですから。今さら、「キリスト教」の本性が、議論の中で、大事な役割を果たしていないというのは何ごとか、と反論されるに違いありません。

しかし、ここで予定説について述べておいたことを思い出してください。資本主義との関係で特に重要だったのが、予定説でした。そして、予定説とは、一神教の原理の純粋化なのだ、と述べました。しかし、考えてみると、一神教はキリスト教だけではありません。たとえばイスラーム教は、厳格な唯一神教です。予定説の一神教としての側面が重要だったというならば、どうして、イスラーム教の文明圏で、いち早く資本主義が生まれなかったのか。イスラーム教圏は、もともと文明の先進地域であったにもかかわらず、資本主義の誕生という点では西洋に対して後塵を拝することになり、現在に至っても、資本主義への適応という点では、かなり苦労しているように見えます。どうしてなのか。

イスラーム教の神、つまりアッラーは、資本主義に不利になるようなことを語っているのでしょうか。そんなことはありません。私は以前、別のところで論じたことがありますが、コーラン（クルアーン）には、資本主義に都合のよさそうなことがたくさん書かれており、キリスト教圏よりもイスラーム教圏の方が有利だったはずだ、と思いたくなるのです。[*14] しかも、たまたま、イスラーム教が有力な地域と、現代の資本主義にとって最も重要な資源である石油がたくさん採れる場所が、かなり重なっている。とすれば、イスラーム教が浸透した地域でこそ、資本主義は大発展してもよさそうだったのに、事実は逆です。これをどう説明すればよいのか。

同じ一神教であるとして、キリスト教とイスラーム教では何が違うのか。それこそ、「キリスト」です。イスラーム教には、キリストが存在しません。イエスの話は、イスラーム教の中にも取り込まれていますが、イエスは、神（の子）ではなく、ただの預言者のひとり、しかもムハンマドよりも格下の預言者です。キリストは、キリスト教にしか存在しません。

キリストとは何か。それは、本来であれば世界が終わるときにやってくるべき者、つまりメシア（キリスト）が、かつて、一度来てしまったということを意味するのです。かつて来たのであれば、これからも、何度だって来ることがありうる、ということになります。「終わり」が何度も繰り返される、という感覚の淵源は、ここにあるのではないでしょうか。これが私の仮説です。この意味で（も）、キリスト教の伝統のあるところから、まずは資本主義が生まれたのではないでしょうか。終わりが反復されるという構成が、ここでは許容される文化的な素地があったからです。

4　剰余価値の生成

4-1　標準的な説明

さて、いよいよ本来の問いに戻るところにきました。剰余価値はどのように生ずるのか。剰余価値を含んだ商品はどのようにして生産されるのか。G－W－G′という資本の循環の公式を見ると、剰余価値は発生しそうもありません。この公式は、間にW（商品）を入れた2回の等価交換を表しています。とすると、GとG′は等量であって、剰余価値など発生するはずがありません。

マルクスは『資本論』でどう説明しているでしょうか。資本家が買う商品Wの中に、特別な商品が含まれていることが鍵です。特別な商品とは、労働力のことです。どう特別なのか。労働力は、他の商品と違って、価値を創造する点が、です。つまり、労働力という商品を消費すること――労働者を使用すること――は、そのまま、価値の創造でもあります。このとき、労働力は、自分自身の価値よりも大きな価値を創造します。その「より大きな価値」こそが、剰余価値である、というのがマルクスの説明です。

この説明の中にある、「労働力の価値」とは何か。労働力の価値は、労働力を再生産するのに必要な労働の時間によって測られる価値です。「労働力を再生産する」というのは、要するに、明日も元気に労働者が労働できる状態にする、ということです。具体的に言えば、労働者に支払う賃金が、労働力の価値に対応しています。労働力の価値に相当する部分を創造する労働が「必要労働」、そして、剰余価値を創造する労働が「剰余労働」と、それぞれ呼ばれます。要するに、労働者は、必要労働よりも多く働いていて、その余分な分である剰余労働によって創造された価値が、資本家に搾取されている、というわけです。

これが『資本論』に書かれた、剰余価値が生まれる仕組みなのですが、私は、この説明には難点があると思います。それは、「労働力の価値」（必要労働）の部分です。それは、どうやって規定されるのか。それは、結局、アプリオリに、理論そのものの外から与えておくしかないのです。詳しい説明は省きますが、この公式見解的な説明は説得力がない、と私は考えています。

そうすると、この問題に関して『資本論』は役にたたないのか。『資本論』の最初の巻の最も重要な主題は、剰余価値がどのようにして創造されるのか、にあるわけですが、この肝心な部分について『資本論』は無力なのか。実は、そうではありません。『資本論』のこの中心的な主張を乗り越える説明もまた、『資本論』の中から引き出すことができるのです。

4-2　商人資本

実のところ、さしあたってのことして言うならば、剰余価値が生ずるメカニズムの骨子は、まったく単純なことです。そのことは、前々節で述べた、ルネサンスの金融技術についての解説の中にすでにはっきりと示されています。

メディチ家が、お金の貸借を通じて、どうやって「利子」を生み出していたのか。ここで、利子を剰余価値と対応させて考えてください。どうして、利子＝剰余価値が発生したのか。その理由は簡単です。ヴェネチアとロンドンでは、（諸商品の）価値体系が異なっていたからです。その違いは、為替レートに端的に現れています。ヴェネチアの通貨ドゥカートの評価は、ロンドンでは低くなります。ヴェネチアの通貨を、ロンドンの価値体系の中に投入したときに生ずる差額が、利子＝剰余価値となっているわけです。

剰余価値が発生するための必要条件は、複数の異なる価値体系が存在していることにあります。異なる価値体系を横断する交換がなされたときに、剰余価値が発生します。私たちは、これを、宗教改革より前の時代の「両替」のテクニックに見出したのですが、異なる価値体系の間の交換は、特に両替でのみ生じているわけではありません。G－W－G′の公式と関係づければ、私たちが見た「両替」においては、Gは、ヴェネチアの通貨のドゥカートで、Wはロンドンの通貨のステルリーニです。つまり、両替は、中間のWがたまたま、別の通貨だった特殊ケースであり、Wはどんな商品でもかまいません。基本的には、前半のG－Wと、後半のW－G′が異なる価値体系の中で実行されている、ということがポイントです。

このようにして利潤（剰余価値）を得る資本が、商人資本です。つまり商人資本は、一般に、価値体系の間の空間的な差異を利用して剰余価値を得ます。商品を安く買って高く売る。買うときの市場と売るときの市場は空間的に離れており、異なる価値体系が支配している。商人資本のこのようなやり方こそ、剰余価値の原型である、ということは、柄谷行人が、『マルクス　その可能性の中心』以来ずっと主張してきたことです。私たちは、今それを再確認していることになります。[*15]

商人資本が行ってきたことを時間化すれば、近代的な資本、つまり産業資本になります。価値体系の差異を時間的に創出すればよいのです。しかし、剰余価値の差異の時間的な創出とは、どのようなことなのでしょうか。柄谷行人がすでに、『資本論』を創造的に読みながら、この問題を考えています。これをもとに説明しましょう。

4-3 相対的剰余価値

剰余価値の創造についてのマルクスの理論について、先ほど私は、不十分であるとこれを退けました。しかし、剰余価値をめぐるマルクスの議論として、現在でも意味のある部分は、その先にあります。マルクスによると、剰余価値には、二つの種類があります。それぞれ、絶対的剰余価値と相対的剰余価値と呼ばれます。前者は、労働日(労働時間)の延長によって獲得された剰余価値です。後者は、労働時間はそのままですが、何らかの方法によって労働の生産性を高め、したがって労働力の価値を――生産された商品の価値との比較において――相対的に低下させたことから得られる剰余価値です。

剰余価値としての剰余価値、産業資本に固有の剰余価値は後者、相対的剰余価値の方なのです。絶対的剰余価値の方は、労働者を、必要労働時間を超えて働かせることで剰余価値を得るという、先ほど退けた標準的な理解をベースにした概念です。しかし、柄谷が指摘しているように、もし剰余価値をこのように把握すると、企業が倒産した場合、その企業を所有する資本家は、剰余価値が得られず、労働者を搾取しなかった良心的な資本家だという、とんでもない詭弁が通ってしまいます。私たちが継承すべきことは、相対的剰余価値の概念の方にあります。

ある企業が、何らかのイノベーション（技術革新）によって、労働の生産性を高めたとします。イノベーションは、何によってもたらされてもかまいません。たとえば、分業や協業などの組織の工夫によるものでも、新しい生産手段（機械）の導入によるものであっても、何でもかまわないのです。労働の生産性の向上は、その労働力を使用している資本にとっては、他の諸商品との関係で労働力の価値を相対的に低下させたことを意味します。高い生産性によって、労働力の再生産に必要な価値に相当する商品を短時間で生産できてしまうからです。もっとわかりやすく言えば、技術革新によって、同じ量の商品を生産する労働時間を短縮できるからです。したがって、この企業は今や、商品を安く生産できていることになるわけです。しかし、市場では、技術革新は普及しておらず、商品の価値は未だに高いまま（もとの価値のまま）です。したがって、技術革新に成功した企業は、商品を安く買って高く売ることができる。これは商人資本がやっていることと同じです。

今、イノベーションの中でも、プロセス（工程）・イノベーションと呼ばれるタイプを用いた最単純モデルで解説しました。プロセス・イノベーションというのは、既存の商品をより小さな費用で生産できるようにするイノベーションのことです。イノベーションには、ほかにプロダクト（製品）・イノベーションがあります。プロダクト・イノベーションとは、これまでにはなかった新商品を市場に投入するタイプのイノベーションです。こちらの方が、よりいっそうイノベーションらしく、こうしたものも含めて、モデルを精密なものにすることは十分に可能です。しかし、そうした作業は、ここでの関心の中心ではないので、省きましょう。

確認しておきたいポイントは次のことです。イノベーションに成功するということは、その企業が未来の価値体系を先取りしたことを含意します。未来の価値体系の中では、商品の生産コストは、つまり商品の（労働力を基準にして測った）価値はすでに低下しているのです。それが「未来の」とされるのは、いずれは、他の企業もまた同等のイノベーションに成功し、同じ低コストを実現することになるからです。いずれにせよ、イノベーションを実現した企業は、その未来の価値体系の中で、商品を安く買ったに等しい状況になっています。その「安い商品」を、現在の価値体系の中に投入することで生まれる差額が、剰余価値の源泉です。

先のメディチ家の金融技術との対応関係を確認しておきましょう。ヴェネチアの通貨ドゥカートにあたるのが、産業資本のケースでは、労働力という商品です。ロンドン市民（の代理人）にとっては、ドゥカートの価値は相対的に低い。その差額が利子の源泉になっています。同じように、未来の価値体系に属している者にとっては、労働力の価値は相対的に低い。念のために付け加えておけば、未来の価値体系において労働力の価値の相対的な低さは、将来、労賃がどんどん低くなる、という意味ではありません。現在の支配的な価値体系との関係において低いという意味であって、現在の価値体系との差異を失えば、つまり現在の価値体系が先取りされた未来の価値体系に追いついてしまえば、その相対的な低さは失われます。

4-4　価値体系の時間的差異の含意

ここまでは、柄谷行人が、マルクスを媒介にしてすでに論じていることの範囲を超えません。私としては、これに付け加えておきたいことが二つあります。

第一に、イノベーションのための投資へと資本を駆り立てている要因は何か、ということです。未来の価値体系の先取りは、資本が絶えずイノベーションを目指していなくては生じません。そのためには、投資が必要です。資本を絶えざる投資へと駆動する要因こそ、前節で予定説の展開として導いた態度、つまり、「終わり」をいくらでも反復しようとする態度です。

商品の命がけの飛躍が成功し、その商品が売れるということは、イノベーションが有効だったことを意味します。イノベーションが可能にした廉価の商品や新しい商品が、市場の貨幣所有者に受け入れられた、ということです。しかし、それは、本来不確実なことであって、事前には成功の保証は与えられていません。そのことから来る不安を乗り越えなければ、投資は実行できない。予定説から導かれる態度は、しかし、次のことを可能にします。すなわち、投資家や企業家は、イノベーションに成功することを知っている超越的な他者が、あたかも存在しているかのように、未来に強い確信をもって投資するのです。それは、ピューリタンが、己の救済を確信するのと――本来は不確実であるにもかかわらずそのように確信するのと――同じです。

第二に、ルネサンスの金融技術において生じていたことと同じことが、産業資本の循環の中でも生じている、と考えなくてはなりません。第2節4で、事実上の「利子」をとることにおいて、交換当事者のアイデンティティが普遍化する、と述べておきました。最初の交換においては、ヴェネチアという閉域の中で、アイデンティティは付与されています。しかし、最終的な交換においては、ヴェネチアをその内部に位置づける広域の中で――ロンドンを中心においた広域の中で――アイデンティティは与えられるのでした。このように、アイデンティティをその内部で評価する空間的・社会的領域が包括的になったことの結果が、「ヴェネチアの通貨の価値の下落」として現れているのです。ヴェネチアの中で生きる者にとっては、その都市の通貨は死活的に重要です。しかし、ヴェネチアの外部にまで広がる包括的な世界を生きる者にとっては、その価値は相対化され、重要度は低下して見えるのです。

　論理的には、これと同じことが産業資本の循環においても生じている、と解釈しなくてはなりません。つまり、G－W－G′という循環において、前半のG－W（労働力商品と生産手段の購入）の段階に対して、後半のW－G′の段階では、その交換に関与する者のアイデンティティが変容しているのです。前者の段階のアイデンティティよりも後者のアイデンティティの方が、普遍化しています。アイデンティティが普遍化しているとは、どういうことかと言うと、アイデンティティがそこにおいて決定される、価値体系に相関した社会的領域が、より包括的なものになっている、ということです。生産し、市場に投入した商品が実際に買われるということが、つまり一般的等価物であるところの――諸商品の神であるところの――貨幣による承認を受けるということが、その商品の普遍化された価値の確認になっているのです。逆に言えば、商品が売れなかったとき、それは、いわば、普遍化に失敗した、ということになります。

　産業資本の循環にともなう、交換当事者のアイデンティティの社会的な普遍化は、日々の経済活動の中では実感されにくいでしょう。しかし、資本主義をある程度長期にわたって眺めたときには、こうした現象が生じているのを確認できるのではないでしょうか。簡単に言えば、資本は、ほとんど何でも、利潤獲得のためのきっかけ、貨幣の増殖につなげうるチャンスとして活用しますから、資本主義の展開を通じて、かつてはタブー視されていたこと、道徳に反するとされていたことが許容され、ときには積極的な欲望の対象にすらなります。つまり、資本主義は、社会的に妥当する規範の許容度を次第に高めていくように見えます。資本主義の展開を通じて、可能なものとして規範が許容する経験の領域――「経験可能領域」と呼ぶことにしましょう――は、次第に、包括的なものへと転換していくのです。かつて禁止されていたことが、やがては許され、享受や消費の対象へと変容する。経験可能領域のこのような包括化は、その内部で意味づけられるアイデンティティの普遍化と連動しています。たとえば、かつてはあるタブーに拘束されていた者が、やがては、禁止されていたことをも積極的に選択しうる主体になっていく。

もっとも、私たちは今、話を早く展開させ過ぎています。このような意味で、資本の回転を通じて経験可能領域が拡大するためには、実際に、商品の命がけの飛躍が成功しなくてはなりません。つまり、商品が売れなくてはなりません。つまり、商品を買う側にも、並行した変化が起きていなくてはならないはずです。その点をも確認しないうちには、経験可能領域の包括化や、アイデンティティの普遍化については結論的な断定はできません。

しかし、この点について論じる前に、イノベーションについての最新の経済学の知見を参考にして、この項で論じたことを、検証しておきます。

4-5 創造的（自己）破壊としてのイノベーション

「イノベーターのジレンマ」と呼ばれる現象があります。ある市場で、最先端の商品を供給していた巨大企業がしばしば、新興企業の前に力を失い、敗れ、最悪の場合には倒産してしまうこと、これがイノベーターのジレンマです。新興企業は、新しい技術の開発に成功していて、廉価であったり、高性能であったりする商品を供給します。巨大企業の方は、イノベーションに成功しておらず、彼らの商品は新興企業の商品に敗れるのです。こうしたことが頻繁に生じています。市場で圧倒的なシェアを先に獲得していた巨大企業の方が、イノベーションの能力は大きいはずなのに、どうして、新興企業に負けてしまうのでしょうか。

普通は、次のように説明されています。巨大企業の経営者が愚かだからだ、と。しかし、経済学者は、むしろ逆であることを証明してみせます。つまり、イノベーターのジレンマには合理的な理由があるのです。巨大企業の経営者が合理的であっても、いや合理的に行動したがゆえに、ジレンマに陥ることがあるのです。どうしてでしょうか。

きちんとした数理モデルになっている説を、この説の提唱者である伊神満（いがみみつる）の言葉による説明に依拠して要約してみましょう。[*16]

第一に、研究開発能力。これを規定する要因はたくさんありますが、総合的に見れば、素人でも予想がつくように、新興企業よりも既存の企業の方が一般に、研究開発能力に関して優れています。既存の企業には、それまで蓄積してきた技術資本や組織資本があるからです。

第二に、供給サイドに関係した次のような事情があります。巨大企業は、それまで市場を独占してきたとしましょう。その市場にライバル企業が入ってくると、巨大企業の利益は減ります。ライバル企業の数が増えると、一社あたりの利益は小さくなるからです。加えて——商品の販売数が減るだけではなく——、競争の激化によって利幅が小さくなるからです。市場を独占していた巨大企業が、ライバル企業の参入によって失う利益は、莫大です。それに比べれば、新興企業が新たに参入することで獲得する利益は小さい。このことは、既存の巨大企業が、新興企業が参入してくる前に先手を打つことへのインセンティヴは、新興企業にとっての参入へのインセンティヴよりもずっと大きい、ということを意味しています。イノベーションによって先んじることの意義は、既存の企業にとって、より大きいのです。

以上の二つの要因からすれば、既存の巨大企業がイノベーションに成功する確率の方がずっと高いはずです。巨大企業には、イノベーションのための能力もあり、またイノベーションへの強い動機もあるからです。これだけならば、イノベーターのジレンマは、ほとんどありえないはずです。しかし、ここには、見逃されてきた重要な事情がひとつあります。

既存の巨大企業が売っていた旧製品とイノベーションによってもたらされる新製品の間には、(ある程度の)代替性があります。つまり両者は競合関係にあって、顧客を奪い合うことになるわけです。この場合、既存企業としては、新技術によって新製品を市場に投入すると、自社の主力製品の売上減を招くことになります。イノベーションによってもたらされた新製品が、自社の旧製品のシェアを共喰い的に破壊してしまいます。したがって、既存企業はイノベーションには積極的になりにくいのです。社内的にも、旧製品部門と新製品部門の間で、資金や人材をめぐって激しい奪い合いになるはずです。

イノベーターのジレンマがしばしば現れるということは、この第三の「共喰い」の効果が非常に大きい、ということを意味しています。それは、前の二つの積極的な効果を相殺し、さらに余るほどに大きいのです。

＊

このことは、逆に次のことをも意味しています。既存企業がイノベーションを続けるためには、特別に大きな意欲が必要だ、と。いやむしろ蛮勇が必要だ、と言うべきです。自身の利益や自社の主力部門を否定したり、破壊したりしてしまうような、非合理的な判断をもたらす勇気がなければ、成功した既存企業が、ずっとイノベーションを継続することはできないのです。

シュンペーター以来、イノベーションは「創造的破壊」の過程である、と言われてきました。ここで「創造的」とは、導入される新技術や新しく入ってくる企業や製品のことを指しています。そして「破壊」は、競争に敗れる旧来の技術や企業のことです。しかし、伊神満は、イノベーションはこのような意味で創造的破壊である前に、創造的自己破壊である、と結論しています。この結論は、イノベーションは、企業にとって、自らのアイデンティティの否定と変容を含意している、とする、ここでの私の主張とよく符合します。イノベーションを続けることは、企業にとって、まさに自分自身の命、自分自身の定義であるような主力製品の担当部門を整理したり、廃棄したりすることを含意しているからです。

企業は、生き延びるためには、自分自身を否定しなくてはなりません。つまり、あえて強く言えば、企業は、生き延びるためには、自分を殺す必要があります。イノベーションのために投資することは、半分自分を殺すような非合理的な決断を必要とするわけです。そのような決断を反復できなければ、資本主義の中で企業は生き延びることができません。

ここで問いたいことは、どうして、そんな決断が、生き延びてきた一部の企業に可能だったのか、ということです。ここで、もう一度、予定説のもとでの行為者の判断と行動のことを思い起こしてほしいのです。たとえば、禁欲的なプロテスタントが、いつまでも最終的な充足を拒否して、勤勉に働いているとすれば、それは、見ようによっては不合理なことです。なぜ、そんなことができるのかといえば、このプロテスタントが、神の想定された知に合致した行動をとっているからです。「神が（私について）知っている」という想定のもとでならば、通常の観点からは非合理であると見なされることを選択することができます。これと同じことが、イノベーションへの投資において生じているとしたら、どうでしょうか。つまり、企業による蛮勇のレベルに達する投資を可能にしたのは、予定説の神と等価な、超越的な他者の「知」だったのではないか。企業の不断の決定において、実は神が――神の機能的な等価物が――作用しているのです。[*17]「神の機能的な等価物」とは、もちろん、私の用語では「第三者の審級」のことです。

4-6 勤勉革命 Industrious Revolution の本態

剰余価値がいかにして創られたのかについて、この節で論じてきたわけですが、しかし、まだ話は完結していません。ここまで論じてきたことは、主に「サプライサイド」のことです。しかし、剰余価値が実現するためには、最終的には、商品の「命がけの飛躍」が成功しなくてはなりません。つまり、「デマンドサイド」の側の条件が整っていなければ、剰余価値は実現しません。この点に関して、歴史学者のヤン・ド・フリースが唱えていることが、きわめて有用なヒントを与えてくれます。[*18]

ド・フリースは、西欧では、産業革命（インダストリアル・レヴォリューション）に先立って、勤勉革命（インダストリアス・レヴォリューション）があったということを、豊富な証拠を提示しつつ主張しています。産業革命は、18世紀の半ばに、まずイギリスで始まり、19世紀を通じて、ヨーロッパやアメリカに拡がっていきました。日本もまた、19世紀末には、この波の中に入ります。産業革命に関するこの説明は、小学生でも知っている通説中の通説ですが、ド・フリースは、17世紀半ばから始まる「長い18世紀」に、ヨーロッパ――というより厳密には北西ヨーロッパと北アメリカ――では、まず勤勉革命があった、と論じています。

勤勉革命というのは、とりあえず、その名が示す通り、人々が急に勤勉になった、ということですが、もう少し具体的に言えば、次のような労働の形態や量の急激な変化を指します。基本的には、市場向けの労働が増加したということです。つまり、農業では、特定の作物に特化したものになりますし、「プロト工業化」とも呼びうる、市場向けの製造業的な生産活動が拡がりました。もちろん、年間の労働時間も増えました。興味深いのは、女性や子どもの労働の貢献が、顕著に大きくなっていることです。こうした変化が、１６５０年から１８００年までの期間に、強制されることなく自発的に生じた、というわけです。

が、これだけならば、ヴェーバーが述べたことを大きくは出ていません。禁欲的なプロテスタントたちの中で普及した労働への態度について、いくぶんか詳しく調べた、というに過ぎません。実際、長い18世紀に勤勉革命が進捗した地域は、――この点については後ほど少しだけ述べますが――カルヴァン派を中心としたプロテスタントが有力だった場所とかなり重なります。

実は、"industrious revolution"という語を発案したのは、ド・フリースではなく、日本の学者です。歴史人口学者の速水融(はやみあきら)が、日本の近世史を念頭に唱えたものです。[*19] 産業革命は、当然、日本では明治に入ってから起きたことで、それは、資本集約的で労働節約型の生産革命だったということができます。速水は、それに先立つ江戸時代に、農村部では、産業革命とは対照的な、資本節約的で労働集約的な――要するに家畜がやっていた労働を人間が肩代わりするような――生産革命があった、と主張しました。速水は、この江戸時代の生産革命によって、日本人の勤勉性が養われた、と考えたわけです。これは、日本では、プロテスタンティズムなどなかったけれども、それなりの近代化や資本主義化が実現したとすると、プロテスタントやピューリタンの機能的な代替物が何かあったはずだ、という問題意識のもとで提起された考えでした。

ド・フリースは、速水から、「勤勉革命」という語を借用しています。ですから、これが単純な概念の「逆輸入」だとすると、西洋に勤勉な労働者を発見したとしても、それは、当たり前のこととなります。もともと、西洋にあった勤勉な労働・生活態度の類似物を日本に探そうとして作られた概念なのですから。しかし、ド・フリースは、「勤勉革命」という概念に、速水のオリジナルなそれにはないものを付け加え、西洋史に固有のものに仕立て上げました。

＊

問題は、人々を「勤勉さ」へと駆り立てた要因は何か、ということです。この点についての発見こそ、ド・フリースの最大の功績です。では、勤勉さをもたらしたものは何か。それは、新たな消費願望だった、というのがド・フリースの回答です。勤勉革命は、同時に消費革命です。“Industrial/Industrious”という表現の対比がおもしろいので、「インダストリアス・レヴォリューション」という語にこだわっていますが、より重要なアスペクトを正確に指し示すためであれば、「消費革命」とか「消費需要革命」とかいう語を採用すべきでした。

ド・フリースによると、17世紀の半ば頃から、北西ヨーロッパや北アメリカで、新しいタイプの消費への願望が出てきました。これまでにはなかった商品への欲望が出てきたのです。これまであった商品も、桁違いに大量に求められるようになった。このことが、さまざまな史料から裏付けられるのですが、ド・フリースが特に重視しているのは、遺産目録です。遺産目録を調べると、近世の消費者たちがモノにどのような感情を抱いていたのかがよくわかるからです。遺産目録からは、「長い18世紀」のヨーロッパ世界には、それ以前の時代ではとうてい想像できないほどに急速にモノがあふれていった、ということがわかる、とド・フリースは書いています。もちろん、遺産目録に記録されないモノもたくさんありますから、遺産目録以外にも多くの史料が活用されています。

では、この時代、どんなモノがはじめて消費されるようになったのか。あるいは、どんなモノの消費量が突然、急速に増えたのか。たとえば、綿、リンネル、既製服などがそうです。さまざまな家具調度品もそのような商品に含まれます。飲食物についても、同じことが言えます。砂糖、茶、コーヒー、そしてアルコール飲料。アルコール飲料に関しては、ローカルに生産・消費されていたワインやビールではなく、(砂糖、茶、コーヒーと同様に)国際貿易によって運び込まれた植民地産の蒸留酒の需要が増えました。そして、ごく身近な食品としては、胚芽などを取り除いた小麦によって作られた白いパンをあげることができます。それ以前は、雑小麦やきめの荒い小麦パンが主流だったのですが、18世紀のイギリスやフランス(北部)では、人々の好みが、きめの細かいちょっと高級なパンへと移行しました(フェルナン・ブローデルは、当時のフランスを念頭において「小麦パン革命」があったと述べています)。

この時代に爆発的に人気を博し、求められたモノたちの特徴として、ド・フリースは、「快適性」に加えて、「壊れやすさ」をあげているところが、鋭いところです。それまで、人々が求めていたのは、耐久性があり、ときに一生使い続けられるモノでした。しかし、この時代、壊れやすいモノが、突然、商品として普及する。その代表が、陶磁器です。ヨーロッパの食卓に、陶磁器の食器が並ぶようになったのはこの時期だそうです。最初は、中国(そして日本)からの輸入品が、陶磁器の主流でした。やがて、ヨーロッパでも、陶磁器が生産され、ヨーロッパの人々の趣味に合うようなデザインが施されるようになります。マイセン、デルフト陶器、ウェッジウッド等の、今日まで続いている陶器・磁器は、この時期、つまり17～18世紀に製造が始まり、成功したのです。

壊れやすいものに人気が出るということは、同じモノを持ち続けること、使い続けることへの執着が弱まっているということです。このことは、衣服についての好みの変化に顕著に現れます。厚ぼったくて長持ちする毛織りの衣服が廃れ、軽快なリネンや綿、混合繊維の衣服が主流になっていく。ド・フリースは、流行のサイクルがこれまでとは比べものにならないくらい短くなった、と記していますが、そもそも、私たちが今日知っているような意味での「流行」は、まさにこの時期に始まった、と言ってよいのではないでしょうか。

このような新しい消費願望が、それほど裕福だったとは思えない民衆にまで拡がり、実際、今述べてきたようなモノが、ヨーロッパに普及するようになりました。人々の労働の仕方が変化し、勤勉になったのは、これらの商品を購入するために十分な収入を確保する必要があったからだ、というのがド・フリースの述べていることで、これはたいへん説得力があります。

4-7　資本主義的衝動

勤勉革命＝消費革命についてのこうした説から、私たちはどのような命題を引き出すことができるでしょうか。先ほど剰余価値がいかに創り出されたのか、ということにそって、資本の循環の中に参加している主体のアイデンティティが普遍化している、という論点を提起しました。しかし、サプライサイドで見てきたこの論点は、いくぶんわかりにくかったのではないでしょうか。しかし、デマンドサイド、消費する側、商品を買う側で見たときには、このことは、あからさまです。この新しい消費への願望が示していることは、消費する主体が、自らのアイデンティティを絶えず変容させ、そして普遍化させようという強い衝動に取り憑かれているということ、このことです。

人は、自分が何を所有しているのか、何を消費しているのかを通じて、自分が何者であるかを示そうとします。他者のまなざしに対して、そしてまた自分自身に対して、です。ド・フリースは、近世イギリス史を専門としているジョン・スタイルズの言葉を引用するかたちで、18世紀の労働者階級の際立った特徴は、「新たな商品をいち早く入手するという能力」だ、としています。ひとつのモノの所有にこだわらず、新たな商品を次々と、できるだけ早く――できれば他の人よりも早く――入手することで、人は、少しずつではありますが、アイデンティティを変容させていきます。あるアイデンティティを（部分的に）脱ぎ捨て、別のアイデンティティを獲得することで、人は、前者であるだけではなく、後者でもありうるものへと、アイデンティティを普遍化している、と解釈することができます。

少し厳密なことを言っておけば、この場合、普遍化は、さしあたって、意味的に（アイデンティティの内容の面で）生じています。このことは、間接的に、社会的な普遍化をも含意します。Ａでもあり、Ｂでもある者になるということは、Ａが認められる社会的空間だけではなく、Ｂが認められる、現実的・想像的な社会的空間にも自分を位置づけることを含意しているからです。

ここで、ロラン・バルトによるモード（衣服の流行）の定義を思い起こしておきましょう。[*20] どんなモノ（衣服）にも消耗のリズムがあります。これをｕとしておきます。それに対して、購買のリズムａがあります。単純に考えれば、ｕ＝ａです。衣服が消耗し、もう着ることができなくなったら、新しい衣服を購入するわけです。勤勉革命以前は、実際、その通りだったわけです。バルトは、ａ＞ｕのとき、つまり購買のリズムが消耗のリズムよりも大きいとき――モノが消耗しきらないうちに新しいモノが買われるとき――、モードが存在している、としています。[21]ヨーロッパの長い18世紀で始まったのは、このような意味でのモードです。モードが存在しているということは、モノの消耗よりも早いテンポで、人は、自分のアイデンティティを少しずつ変更していこうとしている、ということを示しています。

勤勉革命の時期の新しい消費の対象を見ると、明らかに、最初は、植民地からもたらされる商品に人気があります。すべて、ではありませんが、遠く植民地から輸入されたもの、あるいは植民地ではないにせよ海外から輸入されたものには、特別な人気があるように見えます。先に見た陶磁器のように、輸入品への需要が大きいとなると、やがて、それと類似のものがヨーロッパでも生産されるようになったりしますが、いずれにせよ、植民地産の商品や輸入品が、特別に魅力的なものとなり、欲望の対象となっていたようです。砂糖や茶やコーヒーが急速に普及した理由の一端は、それらが主に植民地からもたらされていたということにあったと思われます。アルコール飲料についても、もとからヨーロッパにあった伝統的な商品についてはむしろ消費量が減り、植民地産の蒸留酒の消費量が大きく延びた、と先ほど指摘しておきました。

どうして、海外からの商品に人気があったのか。それらエキゾチックなモノは、それを使用したり、消費したりする人に、どこか遠くの地に移動したようなアイデンティティの変容の感覚をもたらし、一種の陶酔感を――うっとりさせるような気分を――与えたからではないでしょうか。

まとめると、ここで提起しておきたい仮説は、資本主義なるものを生み出している究極の動因は、アイデンティティを普遍化しようとする衝動ではないか、ということです。アイデンティティの普遍化は、その個人のアイデンティティがそこにおいて承認され、評価されるところの経験可能領域の包括化とともに進行します。この衝動、つまりアイデンティティを内容的・社会的にどこまでも普遍化しようとする衝動は、デマンドサイドで見れば、モード（流行）のようなものを生み出す新しい消費のスタイルというかたちで現れます。そして、この衝動がサプライサイドで満たされたときには、剰余価値の創造というかたちをとります。

資本主義に内在するこの経験可能領域の普遍化のダイナミズムにあたることを、マルクスがすでに、『共産党宣言』の中で、とても印象的なかたちで記述しています。

> ブルジョアジーは、生産用具に、したがって生産諸関係に、したがってまた社会的諸関係の全体に絶えず革命を引き起こすことなしに存在することはできない。それに対して、これまでの古い産業諸階級の第一の存在条件は古い生産様式を不変のまま維持することであった。生産の絶えざる変革、あらゆる社会状態の絶えまない動揺、永遠の不安定さと運動、これこそこれまでのあらゆる時代からブルジョア時代を分かつ特徴である。あらゆる凝り固まって錆び付いた諸関係は、それに付随する古色蒼然とした観念や見解ともども解体され、新たに形成された諸関係も固まりきってしまう前に古臭くなる。あらゆる固定的なものや永続的なものは雲散霧消し、あらゆる神聖なものは冒瀆され、こうして人々はついには、自分たちの生活条件、自分たちの相互関係を冷めた目で見ざるをえなくなる。[*22]

ここでマルクスは、生産用具や生産関係の革新が、社会関係やそれに付随する観念・見解をたえず解体し、更新していくダイナミックな過程をともなっている、と主張しています。このダイナミックな過程こそ、今ここで論じてきた、経験可能領域の包括化・普遍化という社会現象です。

＊

勤勉革命に関連して、繊細な問題について、少しばかり補足的なことを述べておきます。勤勉革命にともなう消費スタイルの劇的な変化によって、今までになく多様な商品が買われ、消費されました。このことは、しかし、ヴェーバーにそって見た「資本主義の精神」とは、一見、矛盾している、という印象を与えるかもしれません。ヴェーバーがプロテスタンティズムの倫理にその源泉があるとした「資本主義の精神」の特徴は、最終的な享受の拒否にある、と述べました。このことは、めずらしい商品を次々と購入し、これを消費していくスタイルとは対立しているように見えます。しかし、消費の革命と資本主義の精神とは、まったく矛盾してはいません。むしろ、同じことの二つの現れです。

まず単純な事実を確認しておきます。消費スタイルの変化の裏面は、勤勉革命でした。この革命とともに現れる労働の仕方は、先ほども述べましたが、ヴェーバーが禁欲的なプロテスタントに見た彼らの労働や生活の態度と合致しています。また、17世紀中盤から18世紀末にかけて勤勉革命が進捗した地域は、プロテスタンティズム、とりわけカルヴァン派が有力だった地域とほぼ合致しています。

強いて言うと例外は、フランス〔北部〕です。ここは、しかし、ド・フリースも著書の中で言及していますが、ジャンセニスムの影響力があった地域です。ジャンセニスムは、オランダの神学者ヤンセンが唱えた教説で、プロテスタントの諸派と違って、カトリック教会の外に飛び出してはいません。しかし、この教説は、カトリック教会から異端視されました。どうしてかというと、ジャンセニスムは、プロテスタントの、とりわけカルヴァン派からの影響が濃厚だと見なされたからです。ジャンセニスムの唱えていることは、予定説に非常に似ている、と見られたのです。先に、予定説は、カルヴァン派の特殊な教義ではなく、むしろ一神教の原理の純粋化であって、キリスト教が潜在的に目指しているものの理念型だと述べましたが、このことが、ジャンセニスムには端的に現れています。ジャンセニスムは、フランスの特に貴族層にかなりの影響があったとされています。とすると、フランスもまた、予定説的な教えが支配的だった地域に含まれます。

では、内容的に見て、新しい消費スタイルと資本主義の精神とは矛盾しないのか。矛盾しません。モードの要領で、まだ消耗しきっていない商品を廃棄し、新しい商品を購入するということは、最終的な享受をむしろ拒否していることを意味しているからです。次々と商品を買い換えるということは、欲望の最終的な対象には到達していないからです。このやり方は、サプライサイドの〔反復的な〕投資に似ています。資本家は、より多くの――貨幣で測られる――価値を求めていますが、守銭奴のようにただ貨幣をため込むのではなく、それをどんどん投資します。資本家は、獲得した貨幣をどんどん使用し、購入した商品を消費しますが、それは、価値の増殖を目指すことと矛盾しません。同じように、資本主義のもとで消費者は、次々と商品を購入しますが、そのことと、最終的な享受を拒否し、いつまでも先送りすることとは、矛盾しないのです。消費の新しいスタイルは、勤勉と並ぶ、資本主義の精神のもうひとつの現れと解釈することができます。

5　資本としての概念、そしてコギト

5-1　平均利潤率と総資本

前節で、マルクスが『資本論』で述べていたことを、いわば敷衍しながら、剰余価値が創出されるメカニズムについて説明しました。この議論は、実は、まだ完結していません。この説明では、まだ解決できない剰余価値をめぐる疑問が残ってしまうのです。『資本論』は、その疑問もきちんと解消すべく、説明を精緻化しています。その部分も、ここで私たちが構築しようとしている理論の中に取り込んでおく必要があります。

前節で述べたように、技術革新（イノベーション）は、未来の価値体系を先取りしていることを意味します。技術革新に成功した企業は、自分だけすでに未来の価値体系の中にいるのですが、しかし、その未来の価値体系は潜在的なままで、市場を支配している現在の価値体系とは異なります。未来の潜在的な価値体系と現在の顕在的な価値体系との差異から、剰余価値は発生する、と述べました。未来の価値体系は、現在の顕在的な価値体系に比して、包括的で普遍的なものになっています。つまり、それはより普遍化したアイデンティティ、より包括的な経験可能領域に対応していまます。前節3で述べたように、労働力商品の価値は、未来の価値体系の中では——現在の価値体系の

中でよりも――低下しています。別の言い方をすれば、労働生産性が、技術革新のおかげで高くなっている、ということです。

すると、この事態は全体としてどのように見えるでしょうか。まるで、労働力という商品を使用すると、その労働力が、自分自身の価値を超えた価値を生み出している、そのように見えるわけです。その「自分自身の価値を超えた価値」に対応するのが、もちろん、剰余価値です。要するに、剰余価値が発生する原因は、客観的には、価値体系が、現在的なものと未来的なもの、顕在的なものと潜在的なものというかたちで二重化したことにあるわけですが、そこから得られた剰余価値の源泉・原因は労働力にある……かのように見えるのです。

この見え方に素直に準拠すると、剰余価値の原因は、労働力に帰せられることになります。このような対応関係に注意すれば、いったんは退けた、剰余価値の創造についての標準的な説明（前節1）を、あらためて救い出すことができます。つまり、労働者が、必要労働以上の労働（剰余労働）を行ったがために、剰余価値が生まれた、と記述してもよいことになります。

たとえば進化論のことを考えてください。遺伝子たちは、ほんとうは意図も目的ももってはいませんが、利己的な遺伝子たちが、自らの再生産や増殖を目指して競争しあっている、と記述しても、生物進化についての正しい像を導くことができます。結果的にそうなることがわかっていることを、あたかも目的であったかのように説明しても、現実と同じ描写を得ることができるからです。

これと似て、結果的には、あたかも労働力商品が剰余価値を生み出しているかのように見える状況が出現します。そうであるとすれば、一種の便法として、労働力を、剰余価値の源泉として記述することも許されます。このことを考慮に入れて、議論を先に進めます。

＊

ここで、マルクスが『資本論』で使っている用語を確認しておきます。初期資本Cの中で、労働力にあてられた資本を可変資本v、生産手段にあてられた資本を不変資本cと呼びます。労働力の購入のための資本が「可変」なのは、そこから剰余価値が生まれる（かのように見える）からです。当然のことながらC＝c＋vが成り立ちます。

剰余価値をmとすると、可変資本の増殖率m/vが剰余価値率m′です。マルクスの観点からは、剰余価値率は搾取率でもあります。労働者は、c＋mの価値を生み出しているのですが、mの分は、資本家が取ってしまうからです。しかし、資本は搾取率のことなど、特に気にかけてはいません。資本の観点からは、可変資本と不変資本の区別は重要ではないからです。資本からは、両者は一括して、コストと見なされます。そのコストから、どれだけの利潤pがあがるかが、資本の関心事です。利潤率′pは、m/(c＋v)です。言うまでもなく、剰余価値率が大きければ、利潤率も大きくなります。両者の間には、次のような関係が成り立ちます。

$$p' = \frac{m}{c+v} = m' \times \frac{1}{\frac{c}{v}+1}$$

さらに、資本の年回転数をnとして、′pで年利潤率を表すときには、右記の等式の右辺にnをかければよいのです。

さて、ここで、リカード派以来、しばしば論争の種になっていた、いささか込み入った問題について、ごく簡単に解説しておきます。可変資本が剰余価値を生み出しているかのように、事態はたち現れるはずだ、と述べました。そして、利潤とは結局、剰余価値から来ます。そうだとすると、奇妙なことがあるのです。

産業の諸部門の中で、大きな設備投資を必要とし——つまり固定資本[*23]の比率が高く——、資本が一回転するのに長い時間を必要とするものは、利潤率が低くなるはずです。大きな設備投資を必要とするということは、可変資本（労働力を買うための資本）の比率が小さくなるということで、利潤の源泉は可変資本にしかないからです。これとは逆の産業部門は、つまり設備投資がそれほど必要ではなく、資本の回転が速い産業部門では、利潤率が高くなるでしょう。

ところが、実際に調べると、産業部門ごとの利潤率のばらつきはあまりないのです。たとえば、極端な想定として、生産が完全に機械化され、まったく可変資本を必要としない部門があったとしましょう。そのような部門では利潤率がゼロになるかというと、そんなことはなく、そうした部門でも、平均的な利潤率が得られるのです。これをどう説明したらよいのか。

マルクスは、一見、彼の理論を裏切っているように見えるこうした現象を次のように説明しています。諸資本——企業たち——は、剰余価値率ではなく、利潤率を基準にして行動します。すると、利潤率が高い部門には、多くの資本が参入することになるし、逆に、利潤率が低い部門では、資本が撤退したり、生産の手控えが生じたりします。利潤率が高い部門では競争が熾烈で、低い部門では競争は緩くなるわけです。そうすると、結果として、どの部門でも平均利潤率が得られるような平準化が生ずることになります。

ということは、諸々の資本（企業）が獲得した剰余価値は合計されて、どの産業部門でもほぼ等しい利潤率が得られるようなかたちで、総資本——ひとつの社会の中の資本の合計——の中で再分配がなされていることになるのです。したがって、「剰余価値の搾取」ということを言うならば、それは個別資本ということは、たとえば、労働者を一人も雇っておらず、完全に機械化された企業でさえも、労働者を搾取していることになるのです。なぜでしょうか。もちろん、その企業は直接には搾取に関わってはいません。しかし、その企業も、平均利潤率に等しくなるようなかたちで剰余価値の分配に与っているのですから、他の企業が雇っている労働者を間接的に搾取していることになるわけです。

＊

以上は、マルクスが『資本論』に書いていることですが、まったく正しいでしょう。そうだとすると、このことを踏まえて、前節で述べたことを、少し修正しなくてはなりません。

私は、イノベーションの成功によって未来のより普遍的な価値体系を先取りできている資本（企業）と、現在の限定的な価値体系の中にとどまっている資本（企業）との二種類があるかのように論じました。しかし、剰余価値は、個別の資本ではなく、総資本によって生み出されているのだとすれば、この二種類は、単一の総資本の中の内的な分裂と見なさなくてはなりません。限定的な現在の価値体系と普遍化された未来の価値体系の二重性が、総資本そのものの内部に孕まれているのです。G－W－G′を、個別資本の運動ではなく、総資本の運動と見なすならば、前半のG－W（買い）は限定的な現在の価値体系の中で、後半のW－G′（売り）は普遍性のレベルが上がった未来の価値体系の中で遂行されています。

それでは、このような二重化、つまり内的な分裂をもたらす原因はどこにあるのでしょうか。G－G′の間にある要素に、それを求めるほかありません。つまりWに、です。より厳密に言えば、それは労働力という商品（使用価値）です。言わば、抽象的労働（第1節3参照）は、資本に内在する限定的な価値体系のレベルを否定し、普遍化した価値体系を措定する性能をもつのです。抽象的労働が、総資本の創造的自己破壊を推進する、ということです。

5－2　概念を生む概念

なぜ、私は、こんな話をしているのか。実は、ちょっとした「下心」があります。資本の運動を、とても思いがけない主題と関連づけるためです。思いがけない主題とは、近代哲学です。資本の運動と、近代哲学の最も重要なアイデアの間には、実は密接なつながりがあります。このことは、資本の側も哲学の側も意識はしていません。しかし、両者の間には関連があるのです。

ここでまたしても、柄谷行人が述べていることを手掛かりにします。柄谷は、マルクスが注目した「資本」の自己運動とヘーゲルの哲学が展開している「概念（あるいは精神）」の自己運動との間に、本質的な類比の関係があると見ています。[*24] 資本は、増殖しながら循環していきます。貨幣が貨幣を生み出していくわけです。この運動は、G－G′という公式で要約することができます。これと同様に、ヘーゲルの思弁的弁証法においては、精神 Geist が、成長しながら循環します。それは、概念 Begriff がさらなる概念を産んでいく過程として描くこともできます。マルクス風の公式を用いれば、その過程は、B－B′と表現されるでしょう。

実際、資本の自己展開をめぐるマルクスの叙述は、ヘーゲルへの参照に満ちています。『資本論』は、ヘーゲルの思弁的弁証法の論理によって資本を説明する試みだった、と言ってよいくらいです。柄谷の示唆に基づいて言うならば、ヘーゲルが「精神」として理解したことを、マルクスは「資本」と捉え直したのです。と同時に、逆の言い方も可能かもしれません。ヘーゲルの弁証法は、資本の運動をモデルにして構想されているのだ、と。少なくとも、こう言うことは許されるのではないでしょうか。精神の自己展開を基軸とする哲学が説得力をもちえた現実的な基盤は、資本という現象が社会に定着していたことにある、と。そうだとすれば、ヘーゲルが仮にはっきりと自覚していなかったとしても、弁証法は、資本の運動をモデルにしていることになります。私は、資本の運動は、それに相関している価値体系の社会的な普遍化をともなうと述べてきました。ヘーゲルの概念の運動もまた、概念が普遍的な妥当性を獲得する過程として解釈することができます。

ゆえに、二つの speculation、つまり「思弁」（ヘーゲルの精神）と「投機」（マルクスの資本）との間には、本質的なつながりがあります。おそらく、ヘーゲルの思弁的弁証法は、資本の投機的な運動と同じ論理に基づいているのです。だから、マルクスがヘーゲルの哲学を応用しながら資本主義を説明したとき、それは一種の逆輸入なのであって、弁証法が資本の記述によく適合するのは当然のことだったとも言えるわけです。もともと、弁証法の方こそ、意識的にか、無意識のうちにか、いずれにせよ、資本に準拠していたのですから。

だが、……と反論する人もいるのではないでしょうか。資本の運動には終わりがありません。それに対して、ヘーゲルの弁証法が描く精神の運動は、絶対知 absolutes Wissen に到達したところで、欠けることのない自己同一性、完全に静的な均衡を得て、終結してしまうのではないでしょうか。この違いはあまりに大きく、両者の類比を破綻させるのではないでしょうか。

しかし、私の考えでは、この点を心配する必要はありません。資本主義の精神の原点に、予定説に連なる態度があるとすれば、資本の運動でも、やはり、絶対的な終結が想定されているからです。しかし、第3節6で述べたように、その終結（最後の審判）はどこまでも延期され、決して訪れません。そのために、小さな終わりが先取りされ、それがいつまでも反復され、結果として、終わりのない過程が出現するのでした。ヘーゲルの絶対知も同じです。概念や観念は決してそこに到達することがありません。

概念は、いったん自己を喪失し、しかるのち他者性を取り込んで、高次元で自分自身を回復する。ヘーゲルの弁証法に取り憑いているこのイメージは、あまりにも正確に投資の活動を連想させます。なぜなら、投資とは、貨幣を、（労働力を含む）商品を買うために放棄した上で、今度は商品を売ってより多くの貨幣を獲得することを目指した活動であり、まさに（貨幣によって測られる価値の）喪失を媒介にした拡大的な再領有だからです。資本の循環公式との関係では、「喪失」にあたるのがG－W（買うこと）に、「拡大的な再領有」にあたるのがW－G′（売ること）に対応します。概念の場合も、実際には、資本と同じように自己再生産の循環運動を繰り返すだけであって、絶対知の境地に到達し、安住するということはありません。この点で、資本の循環とまったく同じです。

5-3　資本の極限としてのコギト

私の考えでは、ヘーゲルほど直接的ではありませんが、ヘーゲルを準備した西洋の哲学者の議論も、資本という現象の特定の側面の表現になっています。たとえばデカルトのコギト（我思う）。

ずっと述べてきたように、資本の運動は、価値体系の普遍化をともなっています。言い換えれば、規範的に許容されている経験可能領域が、社会的な包摂性を高める過程をともなっています。では、この運動の極限をとったら、どのような主体が得られるかを考えてみてください。具体的な内容を欠いた、経験の抽象的な枠組みだけをもつ主体、任意の経験をその中に投入できる経験の抽象的な形式と化した主体が導かれるのではありませんか。それこそ、コギトにほかなりません。

あるいは、こう言ってもよいかもしれません。コギトは、抽象的労働――剰余価値をもたらす労働――の思考版である、と。5-1で述べたように、総資本の創造的自己破壊を推進しているのは、究極的には、マルクスのいう「抽象的労働」です。その思考版、具体的な内容を抜き取った、抽象的な思考の形式こそ、コギトでしょう。

＊

デカルトの「コギト」は、カントの「超越論的統覚 transzendentale Apperzeption」に継承されます。超越論的統覚には、ヘーゲルの概念や精神のような運動性はありません。そこには、資本の循環を連想させる運動性は宿ってはいない。その点では、コギトと同じです。しかし、超越論的統覚には、資本（＝ヘーゲル的な精神）のそれと同じタイプの運動へのポテンシャルが宿っている、というのが私の考えです。その点が、デカルトのコギトとカントの超越論的統覚の違いです。後者の方が、さらに一歩、資本に似てきているのです。少し説明しましょう。

資本も、またヘーゲルの精神も、自己増殖的な、止むことのない拡大によって特徴づけられます。資本の場合には、それは、G－G′という貨幣の無限の増殖の過程であり、ヘーゲルの精神の場合には、それは、把握する実在の領域の拡張の過程です。これらにおいて重要なことは、資本や精神の運動によって征服されるべき外部があらかじめ与えられているわけではない、ということです。では、どうなっているのか。資本がそのたびに到達した限界、精神が把握した実在の領域の限界が、その向こう側の存在に対する幻想を生み、資本や精神に、さらなる拡張へと駆り立てているのです。貨幣が蓄積されたということが、さらなる貨幣への欲求を駆り立てます。精神が特定の限界を設定し、実在を規定したことが、精神のさらなる拡張と一般化を動機づけます。ところで、このように内部の方から設定された限界が、外部についての幻想をもたらすこと、それこそ、カントの「超越論的統覚」を特徴づける操作です。

超越論的統覚について、少し教科書的な解説を加えながら説明を進めましょう。超越論的統覚は、次のように作用します。まず、ただバラバラの印象があるだけでは、私たち人間は客観的な実在が自分の外部にある、と実感することはできません。しかし、それらの印象がすべて、「私は考える」

（超越論的統覚）の中に含まれていることを自覚すると、つまり多様な印象がすべて、この「私」に帰しうる統一的な経験のコンテクストに属していると自覚すると、それらの印象がすべて「私」の外部に客観的な実在を構成しているという確証をもつことができる。カントはこのように説明します。超越論的統覚とは、印象の全体にひとつの包括的な文脈を与える「私は考える」のことです。ここまでであれば、デカルトのコギトと少しも変わらない、と思うかもしれません。

しかし、カントの超越論的統覚には、デカルトにおいては主題化されていなかった興味深い細部があります。カントがこの「超越論的統覚」なる概念を通じて主題化しようとしているのは、主観的な印象（内部）と客観的な実在（外部）の区別という問題です。カントの説明で最も肝心なポイントは、この区別が、内部性の方に帰属する操作によって、つまり主体の超越論的な構成（超越論的統覚）の身振りによってもたらされるという論点にあるのです。ここは少し難しいところです。

超越論的統覚の身振りは、絵画において、背景を描いたり塗ったりする操作に喩えることができます。ここで、事物のみを描いた絵のことを想像してみてください。たとえば、真っ白なキャンバスの真ん中にリンゴだけが描かれた絵を想像してください。そういう絵は、どうしても、（画家の）主観的な印象や幻覚を紙の上に投影しているだけだ、と見えてしまいませんか。こうした絵は、鑑賞者に、その事物が客体として外部に実在する、と確証させる力をどうしてももちません。

ところが、空白だった背景を、きちんと塗ったらどうでしょうか。そうするだけで、絵はまったく違った見え方になってきます。つまり、描かれている事物とそれの置かれたコンテクストが、確かな客観的実在として、見えてくることになるでしょう。絵の主題は、背景ではなく、背景の前に描かれた事物の方です。静物とか、人物とかが絵の主題です。背景に色を着けたからといって、主題そのものにかかわる何ものも付け加えられてはいません。それなのに、背景を塗りつぶすことには、劇的な効果があるのです。

「背景を塗る」ということは、絵の中心である主題にいかなる改変も加えてはいないわけですから、その意味では、言ってみれば空虚な操作です。そうではありますが、しかし、当然のことながら、それは、画家自身による人為的・主体的な補完ではあります。画家という主体の側に属する操作によって、その主体の外部に物が実在している、というイリュージョン（絵画）がもたらされるわけです。

超越論的統覚というのは、認識の領域に、このように背景を描くことです。それにしてもふしぎです。一体、「背景」とは何なのでしょうか。「背景」があることで何が起きるのでしょうか。背景が空白のままのときには、描かれた事物は、画家の主観的な内部（印象とか幻覚）の方に属していて、その向こう側に、見ることができない、（画家の）内部とも外部とも定めがたい空間が漠然と広がっているのを、鑑賞者は感じるはずです。隙間なく塗りつぶされた背景は、この漠然と広がる外部へと開かれた「穴」を塞いでいるのです。外からではなく内部の側から穴を塞いでいるわけです。逆説的で興味深いのは、そのことによってかえって、描かれている全体が、内部（画家の主観性）から独立した実在に見えてくることです。

このように内部の方から設定された限界が、外部をそれとして実在させる力をもちます。そのようにしてたち現れた外部を、さらに内部に包摂し、理解しようとするのが、ヘーゲルの精神にほかなりません。カントの超越論的統覚は、ヘーゲルの精神の自己拡張の運動が、まさにこれから始まる、という瞬間の状態である、と解釈したらどうでしょうか。

ヘーゲルの「概念」や「精神」は、明白に、「資本」という現象の哲学的な表現になっています。ヘーゲルの方から遡及的に見返すと、カントの超越論的統覚やデカルトのコギトにも、「資本」の本質的な属性が表現されています。時代的には、デカルトは、勤勉革命が始まる直前に属します。カントやヘーゲルは、勤勉革命が終わりに近づき、西欧の先進地域では産業革命が始まっている頃の哲学者です。西洋の近代哲学は、資本主義という現象に内属しているのかもしれません。西洋の近代哲学の最も重要な三人について、その中心的な発想を、大急ぎで眺めてみただけですが、このような仮説を立てることができます。この節で述べたことは、次章へ展開するための伏線です。

＊1　イマニュエル・ウォーラーステイン『入門・世界システム分析』山下範久訳、藤原書店、2006年（原著2004年）。
＊2　カール・マルクス『資本論』（1―9）、岡崎次郎訳、国民文庫、大月書店、1972年。
＊3　モイシェ・ポストン『時間・労働・支配』白井聡・野尻英一監訳、筑摩書房、2012年（原著1993年）。
＊4　大澤真幸『経済の起原』岩波書店、2022年（前掲）。

＊5　マルクス『資本論』岡崎次郎訳、大月書店、1972年、国民文庫、第7分冊、138頁。
＊6　ジャック・ル・ゴフ『中世の高利貸——金も命も』渡辺香根夫訳、法政大学出版局、1989年（原著1986年）。
＊7　ジャック・ル・ゴフ『煉獄の誕生』渡辺香根夫・内田洋訳、法政大学出版局、1988年（原著1981年）。
＊8　高階秀爾「メディチ家の金脈と人脈」『ルネッサンス夜話——近代の黎明に生きた人びと』平凡社、1979年。
＊9　マックス・ヴェーバー『プロテスタンティズムの倫理と資本主義の精神』大塚久雄訳、岩波文庫、1989年改版。
＊10　吉森賢「フッガー家の公益活動と経営戦略」『横浜経営研究』第33巻第4号、2012年。
＊11　Pierre Chaunu, *Église, culture et société. Essais sur Réforme et Contre-Réforme* (*1517-1620*), SEDES, 1981, p.46.（以下からの引用。ジャン＝ピエール・デュピュイ『経済の未来』森元庸介訳、以文社、2013年、176―177頁）。
＊12　ヴェーバー、前掲書、328頁。
＊13　大澤真幸『〈世界史〉の哲学　近代篇1　〈主体〉の誕生』講談社、2021年。特にその第10章、第11章。
＊14　大澤真幸『〈世界史〉の哲学　イスラーム篇』講談社、2015年。特に第3章。
＊15　柄谷行人『マルクス　その可能性の中心』講談社、1978年。『トランスクリティーク』批評空間、2001年。
＊16　伊神満『「イノベーターのジレンマ」の経済学的解明』、日経BP社、2018年。
＊17　パソコンのCPU（中央演算ユニット）で知られる大手メーカーとしてインテル社は、最初は——

1968年の創業から1980年代の半ばまでは——メモリ（情報記憶）用の半導体チップを主力製品として儲けていた。しかし、日本の電子機器メーカーがメモリ市場に一度に参入してきたために、この部門の収益が激減し、インテルにとって完全にお荷物となってしまった。1985年のある日、この会社の経営トップであるアンドリュー・グローブとゴードン・ムーアの間でこんな会話が交わされたという。二人は暗い気分でオフィスから窓の外を眺めている。グローブが言う、「もしも取締役会が俺たちをクビにして、新しいCEOが着任したら、彼は一体どんな手を打つだろうな？」。ムーアは即答した。「メモリ事業からの撤退だ」。グローブはムーアの顔を見つめて、こう言ったという。「じゃあこうしよう。あんたと俺がこの執務室から出て行って、また入って来て、それでメモリ事業から撤退すればいいんじゃないか？」（伊神、前掲書、102—103頁。アンドリュー・S・グローブ『パラノイアだけが生き残る』日経BP社。傍点は伊神）。このエピソードは実に興味深い。まさに自己破壊であるようなイノベーションは、経営者自身の判断で決定することができない。それは、あたかも神（想定された新しいCEO）から要求されていたことであるかのように受け取ったときだけ、決断できるのである。

＊18　ヤン・ド・フリース『勤勉革命』吉田敦・東風谷太一訳、筑摩書房、2021年（原著2008年）。

＊19　速水融『近世日本の経済社会』麗澤大学出版会、2003年。

＊20　ロラン・バルト『モードの体系——その言語表現による記号学的分析』佐藤信夫訳、みすず書房、1972年（原著1967年）。内田隆三『消費社会と権力』1987年、岩波書店。

＊21　逆に$u>a$は、貧困状態を表している。衣服が消耗してしまっても、新たに購入できない、ということを意味しているからだ。

＊22　マルクス、エンゲルス『共産党宣言』森田成也訳、光文社古典新訳文庫、2020年（原著1848年）、59—60頁。

＊23　固定資本とは、不変資本の中で、資本の回転ごとに全価値が生産物に移転することがない部分、つまり減価償却分だけが生産物の価値に移転される部分である。たとえば、工場の建物を建てるのに使った資本は、固定資本である。資本が回転するたびに、工場を建て直すわけではない。しかし、工場は少しずつ劣化してくるので、その分の価値は、生産物の価値の中に算入されている。

＊24　柄谷行人『世界史の構造』岩波書店、2010年。「精神としての資本」『現代思想』第45巻第11号、2017年。『力と交換様式』岩波書店、2022年。

第3章

増殖する知
——資本のごとく

ヒッチコックは、トリュフォーとの対話の中で、ほんとうは『北北西に進路を取れ』の中に入れたかったけれど、結局、入れなかったシーンがある、と話しています。撮ったことは撮ったのだけれども、できあがった作品の中には入れなかったシーン、しかし、入れたかったシーンです。それは次のようなシーンです。

ケーリー・グラントが演じる主人公は、フォードの自動車工場を彷彿させるところにいて、そこの工場の監督と歩きながら話しています。この二人の歩みを、カメラがパンして撮っているわけですが、二人の背景で、ちょうど車が流れ作業のようにして次々と組み立てられていきます。二人が話を終えて立ち止まった瞬間に、背景では、車が一台、できあがる。そこで、工場の監督が、「すばらしいものでしょう」と言いながら車のドアを開けると、中からゴロリと死体が出てきます。スラヴォイ・ジジェクは、このシーンこそ、剰余価値生成の完璧な隠喩である、と言っています。もちろん、いつの間にかに出てきた死体こそ、ここでは剰余（価値）に相当します。

さて、前章の最後に、近代哲学の重要概念を、資本の表現と見なすことができる、という話をしました。多くの人は、資本とか資本主義とかは、経済現象だと思っていることでしょう。しかし、資本（主義）は、狭い意味での経済を超える精神的・社会的現象です。いわゆる経済は、その一局面に過ぎません。たとえば、今、ヒッチコックの映像を使って暗示したように、「剰余」こそが、資本を資本にしている本質的な条件です。このことを念頭におくと、経済以外のさまざまな領域に、「資本」を見出すことができます。

この後、二つの章で、近代社会を特徴づける二つの対照的な言説が、どちらも、資本主義の運動に内属している、ということを示していきます。二つの対照的な言説とは、近代科学の言説と近代小説の言説です。

1 剰余権力

1-1 規律訓練型の権力

さて、ヘーゲルの「概念」、あるいはカントの「超越論的統覚」、デカルトの「コギト」は、「資本」の哲学的表現になっている、と述べました。ところで、これらの哲学的な観念は、主体、いわゆる近代的主体の理念的な表現でもあります。超越論的統覚やコギトが、近代的主体であるというのは、すぐにわかるでしょう。ヘーゲルについては、『精神現象学』の序文の非常に有名なフレーズを思い起こすのがよいでしょう。「真なるもの」は、「実体」であるだけではなく「主体」でもある、と。

そこで、近代的主体が形成される社会的場面に目を向けてみましょう。個人がひとつの主体として形成される場面です。よく知られていることですが、ミシェル・フーコーは、主体を、彼が「規律訓練型」と名付けた権力の産物として説明しました。この権力から主体がどのように生成されるかについては、次章で説明しますが、ここでまず明確にしておかなければならないことは、規律訓練型権力とは何か、ということです。これについてもよく知られていることですが、再確認していきましょう。この権力は、はっきりと手で触れることができる具体物の中に姿を表しています。それは、ある種の監獄――囚人を独房に閉じ込める監獄――です。

どうして、規律訓練型権力が主体の形成に結びつくのでしょうか。それは、アレクシ・ド・トクヴィル――『アメリカのデモクラシー』で知られるあのトクヴィル――が述べている、次のような効果が期待できるからです。

　　孤立状態に投げこまれると受刑者は反省する。自分の犯罪にただひとりで直面すると、その犯罪を憎むことを学ぶのであって、その魂が悪によってまだ無感覚になっていなければ、いずれ後悔がその魂を襲うようになるのは孤立状態においてである。[*1]

ここで、トクヴィルが説いているのは、「パノプティコン」と呼ばれている監獄の効用です。パノプティコンこそ、規律訓練型権力の物体化、建築というかたちをとった規律訓練型権力の隠喩です。パノプティコンは、ジェレミー・ベンサムが18世紀末に考案した監獄の構造です。ベンサムは、「最大多数の最大幸福」のスローガンで知られている、イギリスの功利主義の思想家ですね。

パノプティコンという装置は、中心に塔があって、その周囲に円形に――あるいは半円形に――個室を配置しています。中心の塔は監視のためのものです。塔の壁には、その円周に沿うようなかたちで監視用の窓がいくつも付けられている。それに対して、周囲の円環状の個室は、独房に区分されている。各独房には、窓が二つずつ設けられていています。そのうちのひとつは、中央の塔の窓に向かい合うように内側にしつらえられていて、他方は、外光が独房の全体を照らし出すように外側に設けられています。中央の塔には監視人が一名置かれ、この監視塔を取りまく円環状の建物の独房には、もちろん受刑者が一名ずつ閉じ込められます。付け加えておけば、この建物の構造は、監獄に限定されるわけではありません。独房に、狂人を、病人を、労働者を、そして生徒を入れれば、多様な監視に応用が効くわけです。

トクヴィルは、パノプティコンの独房に閉じ込められた受刑者の反応を記し、この建造物の価値を説いていたのです。ところで、フーコーは、監獄や刑罰システムの歴史を描くために、この装置に注目したわけではありません。先ほど述べたように、フーコーの洞察は、パノプティコンという建築物が、近代的な権力の一般的な隠喩になっている、という点にあります。したがって大事なことは、この装置の本質をどのように見定めると、これを、近代を特徴づける権力の定義と見なすことができるのか、ということにあります。

パノプティコンの最も重要な性能は、まさに「個人」を観察し、評価している、という点にあります。つまり人間の身体を「個体」としての資格で見えるものにしているわけです。身体を、個体を超える集合としてまとめて監視しているわけでもなければ、逆に、個体を、個々の行動とか器官とかのより細かい部分に分解するわけでもない。個体としての資格で同一の視線によって監視されているという意識をその当の個体にもたせるには、個人を途切れることなく、いわば永続的に監視することが必要になります。いや、もう少し厳密に言い換えれば、同じ視線によって「途切れることなく監視されている」という感覚を、監視されている当人にもたせる必要があります。もっとも、実際には、ほんとうに永続的な監視を実行するわけではなく、空間的に限定された領域を設定することによって――たとえば独房という領域を設定することによって――、その領域内で、いつでも、どこにいても監視されている、という感覚をもたせるのです。こうした空間的な限定なしには、監視の視線を遍在させる――遍在しているという感覚を与える――ことは、技術的にも不可能ですから。

フーコーによれば、パノプティコンに類する監視装置は――ベンサムによって明示的にこれが考案されるより前の――17世紀には登場しています。これは、軍隊、生産現場、病院などへとその応用の場を広げ、普及していきました。そして、先ほど述べたように、フーコーは、パノプティコンによって象徴される近代の権力を「規律訓練型（ディシプリン）」と呼びました。このような形容は、この権力のもつ独特の効果に着目した表現になっています。

パノプティコンの本質が今述べたことに、つまり個人の可視化にあるとするならば、重要なのは、建築物そのものではない、ということになります。規律訓練型権力にとっては、この本質的なポイントが実現されるような「関係の様式」が揃っていれば、それで十分なはずです。

そう考えると、今日の私たちは、監獄に閉じ込められた経験など一度もなくても、ほとんど全員、長期間の規律訓練型の権力の中で育てられていたことに気づきます。規律訓練型の権力が行使される最も典型的な場所は、学校だからです。学校において生徒は、厳密に個人としてその能力を評価され、監視の対象とされています。そのことが最もあからさまになるのは、試験のときでしょう。試験を受けている生徒は、実質的には、独房に入れられて常時監視されている囚人と同じ状態に置かれているのです。フーコーは、17世紀にその萌芽を認めることができる規律訓練型権力が、西ヨーロッパの社会で一般化し定着するのは、19世紀の半ばであると見ています。

1－2　絶対王政の権力

さて、規律訓練型権力と関係づけながら問題を解くということは、理論の出発点に西ヨーロッパの絶対王政の権力を置いて考察しなくてはならない、ということを意味しています。前近代の権力一般ではなく、王権一般でもなく、近世の絶対王政を起点に据えなくてはならない、ということを、です。どうしてかというと、規律訓練型権力は、この絶対王政に結びついた権力の否定、その克服として登場してくるからです。絶対王政の権力が、規律訓練型権力だと言っているのではありません。そうではなく、絶対王政の権力がまずあって、それを否定するものとして、規律訓練型権力が登場するわけです。絶対王政の権力は、その意味で、規律訓練型権力にとっての前提です。

では、絶対王政の本質はどこにあるのでしょうか。それは、権力の源泉となる王の身体の独特の複合性にあります。王は、可視的な自然的身体と、抽象的で不可視の政治的身体をもつ、とされているのです。これは、私のお気に入りの本、エルンスト・カントーロヴィチの『王の二つの身体』からくるアイデアです。[*2] ちなみに、この本の結論的な主張は、よく知られていて、しばしば、天皇制も同じであるとか、どこどこの王権でも同じだとか、と書いている研究者は、たくさんいますが、多分、そういう人は、カントーロヴィチのこの大部な本を読んでいません。カントーロヴィチによれば、西ヨーロッパの「王の二つの身体」は、キリスト教と深く結びついており、しかもこの理論は、煩雑な神学上の議論などを経て、たいへんな難産の果てに生まれているのです。王の身体を二重化して捉えるというのは、天皇の身体をはじめ、かなりプリミティヴな王権にも見られる、きわめて一般的な現象です。これと、西洋の政治神学としての「王の二つの身体」とは、似て非なるものです。

ともあれ、絶対王政の権力こそが、規律訓練型権力が生まれるための前提条件です。フーコーは、『監視と処罰』（邦題『監獄の誕生』）で、規律訓練型権力を、その直前まで機能していた権力――つまり絶対王政の権力――との違いを際立たせるために、18世紀の半ばに執行された、ダミヤンという男への公開の身体刑を紹介しています。[*3] 国王を殺害しようとしたとして有罪判決を受けたダミヤンは、1757年3月に、パリのグレーヴ広場で、大勢の見物人がいる中、4頭の馬で、その身体を四つ裂きにされました。フーコーは、このような権力からの転換として、規律訓練型権力を位置づけようとしています。確かに、このようなあからさまに公開される身体刑を必要とする権力と、個室に閉じ込めた囚人を監視状態に置くことが刑罰であるような権力とでは、何かが根本的に異なっているに違いありません。

まず、ダミヤンの処刑が、絶対王政の権力のシステムの中にある、ということの意味を確認しておきましょう。この処刑は、華々しい祝祭のようなものになっています。刑罰は、「官憲主催の見世物」であって、広場に集まってきた多数の観衆はこれを大いに楽しんだはずです。なぜそんなことをしなくてはならなかったのでしょうか。それは、最低の身体（犯罪者）の物理的破壊を人々の目にあからさまにさらすことを通じて、その反作用として、最高の身体（王）のイメージを人々に与えるためです。

フーコーが、学者としての人生の前半期の主著である『言葉と物』の冒頭で、ベラスケスの《ラス・メニーナス》という絵画を分析しているのをご存知の方も多いと思います。[*4] フーコーは、1656年に制作されたこの絵を、彼が「表象の時代」と名付けた知の段階そのものを表象するものと解釈しています。表象の時代とは、西洋の17～18世紀のことで、まさに絶対王政の時代に対応しています。この絵は、王女マルガリータと、彼女に仕える侍女等の人物が主役のように見えますが、真の主役は、国王フェリペ四世夫妻です。一見、国王はどこにも描かれていないように見えますが、実は、絵のほぼ中央にある鏡の中に映っている。ダミヤンの公開処刑の中で、間接的に提示される王の身体は、ベラスケスの《ラス・メニーナス》に描かれた「鏡の中の王」のようなものです。間接的ではあるが、確かにそこにいる――事実存在（イグジスト）している――ものとして王の視覚的なイメージが与えられるようになっているのです。

この公開の身体刑は、絶対王政期において（王の）政治的身体は（王の）自然的身体による支えなしには機能しえなかった、という事情を反映しています。公開の身体刑が人々に確証させているのは、王の自然的身体の確かな実在です。私たちとしては、この絶対王政の権力のどこがどう変わったら、規律訓練型の権力になるのか、と問わなくてはなりません。ちなみに、フランス革命のときのギロチンによる処刑も公開刑だったわけですが、ドリンダ・ウートラムは『身体とフランス革命』という本の中で、ギロチンによる処刑は、絶対王政のときの死刑の祝祭性を完全に失っており、両者はまったく異質だと論じています。[*5] つまりフランス革命のときには、変容がすでに進んでいるわけです。

1-3 不可視である限りで……

さて、では、絶対王政の権力と規律訓練型の権力では、どこに違いの中核があるのでしょうか。結果だけ見れば、「可視性」のポイントが逆転している、ということがわかります。つまり、どこが見えるのか、見られるべく設定されているのか、というポイントが、異なっています。絶対王政においては、権力の源泉となっている王の身体の方が可視化されなくてはなりません。直接、王がその身体を見せることもありますが、ダミヤンの処刑のときのように、人々の想像力の中に、王が姿を現すようになっている場合もあります。それに対して、規律訓練型権力の場合には、権力の対象となっている個人の身体が可視化されています。どこが可視化されるのか、ということが、権力の源泉からその目標となっている対象へと、移動しているわけです。この転換がいかにして生じているのか。

もう一度、パノプティコンの構造を振り返っておきます。独房の中の個人は、まさにその独房という空間の限定の中においてではありますが、途切れることなくずっと監視されている……とその閉じ込められた個人は自ら感じざるをえない。彼がそのような自覚をもつのは、慎重な光学的な配慮によって、中央の塔にいる監視者の身体が、彼の方からはまったく見えないようになっているからです。私からは見えないが、監視者がいるかもしれない。それゆえ、私は監視されているかもしれない。独房の中の者はそう考えるわけです。つまり、独房に収監された受刑者の観点からすると、監視者がいてもいなくても、監視されている可能性は残り、そのことによって監視の効果が持続するのです。だから、論理的には、個人が独房の中にいる限りは、監視者は現実には存在しなくても、監視の効果は消えずに持続する、ということになります。

規律訓練型の権力を機能させる上で、最も重要な契機はここにあります。権力が帰属する超越的な身体、この場面に即して言えば直接的には監視者の身体ということになりますが、第1章以来ときどき使ってきた私の用語で一般化して捉えれば「第三者の審級」です。とにかく、その超越的な身体（第三者の審級）は、権力に従属している者の前に、まざまざと姿を現すことがない。だからこそ、この超越的な身体は、常に存在しているのと同等の効果を維持することができます。

一言でまとめれば、第三者の審級は完全に抽象化されていて、それでも、確固たる実在感を維持しているわけです。パノプティコンで、監視者はまさに見えない限りで、監視者としての機能を途切れることなく持続させることができました。このことを一般化して言い換えれば、第三者の審級は、抽象的であることにおいて機能している、ということになります。もっとも、そのように第三者の審級が機能するためには、その作用が及ぶ範囲を、空間的に限定しておく必要があります。独房にいる限りは監視されている、教室にいる限りは先生に見られている、作業場にいる限りは監督されている、等々と。

1-4 剰余権力

ここまでは当たり前です。ここで気づいてほしい重要なことは、今述べているような政治権力の抽象性、第三者の審級の抽象性は、「資本」という現象とのアナロジーで把握できるということ、この点です。資本の本質的な条件は、剰余価値です。貨幣は循環し、変態しながら剰余価値を生むからこそ資本なのです。権力の領域でも同じようなことが起きます。つまり、規律訓練型権力を可能なものにしているのは、一種の剰余権力です。経済において剰余価値が発生するのと同じように、政治の領域では剰余権力が発生する。少し複雑なので、説明が必要でしょう。

第三者の審級にあたる者が、従属者に対してその姿を現したとすると、従属者に何らかの認知的な効果をもたらします。たとえば、第三者の審級は、「強さ」を感じさせるかもしれない。あるいは「恐怖」の感情を従属者に与えるかもしれない。「畏敬」の感覚を引き起こすかもしれない。あるいは、何らかの「利益」をもたらしてくれるという期待をもたせることもあるでしょう。第三者の審級がまさに姿を現すがゆえに出てくるこれらのもの、「強さ」や「恐怖」や「畏敬」や「利益」等々を担保にして、従属者が、「力」を、その第三者の審級に譲渡する。その範囲内で権力が行使されていれば、権力とは一種の等価交換であって、「剰余」は発生しません。

しかし、その範囲を超える権力が発生するとしたらどうでしょうか。つまり、第三者の審級がその姿を現すことで生ずるさまざまな保証（「強さ」の印象、「恐怖」の感覚、「畏敬」の感情、「利益」への期待等々）を超えて、第三者の審級が権力を行使していれば、どうでしょうか。その権力は、剰余価値とよく似た剰余、いわば剰余権力と見なすべきではないでしょうか。規律訓練型権力では、第三者の審級にあたる監視者は、まったく姿を現さなくても効果を発揮するのでした。とすれば、そこには、純粋な剰余権力があります。第三者の審級は、姿を見せることを通じて何か（恐怖のようなネガティヴなものにせよ、畏敬や利益のようなポジティヴなものにせよ何か）を与える、ということをせずに、従属者から力の譲渡を受け、力を行使しているからです。それは、資本家が、労働者の剰余労働を搾取して、剰余価値を得ているのと似ています。

1-5　承認の循環を超えて

同じことを、社会契約についての一般的なモデルを使って説明してみましょう。剰余権力とは次のような現象です。

まず前提として、近代的な支配の構造の特徴は、「承認の循環」が自覚されていることにある、ということを確認しておく必要があります。承認の循環が自覚されるというのは、次のような意味です。マルクスが『資本論』の中の有名な脚注で、ある人が王であるのは、他の人々が彼を王として承認し、臣下としてふるまっているからなのだが、人々は、逆に、彼が王だから自分たちは臣下としてふるまっていると錯覚している、という趣旨のことを書いています。臣下たちは、王に認めてもらいたくてまさに臣下としてふるまっているわけですが、実は、臣下の方が王を王として承認しているがために、王の支配は可能になっている。しかし、そのことを人々は自覚していない。客観的には、「王→臣下」という承認は、逆の「臣下→王」という承認と相互依存の循環の関係にありますが、前近代の王権では、そのことは当人たちには自覚されていない。自覚されていないことが、王の支配が成り立つための条件です。

しかし、近代的な政治指導者は、前近代の王のケースとは異なります。指導者は、人民に自分が支持され、承認されているということを、積極的に公言します。人民の承認に、自分の支配が依存していることを明示することこそ、指導者の支配の正統性の根拠となります。つまり、前近代においては自覚されてはならなかった――隠されていなくてはならなかった――承認の循環が、近代的な支配においては自覚され、支配の正統性を支えている。この自覚された承認の循環を、ひとつの規範理論として定式化したのが、社会契約説です。それは、指導者の支配が、人民の契約――つまり承認――に依存していなくてはならない、ということを明示する学説です。

この承認の循環は、すぐにわかるように、一種の等価交換です。これによれば、指導者の権力は、従属する人民によって承認されている範囲に限定されていなくてはならないはずです。ところが、実際には、権力は、常にこの範囲を超えた恣意性を発揮します。承認された量や範囲を超えたところで、権力が行使される。これが剰余権力です。この状況は、等価交換しか生じていないはずの市場で剰余価値が発生するのと似ています。等価交換のような社会契約のもとで、剰余権力が発生するわけです。この剰余分は、権力の原点にある第三者の審級の抽象性に相当しています。先ほど述べたように、前近代においては、承認の循環は、権力が維持されるためには隠されていなくてはならなかった。しかし、近代社会において、承認の循環があからさまになっても政治権力が崩壊せず、維持されているのです。どうしてか、というと、剰余権力があるからです。

ここで、もう一度、絶対王政の権力にたちかえってみましょう。よく考えてみると、王の政治的身体はすでに、自然的身体に対する剰余権力です。それでも、絶対王政の段階においては、抽象的な政治的身体は、自然的身体による支えを必要としていました。しかし権力の原点となる第三者の審級が完全に抽象化されたとしたら、どうでしょうか。もはや、自然的身体という支えが不要となります。そうすると、権力のすべてが剰余権力からなる、というような状況が出現します。第三者の審級の抽象性とは、このような権力の剰余のことです。権力における「領有法則の転回」のようなものです。領有法則の転回というのは、商品生産者の所有法則から資本主義の領有法則へと転回することだ、と教科書的には説明されていると思いますが、要するに、資本の内実がすべて剰余価値（労働者の剰余労働の搾取の産物）になってしまうことです。

ここで確認しておきたいことは、規律訓練型の権力と絶対王政の権力との間には連続性がある、ということです。その連続性は、「剰余権力」の概念を媒介にするとよく見えてくるわけです。王の政治的身体がすでに剰余権力のひとつの姿だったからです。

こうして議論の出発点を確保しました。ここから、資本主義を特徴づける言説には、大きく二つのタイプのものがある、ということを示していこうと思います。二つとは、科学と小説です。まずは、科学の方から。

2 科学革命の可能条件——万有引力から考える

2-1 科学革命

17世紀に、ヨーロッパで科学史上の大転換がありました。その転換は、一般に「科学革命」と呼ばれています。[*6] これがいかに大きな転換であったかということは、この革命の中に含まれている、「科学者」——もっともこの時代には「科学者 scientist」という語はありません（彼らは「自然哲学者natural philosopher」です）――とその業績を列挙してみるだけでも、ただちに理解できます。

まずは、まだ16世紀に属するのですが――それゆえ科学革命の「前夜」の業績とすべきかもしれませんが――、誰もが知っている、地動説のコペルニクス（1473―1543）。その地動説を支持する『天文対話』（1644）を著し、「慣性の法則」を提起したガリレオ・ガリレイ（1564―1642）。「惑星運動についての三法則」を定式化し、はじめて惑星運動が（完全な円ではなく）楕円を描くとしたケプラー（1571―1630）。血縁循環論を提唱したウィリアム・ハーヴィ（1578―1657）。「元素」という概念を導入したロバート・ボイル（1627―1691）。弾性（ばね）に関する「フックの法則」で知られ、「細胞cell」という概念の導入者でもあるロバート・フック（1635―1703）。「ハレー彗星」にその名を残したエドモンド・ハレー（1656―1742）。等々といくらでもあげることができます。もちろん、デカルトやパスカルも同時代の人であり、彼らもこの知的な革命に貢献しました。

要するに、高校を卒業したくらいの段階で私たちが知ることになる、科学上の一般的な知識のほとんどが、科学革命を通じて準備された、と言ってよいくらいです。物質は元素から成り立っているとか、惑星は太陽をひとつの焦点とする楕円軌道を描いて公転しているとか、バネの伸びは引く力に正比例するとかは、今日では専門家でなくても有する常識ですが、これらは、すべて科学革命の時代に提起された説です。

こんなふうに言ってもよいかもしれません。この時代の学者であれば、たとえ今日の私たちから見ればまちがった説を唱えていたとしても、とりあえず、私たちと対話や論争が成り立つだろう、と。それに対して、科学革命より前の学者を説得することは、現在の私たちには絶望的に困難だ、と思えてきます。彼らが、現在の私たちの目には「まちがった」説を信じている、ということだけではないからです。それ以前に、何を正しいとするのか、何を真理として認定するのかといったときの彼らの基準があまりに私たちのそれとは異なっていて、意味のある討論が彼らとの間には成り立たないだろう、そのように感じられるのではないでしょうか。要するに、科学革命以降の科学が、今日的な意味での科学、近代科学です。

さて、その科学革命のクライマックスであり、そして科学革命の本質を凝縮して代表しているのが、アイザック・ニュートン（1642―1727）の仕事です。1687年、つまりイギリスの名誉革命の前年に初版が出た『自然哲学の数学的諸原理 Philosophiae Naturalis Principia Mathematica』、『プリンキピア』と略称されているこの書物こそ、科学革命の頂点であり、完成です。この中で、ニュートンは、あの万有引力の理論を数学的に定式化しました。

ニュートンの『プリンキピア』を科学革命の精華であると認定することができるのは、次のような根拠によります。第一に、それは、枝葉末節の理論ではないということがあります。この本は、科学のすべての理論に関係しているような基礎理論における刷新をもたらし、ひとつの宇宙像を提示しています。第二に、『プリンキピア』がもたらした、それ以前との断絶は実にメリハリが利いている。しかも、この理論は基本的には、20世紀の初頭に相対性理論と量子力学が登場するまでは、ほとんど変更を加えられることなく妥当な説とされてきました。

私たちは、万有引力の理論に絞って、あるいはこれに代表させて、科学革命がどのような論理によって可能になったのかを簡単に見ておくことにしましょう。この点で、幸いにも、きわめて信頼にたるすぐれた研究があります。山本義隆が著した『磁力と重力の発見（1・2・3）』です[*7]。この後の展開の中で、この大著を何度も参照することになると思います。

2-2 タブローとしての絶対空間・絶対時間

科学革命は、「古典主義時代」と呼ばれる時期（17―18世紀）の出来事になります。古典主義時代は、ミシェル・フーコーの『言葉と物』の時代区分では、先ほどもベラスケスの《ラス・メニーナス》に言及したときに述べたように、学問的には「表象の時代」に対応します。

フーコーの有名なテーゼは、「知」の基本的なカテゴリー、それによって真理性が保証されるような中核概念が、（ルネサンスまでも含む）中世では「類似」だったのが、近世（古典主義時代）では「表象」へと転換した、というものです。中世では、二つの物が何らかの意味で似ている、ということが真理へとつながる決定的な鍵でした。しかし、近世では、表面的に似ているということは真理とは関係がなくなります。重要なことは、物の秩序を表象の秩序と対応させることです。この場合の「表象」は「記号」のことだと考えてください。記号においては、「意味するもの」と「意味されるもの」とは似ていません。重要なのは、表象（記号）のシステムが物の集合と対応することで、表象のシステムに見出される秩序のかたちで真理が示されます。たとえば、分類の体系が、そのような真理の典型です。

フーコーが言っていることではありませんが、ニュートンの物理学も、表象の時代という特徴づけにぴったりです。それは、物理現象を、数学記号の秩序に対応づけることで、真理を解明しようとするものだからです。数や数式は、物とは似ていませんが、数や数式で記述された秩序が、全体として真理を表現しているわけです。

表象の知が可能になるためには、ある条件が満たされている必要があります。表象の秩序の典型は、分類の体系だと言いました。分類の体系とは、諸事物の間の差異と同一性とをあいまいさを残さずに確定することです。差異や同一性を確定するためには、そこにおける差異／同一性を云々できるような「表面＝タブロー」が必要になります。その「タブロー」の上で、これとこれとは区別されるとか、これとこれとは同一であるとかを意味する境界線が引かれるわけです。

同じことはニュートンの物理学にも言えます。つまり、ニュートンが導入した物理学にも、「タブロー」にあたる要素があります。それこそ、「絶対空間 absolute space（と絶対時間 absolute time）」の概念です。絶対空間とは、真空で、無限に大きい部屋のようなものだと思ってください。それは、無限に一様に拡がる不動の空間です。あらゆる物体は、この空間の中に存在し、この空間の中で運動します。重要なことは、絶対空間は、その内部の物体の存在や運動にまったく影響されない、ということです。

この無限に延びる均質性を、時間次元に認めれば、絶対時間が得られます。つまり、無限空間の任意の点において無限の過去から無限の未来へと一様に流れる時間が、無限時間です。だから、無限空間の中のすべての物体は、常に、同時的に共存していることになります。

『プリンキピア』から2世紀以上後に、アインシュタインの相対性理論が変更を加えたのは、まさにこの絶対空間・絶対時間の概念です。が、厳密なことを言えば、実は、宇宙観の真の転換は、アインシュタインの直後から徐々に成立する量子論のところでなされます。アインシュタインの相対性理論は、まだ過渡的な段階です。が、いずれにせよ、これは、別の話です。

2-3　武器軟膏と万有引力

ニュートンの物理学の体系は、基本的に、私たちの合理性の観念に合致しています。中世までのコスモロジーとは、まったく違う。しかし、よく見ると、ニュートン物理学は、その根幹部分に、とてつもない不合理を孕んでいることがわかります。何が、不合理なのか。

物理学・天文学に関していえば、科学革命における最大の獲得物は「力」の概念ではないでしょうか。力概念の形成と洗練化こそ、科学革命です。科学革命の端緒に近いところにいる学者、たとえばガリレイは、まだ「力」という概念を獲得してはいません。だから、彼には太陽系を動力学的に説明しようとする問題意識が欠けています。惑星の運動を主題化したケプラー、そしてフック、最後にニュートンへと継承される中で、力の概念は、次第に洗練され、確固たるものになっていくのです。

「力」は、本来は擬人的な観念です。科学の中に取り込まれたときには、次第に擬人的な痕跡は洗い落されていきます。力の概念が、最終的に到達したのが、ニュートンの万有引力です。万有引力の概念の中には、根本的な不合理性が残っています。いや、そういう言い方は正確ではない。その不合理性は昔からあったものの残留物というより、力の表象にとっては、後から獲得されたものだからです。その獲得物は、万有引力の本質そのものであり、万有引力はそれのみでできあがっているといってもよいくらいです。何がその「獲得物」なのでしょうか。どこが不合理なのでしょうか。万有引力の概念の中に、原初の「力」概念に含まれている擬人的な含みがまだ反響しているのか、と言えば、そうではありません。正反対です。万有引力には、「持ち上げる」とか、「押す」とか、「引く」とかといった、力についての原初の体験はまったく含まれていません。むしろ、それこそが万有引力の特徴です。ということはどういうことなのか。万有引力とは遠隔作用の一種だということになります。ここが問題なのです。

古代より、物が離れたところにある別の物に作用を及ぼすことがありうるか、議論の対象となってきました。古代から、遠隔作用には、多くの哲学者が懐疑的だった。近世に入ると遠隔作用はますます旗色が悪くなります。実際、ニュートンの万有引力も遠隔力だということで、当時、批判されました。すぐ後でもう一度話題にしますが、デカルトは、天体の運動を遠隔作用なしで説明しようとしました。デカルトの説は、「渦動説」と呼ばれていて、空間を満たす微細な物質の渦によって、天体の運動を説明しようとするものです。

16世紀の前半、つまり科学革命の少し前に、当時の名高い医者パラケルススによって、「武器軟膏」なる薬が、傷の有効な治療法として提起されました。それは、剣や槍などで傷を負ったとき、治療のために、傷を負わせた武器（剣や槍）の方に塗る薬です。傷そのものではなく、傷つけた武器の方にその薬を塗れば、傷が治る、というのです。「それによりたとえ二〇マイル離れていたとしても、傷ついた兵士は癒される」などと言われました。実は、これでほんとうに傷が癒えたと報告する者もいたのですが、しかし、それでも、さまざまな立場の論者から、アリストテレス＝ガレノス主義にたつ主流の医者からも、機械論や原子論を採用する自然哲学者からも、武器軟膏を用いた治療法はナンセンスなものとして嘲笑され、魔術として糾弾されました。[*8] 武器軟膏が愚かな方法に見えるのは、傷と武器とが離れているから、つまり遠隔作用を仮定しているからです。

しかし、万有引力も宇宙規模の武器軟膏のようなものです。どうして、パラケルスス主義者の武器軟膏による治療は、迷信くさい呪術として嘲笑的に斥けられたのに、万有引力の理論は、高度に合理的な説として承認されたのでしょうか。

2-4 共感と反感のネットワークとしての宇宙

山本義隆の大著の主題も、遠隔作用としての万有引力がどのようにして受け入れられたのか、にあります。山本の主張を、一言でまとめれば、磁力についての理解からの類推で、万有引力の理解への道が開かれた、ということです。磁力については、昔から知られていました。そして磁力も、遠隔作用に見えるわけです。そうすると、万有引力も、磁力と本質的に同じもの、あるいはそれに類するものとして理解され、受け入れられたわけです。磁力についてはすでに受け入れられていたので、これが、万有引力を納得するための素地となった、というわけです。

しかし同時に、磁力についての古典的な理解と万有引力との間にはギャップがある、ということも重要です。中世からルネサンスにかけての、西洋の宇宙観の基本にあるのは、諸事物の間の共感（好意）と反感（敵対）のネットワークという見方です。事物の間に共感または反感が作用する。磁力も、「共感」の一種として理解されていました。

先ほど述べたように、フーコーによると、中世—ルネサンスの知を成り立たせているのは「類似」の概念でした。たとえば、フーコーは、16世紀の『蛇と龍の物語』（ウリッセ・アルドロヴァンディ）について紹介しています。それによると、蛇そのものと「serpens」という語や蛇にまつわる神話の間には本質的な類似がある。私たちの感覚では、生物として理解された蛇と、蛇についての神話とは、別のものなので、別の学問の中で研究されます。しかし、『蛇と龍の物語』では、両者の間には、広い意味での「類似」があるとされ、それゆえ、一緒に記述されることになります。

フーコーの言うこの「類似」は、広義の「共感」の一種として解釈すべきだと私は考えます。類似している物の間には、共感が作用しているのです。あるいは、類似は、広義の共感の産物です。さらに付け加えておくと、私自身が使っている概念で、身体の「求心化—遠心化作用」があるのですが、物に見出される共感／反感の関係は、この身体の作用の換喩的な拡張と見なすことができます。つまり、身体そのものにおいて実際に体験されている求心化—遠心化作用が、物にまで投射されているわけです。この点については、ここではあまり詳しくは論じませんが。

2-5　最後の魔術師としてのニュートン

ニュートンの万有引力は遠隔作用であったため、ライプニッツをはじめとする当時の一流の哲学者から厳しく批判されました。それにもかかわらず、結局、ニュートンの理論が勝利しました。なぜ勝利したかと言うと、前提が遠隔作用であるということさえカッコに入れてしまえば、ニュートン理論は、まさに機械論としてずばぬけた説明力をもっていたからです。

機械論とは何か。機械論であるかどうかを判定する基準は、次の三つのことを認めていない、ということにあります。三つとは、「遠隔作用」「運動の自発的開始」「物体を駆動する非物体的作用因」です。これら三つのうち、どれか一つでも入っていたら、機械論とは言えません。論争のあった、デカルトの説とニュートンの説とを比べたらどうでしょうか。デカルトの説は、これら三つを拒否していて、機械論としての条件を一応、満たしているのです。しかし、ニュートンの説は最初から、機械論の資格要件を満たしていない。なにしろ、「遠隔作用」が入っているわけですから。しかし、ひどく逆説的な言い方になりますが、のっけから機械論としての資格要件を満たしていないということを忘れてしまえば、機械論として、ニュートンの説の方が、デカルトの説よりももっと成功しているのです。

デカルトの説明は、定性的（数値化できない）なもので、とてもあいまいです。それに対して、ニュートンの理論には、定量的・数学的な厳密性があり、たった二つの法則（慣性法則、力による加速）を公理に据えるだけで、天体運動についてのケプラーの三つの法則を正確に導き出すことができます。この理論は、すべての物体の間に、距離の二乗に反比例し、双方の質量に比例する力が働いていることを含意しています。その力が遠隔作用として働いていることを無視すれば、天体の運動を含む世界は、決定論的な機械のように見事に説明できてしまいます。こうしてニュートンの理論が、その後の自然科学（自然哲学）のパラダイムを規定することとなりました。

しかし、その遠隔作用である万有引力（重力）の原因は何なのでしょうか。その部分をも機械論的に説明できないのでしょうか。結局、ニュートンは、機械論の範囲におさまる重力の原因を見つけることができなかった。それゆえ、ニュートン自身がこう言います。真の第一原因は、「非物体的で生命ある知性をもった遍在する存在者」[*9]だ、と。つまりは神のようなものです。神に類する実体の存在を仮定しなくては、結局、万有引力を説明することができない、ということになります。太陽が、中間に何もない広大な空間をへだてた惑星に、瞬時に働きかけることができるとすれば、誰かが、太陽とその惑星とを同時に正しく認知し、適切な引力を作動させなくてはなりません。その「誰か」が神です。

だから、ニュートンは、「最後の魔術師」だとされます。ニュートンを「最後の魔術師」と呼んだのは、あの偉大な経済学者ジョン・メイナード・ケインズです。ニュートンをこのように見なしたのは、ニュートンが、自然科学者についての現在の私たちのイメージに反して、錬金術とか、黙示録の解釈とかも熱心に研究していたからなのですが、今述べたように、ニュートンの最も「合理的」で「近代科学的」だとされている部分においても、すでに「神」が前提になっているのですから、彼が、聖書の解釈や錬金術のようなものにも関心をもったとしてもふしぎはないのです。

ニュートンの理論を可能にしているのは、この空間内の物体の配置を一挙に、同時に知ることができる、抽象的な神（のごときもの）です。この神が、同時に把握している範囲、その視野が、「絶対空間」にほかなりません。絶対空間は、フーコーのいう「表象の時代」に固有の「タブロー」にあたる、と先ほど説明しました。絶対空間という無限に拡がる均質な空間を前提にするということは、理論的に言えば、光速を無限大だと仮定したのと同じことになります。光は、言わば、神の視線です。その光が届くところを、神に類する何かが見ているわけです。ところで、「表象の時代」（古典主義時代）というのは、もっと普通の言い方をすれば、「啓蒙 enlightenment の時代」です。この時代の西洋の人々が、光 light というものにどれほど強く惹かれていたかは、たとえばフェルメールの絵のことを思えば、すぐに理解できるでしょう。

ニュートンの理論においては、その前提として神の存在が要請される、と言いました。逆に言えば、神が必要なのは、この端緒だけです。あとは、それこそ機械論的な因果関係によってすべてが進行するからです。そうすると、この神は強いのか弱いのか、全能なのか無能なのか、よくわからないところがあります。すべての自然現象の前提であると考えれば、全能です。しかし、最初に要請され、あとは積極的に介入しないことを思えば、まったく無能にも見えます。変な言い方ですが、全能性が無能性によって支えられているのです。

ところで、今、私は、ニュートンの理論の前提にあるこの抽象的な神の働きと「光」との関係を説明しました。それには理由があります。ニュートンの理論の前提にある神が、パノプティコンの監視者に似ていることを示唆したかったわけです。規律訓練型の権力の原点にある権力者、つまり対象となる個人を光の中に浮かび上がらせ常時監視している権力者、これと、絶対空間という「部屋」を外から観察している神とは、その構造がまったく同じです。

ここまで、私は、科学革命において何が起きていたのかを、ニュートンに特に着目しながら説明しているわけですが、資本主義については何も説明していません。近代科学の言説と資本主義との関連を論じるなどと予告しておきながら、まだ科学革命と資本主義の関連についてはたいしたことを述べていません。が、ここで、少しだけ注意を促しておきます。前節で、規律訓練型の権力の原点にある第三者の審級の抽象性は、「剰余権力」の産物だ、と述べました。剰余価値の権力版が剰余権力です。そして、今、私たちは、ニュートンの物理学の前提のところにも、まさに抽象的な神がいるのを確認したわけです。とすれば、ここにも剰余権力的なものがある、剰余価値と類比させることができる何かがある、と推測してもよいのではないでしょうか。

2-6 鶏と神

ところで、前の章で、資本主義が、宗教——とりわけキリスト教——といかに深く結びついた現象なのか、ということを強調しておきました。資本主義は、宗教としての外観を完全に否定した宗教です。ところで、普通は、近代科学の成立は、中世までのキリスト教的なコスモロジーからの離脱だ、と言われています。しかし、今、科学革命の中核ともいうべきニュートンの物理学は、神のようなものを前提にしなくては成り立たない、ということを説明してきました。

けれども、繰り返しますが、ニュートン物理学は、神のいない機械論的な宇宙を提起した、という根強い常識もあります。たとえば、科学史家の村上陽一郎は、聖俗革命ということを提案しました。科学革命とともに聖俗革命が起きていたのだ、と。[*10] これは、近代科学が、宗教的な世界からの脱却だった、という感覚に忠実な記述です。

近代科学と宗教（キリスト教）との間の、このあいまいな関係について、私は、あることを連想します。それは、ジジェクらラカン派の精神分析学にコミットしている人たちの間で伝えられている、ある伝説的な精神病者の話です。[*11] ほんとうにそういう精神病者がいたのかどうか、それは、私にはわかりませんが、理論上は十分にありうることです。

その精神病者は、自分が何かの穀物のタネである、という妄想をもっている。精神科医は、その患者を入院させ、長時間かけて説得し、ついに、その彼に、自分はタネではなく人間である、ということを納得させることに成功します。妄想がなくなり、晴れて退院ということになるのですが、病院を出るとすぐに、その患者は、恐怖のあまり顔を真っ青にして、病院に走り帰ってきました。どうしたんだ、と医者が尋ねると、彼は、「外に鶏がいた」と言うわけです。医者が、「しかし君はもう自分がタネではなく、人間だということがわかっているではないか。鶏を恐れることはない」と言うと、その精神病者はこう反論する。「私はわかっています。しかし、鶏がわかっているでしょうか？」

この人物は妄想から解放されたのでしょうか。もちろん、解放されていない。彼は、妄想をまるごと、鶏に投射したのです。そして、鶏に対して現れている世界を生きている。つまり、鶏が信じていると想定している世界を前提に、彼は生きているわけです。同時に、鶏に妄想を投射してしまうと、一見、精神病者自身は、もう妄想をもっていないように見える、ということも興味深いところです。

これで何を言いたいのか。科学革命の中で生まれたニュートン物理学は、この「鶏はわかってはいない」と思っている精神病者のようなものです。「妄想」が、端緒に置かれた神のようなものにすべて、投射されているのです。すると、一見、神学的な妄想から解放されたように見える。つまり、機械論的な自然の像が得られます。しかし、あの精神病者がほんとうは妄想から自由になっていなかったように、ニュートン物理学も、宗教から自由にはなっていないのです。

ついでに付け加えておけば、次のような対応が成り立つことになります。先ほど、中世の宇宙は、事物たちの間の共感と反発のネットワークとして描かれていた、と言いました。これが、精神病者が、「私はタネだ」と自分自身で思っている段階に、対応させることができます。その妄想は、やがて鶏に投射され、自分自身に直接的に帰属するものではなくなる。同様に、ニュートンの段階になると、自然に内在する事物の間には、もはや反感と共感はない。それは、遠く離れた物同士の間に力を作用させる抽象的な神（のようなもの）――いわば世界に外在する神――にすべて投射されるからです。

2-7 抽象的労働力と物理学の「力」

近代的な自然科学の話題と資本主義という主題とを結びつけるための補助線を、もうひとつ引いておきます。ニュートンの物理学が発明したものとしてはっきり言えるのは、抽象的な「力」の概念です。任意の物体の間に、同じ抽象的な「力」が作用している、というわけです。物体の間の具体的な相互作用は、多様であるはずです。しかし、そうした相互作用の多様性を貫通して、同じ「力」が作用している、と考えられるようになった。

ここで、前章で述べた抽象的労働力を連想するのではありませんか。労働のあり方は、さまざまです。しかし、商品の交換価値は、同じ抽象的労働の産物と見なされる。これと、さまざまな相互作用に貫通している物理的な世界における「力」とは似ている。

「抽象的労働」は、さまざまな具体的労働を観察し、それを観念的に一般化して得られる概念というわけではない……前章でこのように強調しておきました。抽象的労働という観念が出てくるためには、市場経済の十分な拡大と浸透が必要になります。多様な（ほとんど）すべての物が、潜在的には商品であり、それゆえ交換価値をもつということが自明になっていなくてはなりません。すべての物が、同じ貨幣（一般的等価物）と交換可能であるとすれば、それらの物には共通の「本質」があるはずです。その本質こそが、交換価値です。そして、その交換価値の根拠として想定されるのが、抽象的労働でした。抽象的労働がどれだけ――どれだけの時間――、その商品に投下されているのか、と。ほんとうは、市場における交換という社会的な過程が、抽象的労働（力）なるものの存在を想定させているのですが、人々の意識には、逆転して見える。抽象的労働なるものがまずあって、それが交換価値をもつ商品というかたちで外化されるのだ、と。

私は、ここで思い切って、次のような仮説を立てたくなるわけです。物の間の具体的な相互作用は多様です。相互作用があるというのは、要するに、運動に変化が与えられる、ということです。加速させたり、減速させたり、と。そのような運動の変化をすべて、同一の力なるものの作用の結果だと解釈する。このように見えるためには、やはり、人々の生活の中に、市場経済が深く入り込み、すべての交換を通じて、任意の物を、共通の抽象的労働の外化されたものと見ることが自然になっていなくてはならないのではあるまいか、と。[*12]

物理学者（ニュートン）が、市場経済を観察し、そこからの類推によって力の概念を導き出した、と言っているのではありません。そこはまちがってはなりません。しかし、人間がただ賢くなって、抽象的な「力」という概念を獲得したわけでもない。そのような抽象的な実体を想定することが、ごく自然に感じられる日常的な体験があったはずです。当事者は自覚していないですが。

その体験こそが、貨幣という同一の事物によって、なんでも買うことができる、ということではないでしょうか。資本主義的な市場が社会生活に一定以上に浸透しているという事実があって、はじめて、科学革命の「力」の概念にも現実味が宿るのではないか。知識社会学的に分析してみれば、こんな仮説が提起できます。

3　増殖する知

3-1　剰余知識

さて、近代科学が、資本主義の論理に規定された言説のシステムになっているということ、このことを示していきましょう。

まず、注目しなくてはならないことは、近代科学の根本的な特徴です。それは、知の蓄積性にあります。近代科学の知は、それ以前の知の体系、あるいは西洋以外の文明圏において生まれた知の体系にはない、特別な性質が備わっています。知をどこまでも無限に積み重ねていこうとする強いドライブこそ、その性質です。

もちろん、近代科学以前にも、人間は、新しい知見を獲得するとか、それまでの認識を改めるということは、いくらでもありました。しかし、近代科学以前は、このような蓄積や変化はきわめて緩慢だったのです。それに対して、近代的な意味での科学においては、知の蓄積の速度は圧倒的に上昇しました。というより、近代科学において、知は常に持続的に蓄積されている。蓄積が進捗していない瞬間は、ないのです。近代科学とそれ以外の知との間に、どうしてこのような違いが出るのでしょうか。直接の原因は、科学の知が、自らを増殖させなくてはならないという使命感、強い当為の意識をもっていることにあります。別の言い方をすると、近代科学は常に、自らを不十分である、という自覚をもっていることになります。

こうした事実を確認すれば、すぐに気づくでしょう。科学が生み出す知と資本主義が生み出す価値との間の類似性に、です。資本は回転と転態を通じて、無限に増殖しようとします。資本は、その運動を通じて、剰余価値を生み出します。これと類比させるならば、科学は、常に剰余知識（新知見）を生み出している、と見なすことができます。

科学と資本主義との間に、密接なつながりがあることは、つまり資本主義は科学的な知を積極的に活用することによって成功していることは、誰でも知っていることです。科学的な知見を利用して、イノベーションがなされています。しかし、私が今ここで主題にしていることは、そういうことではありません。資本主義的な（価値＝商品の）生産様式と科学的な知の生産様式の間に、同じような形式、同じような衝動が共有されているように見える、ということです。資本はそれ自体、剰余価値の産物であり、そしてさらなる剰余価値を生み続けます。同様に、科学という知は、剰余知識の蓄積であり、さらなる剰余知識を生み出す刺激そのものでもあります。

実のところ、このことは、ジャック・ラカンが1960年代の講義の中ですでに、次のような言い方で指摘しています。

> 私は、デカルト以前の知を、知の前蓄積的段階と呼ぼうと思います。デカルト以降、知は——科学の知は——、知のある特定の生産様式の上に構成されているのです。「社会的」と呼ばれている、実際のところは形而上的な、つまり資本主義と呼ばれている、われわれの構造の本質的な様態と同じ生産様式です。その様態とは資本蓄積のことです。これと同様に、デカルト的主体の（自らを確証する）その存在に対する関係は、知識蓄積の上に基礎づけられています。
>
> デカルト以降は、知とは、知のさらなる増殖に役立ちうるもののことです。そしてここには、真理についての問いとはまったく別の問いがあるのです。[*13]

資本の定義は、「資本の増殖に役立つもの」です。同じように、科学的な知とは、知の増殖に役立つもののすべてです。ここでラカンは、科学革命の時代の知を、とりわけデカルトに代表させています。ここには、後で述べるように、重要な示唆が含まれています。ともあれ、まず確認しておきたいのは次のことです。資本主義における資本蓄積と近代科学における知識蓄積には、時代的にも、そして形式の上でも並行性がある、と。この並行性は、実は、極限までは貫徹していないのですが、まずは、この段階では、両者の類比的な関係に注目しておくことの方が先です。

私たちは、第2章で、剰余価値の生成メカニズムに関して、次のようなことをすでに確認済みです。剰余価値は、交換主体のアイデンティティを評価する価値体系の普遍化を通じて生まれている、と。より包括的で普遍的な未来の価値体系を先取りすることを通じて、剰余価値は生まれているのでした。ところで、近代科学における剰余知識の蓄積、つまり新知見の獲得とは、科学理論の内容の普遍化以外の何ものでもありません。剰余知識の蓄積というのは、普遍的な妥当性へと漸近していく運動でしょう。こう考えると、科学における知の増殖は、経済における資本蓄積と完全な並行性があることがわかります。両者は、同じメカニズムに媒介されているのではないか。そのように推測することができます。考察をもう少し続けましょう。

3-2 「われわれは知らない」

どうして、近代科学だけが、このような特異な性質をもっているのでしょうか。なぜ、他の知の体系には、同じような蓄積性がないのでしょうか。どうして近代科学だけが、知の蓄積段階に入ったのでしょうか。

答えは、近代科学が、厳密には、真理の集合ではない、ということに関係しています。他の知の体系は、自らは真理（の集合）であるという自己主張をともなっています。それらは、自らを「真理」として提示します。しかし近代科学は違います。近代科学という知の体系の中に収められている命題は、真理ではありません。それらは、原理的には、すべて「仮説」です。つまり、真理の、せいぜい候補に過ぎないのです。近代科学の知は、ある時期に「通説」としての評価を得たとしても、またどんなに厳しい検証に耐えてきたとしても、原理的には、いつまでも仮説という地位を返上することができません。それが、「真理」そのものに昇格することはないのです。

そう考えると、今日、皮肉な逆説が通用していることになります。というのも、今日、グローバルなレベルで真理として認められている知は、科学の知だけだからです。つまり、「真理候補（仮説）」に過ぎないという控え目な主張をしている知だけが、グローバルな標準として受け入れられ、自らこそは真理であると豪語してきた他の知は、すべて、ローカルな知の体系と見なされているのです。

ともあれ、近代科学の知の体系は、真理の集合ではありません。このことを、言い換えてみましょう。普通、科学革命は、斬新な発見によって、つまりそれまで知られていなかった思いがけないことを知ったことによってもたらされた、と説明されています。太陽が地球の周りを回っているのではなく、逆に地球が太陽の周りを回っているのだとか、天体の間にも、大地とりんごの間にも等しく働く力があるのだとか、物質はすべて、それ自体は合成できない元素によって構成されているとか、血液は身体の中を循環しているとか、といった事実を知ったことが、科学革命につながった、と。しかし、科学革命を実現したのは、こうした知識（の集まり）ではありません。

そうではなく、――ユヴァル・ノア・ハラリがきわめて明晰に述べているように――近代科学をもたらしたのは、「われわれは知らない」ということの自覚、われわれの無知についての知です。科学革命は、知の革命である以前に、無知（の知）の革命と理解すべきです。[*14] 近代科学が仮説の集合にしかならないのは、それが真理であるかどうかを、私たちが知らないからです。

近代以前の知の伝統はいずれも、この世界において知るに値する重要なこと——有意味な真理——については、すでにすべて知られている、という前提をもっていました。ただし、誰もが知っている、というわけではありません。しかし、「われわれ」の中の誰かが知っているのです。賢者とか、預言者とか、ブッダとか、君子とか、とにかく誰かが、つまり少なくとも一人が大事なことをすべてすでに知っている。その「(少なくとも)一人」が過去の人物であることもあるので、その場合は「知っていた」ということになります。ユダヤ教でも、古代や中世の西洋哲学でも、キリスト教やイスラーム教でも、そして仏教やヒンドゥー教、あるいは儒教でも、この点は変わりません。仮に「私」が知らなかったとしても、その特別な賢者や知者は知っているのです。[*15] そして、賢者や知者が知らないことは、そもそも重要ではないことです。伝統的な知の体系の中では、真理へのアクセスが、権威あるテクスト——古典や聖典——を読むという形式をとるのは、このためです。テクストには、その特権的な賢者が知っていること、知っていたことが書かれているわけです。このような前提であれば、原理的には、(本質的な)知は増殖しない——いや増殖してはならないはずです。

近代科学においては、この前提が否定されています。そこでは、まったく別の前提が採用されているのです。われわれは(未だ)知らない、と。(知るべきすべてを)知っている人は、誰もいないのです。したがって、テクストを読んでも、真理に近づくことはできません。知っている人は、過去にも存在しなかったのですから。この「無知」という条件は、原理的には、決して消えません。そうである以上、知は、必然的に増殖へと駆り立てられることになります。いくら知っても、なお「われわれは未だ(十分に)知らない」という状況が続くからです。とすれば、私たちは、常にどの段階でも「もっと知らなくてはならない」ということになります。

3-3 「知への欲動」はない

しかし、このように考察を進めてくると、あらためて疑問がわいてきませんか。どうして、近代科学のような知が可能だったのでしょうか。なぜ近代科学のような知が求められたのでしょうか。こんな問いを立てているのは、近代科学が、知というものを求めるときの人間の一般的な衝動に著しく反しているように思えるからです。近代科学は、知を成り立たせている精神の仕組みに、根本から反しているように見えるのです。それなのに、それは確かに、16世紀から17世紀にかけて西洋で生まれ、以後そのまま存続し、それだけではなく、今日ではすべての人に承認され、歓迎されています。今ここで述べている疑問のポイントがどこにあるのか、ややわかりにくいかもしれません。もう少し説明を加えましょう。

ここでもまた、ラカンが言っていることを引くと見通しがよくなります。ラカンは、こう言っています。知への欲動のようなものはない、と。人間には、より多くを知りたいという自然で本質的な衝動のようなものが備わっているわけではないのです。むしろ、人間は、(一定以上は)知りたがらないものです。よく、人は好奇心があって、何でも知りたがるものだ、と言いますが、そんなことはありません。教育というものに携わっている人は、日頃から苦労していることだと思いますが、学生に、さらに知りたいという気持ちを起こさせるのは、かなり難しいものです。今私もまさに、皆さんに、さらに知りたい、まだ探究が終わっていないという思いをもってもらうために努力しているところです。

知への無限の欲望のようなものはありません。確かにときには、「知らない」という状態に耐えることは難しい。自分が「（重要なことを）知らない」ということを自覚しているときには、その知らないという状態に耐え続けることは困難です。なぜ知りたいかと言えば、不安だからです。自分と世界との基本的な関係が何であるかを知らなければ、人は不安です。私は、この世界の中に安全に存在しているのでしょうか。私は、この世界において、何者かとして有意味に存在しているのでしょうか。知の体系は、こうした疑問に答えなくてはなりません。

この私の世界内存在についての問いが答えられていれば、あるいは――私自身がそれに直接に答えられなくても――誰かがその答えを知っていると想定できれば、私は安心できます。逆に言えば、誰もその答えをもっていないということは、私にとって、根源的な不安の源泉になるのです。伝統的な知の体系が――先ほど述べたように――、知るに値することはすでにすべて（誰かに）知られているという前提をもっているのはこのためです。その「知るに値すること」から、私の世界内存在についての基本的な疑問への答えは見出されるはずです。

だからこそ、人は、それ以上は知りたがらないのです。何らかの実利的な目的がなければ、人間は、それを――知るに値するすべてのことを――超えて、なお知ろうとはしません。むしろ、それを逸脱する知を拒絶する。そのような知が存在しているということ自体を、人は否認します。なぜなら、「それ」を超えてあえて知ろうとすること自体が、「われわれは自らの世界内存在を確証する上で知るべきことを未だ知っていない」と認めることを意味しており、それゆえ、今しがた述べた根源的な不安が蒸し返されることになるからです。

こういう理由があって、人は無限の知への欲動などもたないものです。それどころか、（ある一定のレベルを超えて）知ることを、人間は拒否する傾向があります。

なぜこんな話をしているのかというと、近代科学という現象がいかにふしぎなことなのかをわかってもらうためです。ある意味、近代科学は、人間の自然な性質に反しているとさえ言えます。なぜなら、近代科学は、絶えず、われわれが無知であるということを、われわれが世界について未だ基本的なことを知らないということを、自覚させようとする知だからです。それは、人間が知の体系を要請したときの基本的な動機に真っ向から対立している、とさえ言えます。近代科学はむしろ、不安をかきたてているのです。とすると、どうしても問わないわけにはいきません。どうして、こんな知が出現し、成立したのか。このことを説明するためには、近代科学以前の段階に遡ってみる必要があります。

4　経験をまったく信じていないのに……

4-1　認識と経験の分離

私たちは、普通、経験を真理の認識の源泉だと考えています。とりわけ、近代の自然科学は、経験を通じて、真理の認識を得ています。しかし、ジョルジョ・アガンベンによると、「認識から分離された経験という観念」は、近代科学が誕生する前までは一般的なものでした。[*16] つまり、西洋の中世では、「経験」と「科学（近代科学以前の科学）」は、互いにまったく独立のものだったのです。そもそも、経験と科学は、中世においては、別の主体に担われていました。

経験の主体は、「共通感覚」です。諸個人の中に存在している共通感覚。中世の神学は、なぜか、キリスト教とは関係がないアリストテレスに主に依拠しています。アリストテレスは、共通感覚のことを「判断の原理」だとしています。また中世の「心理学（のようなもの）」では、共通感覚のことを、vis aestimativa（ウィース・アエスティマーティウァ）と呼んでいるのですが、これは「判断力」という意味です。

それに対して、科学（真理の認識）の主体は、ギリシア語で「nous（ヌース）」と呼ばれたり、あるいは「能動的知性」と呼ばれたりしました。（能動的）知性は、経験からは完全に分離されています。なにしろ、（能動的）知性は、苦痛を感じることさえない、とされているのですから。ですから、ほんとうに厳密に考えれば、（能動的）知性は、神にだけ帰属している能力です。しかし、実際には、もっと緩く考え、神から恩寵を受けた特別な者には、知性の働きが備わっていると考えられたわけです。[*17] 前節で、近代以前の知の伝統においては、知るべきことはすでに（誰かに）知られている、ということを述べました。このときの「知られていること」とは、もちろん、この「（前近代の）科学」のことであって、「共通感覚」のことではありません。

知性と経験との相違を、アガンベンの議論に基づいて、少し説明しておきます。[*18] 両者の関係については、古代末期から中世にかけて、主としてアリストテレスの解釈者たちの論争を通じて明らかにされていきました。知性（ヌース）と霊魂（プシュケー）は、つまり「真理を認識する主体」と

「経験の主体」は、古代思想にとっては別のものでした。中世思想にとっても、少なくともトマス・アクィナスまでは、両者は同じものではありません。これは、現代の私たちにとっては、ちょっとわかりにくい部分です。私たちの常識では、知性というのは、霊魂（心）のさまざまな能力のひとつでしょう。霊魂には、感じたり、意志をもったり、とさまざまな能力があり、知性もその中のひとつでしかない。人によっては、知性は、霊魂に属するたくさんの能力の中で、最も高級なものだと考えたりするわけですが、それにしても、霊魂に属しているさまざまな能力のひとつです。しかし、西洋の古代・中世の思想では、そうは考えられていなかった。知性は霊魂に属してはいないのです。

アリストテレスは、知性をこう定義しています。「分離していて、混ざり合ってはおらず、苦悩する〔受苦する〕こともない」[*19]（『霊魂論』第三巻五章）と。たとえば、古代ギリシアの詩人アイスキュロスの傑作のひとつ『オレステイア』に、「人智」という語が出てきますが、これは知性ではないのでしょうか。知性ではないのですね。『オレステイア』は、トロイア戦争の英雄アガメムノン王が、その妻と愛人によって暗殺されたことに対して、王の子オレステスとその姉エレクトラが復讐する話ですが、アガメムノンにも問題があり、いわばナレーションにあたるコロス（合唱隊）が、アガメムノンの傲慢（ヒュブリス）を批判します。その批判の中に「人智」という語が出てきます。人智について、「パティ・マトス（悩みによって学ぶこと）」であり、人間は、悩みを通じて、また悩んだ後ではじめて学ぶのだ、と。するとすぐにわかりますね。人智は知性ではない、と。知性は、悩んだりしないのですから。

いったい、知性と霊魂（経験）は、どの点で最も異なっているのでしょうか。結論を言えば、両者の差異は、「一と多」の関係なのです。『オレステイア』のコロスが語るように、経験（人智）は、不確実であり、結論を予見することができず、したがって、揺らぎや（個人の間の）多様性をもちます。それに対して、知性（神智）が認識する真理は、いろいろあるというわけにはいかず、絶対に単一でなくてはなりません。この「一と多」という対比は、「叡智的なものと可感的なもの」「神的なものと人的なもの」という対比と並行性があります。すると、気づかれるでしょう。これが近代にいたって、カントの「物自体と現象」の区別になるのです。

知性と経験、神智と人智の分離が明白になるのは、受苦の中の受苦、究極の苦悩ともいうべき死との関係においてです。死こそは、両者の境界線です。経験は死に近づくことはできますが、死に到達することはできません。要するに、死そのものを経験することはできません。だからこそ、16世紀の末期のことですが、モンテーニュは『エセー』で、経験の最終目的は、死への接近であると書いているわけです。死と合体することはできないけれども、死に近づくことはできる。死に迫り、死に馴れ親しむこと、死から疎遠さを取り除くことをモンテーニュは勧めています。[*20] それに対して、知性には、死という限界は存在しません。つまり、知性にとっては、到達できない地点というものはないわけです。

4-2　認識と経験のひとつの主体

通説的には、近代科学がもたらした革新のポイントは、「権威」よりも「経験」を重んじたことにある、とされています。言い換えれば、近代科学は、中世までの「言葉（聖なるテクスト）による論証」を、「事物による論証」に置き換えた、解釈ではなく観察や実験を重視した、というわけです。

まるっきりまちがっているとは言いませんが、しかし、重要なニュアンスが欠けています。通説のように見たときには、たとえば、宗教改革と科学革命がどうして親和性が高いのか、ということが理解できなくなってしまいます。私たちは、現在、宗教と科学は対立していると思っているので、宗教改革と科学革命は、正反対の動きだと思いたくなりますが、そんなことはありません。まず、時代的にも両者は連続していて、半分くらいは重なっています。宗教改革の中心は16世紀ですが、17世紀もまだ続いていますし、科学革命の中心は17世紀だとはいえ、16世紀には始まっている。そして何より、科学革命の担い手たちは、プロテスタントであったり、プロテスタントにかなり近い考え方をもっている人たちに多いのです。しかも、宗教改革こそ、「聖なるテクストに帰れ」という運動だったわけです。とすると、通説では、科学革命と宗教改革との間の関係が見えなくなってしまいます。

実際には、こう考えるべきです。「言葉による（解釈による）論証」と「事物による（実験による）論証」とは、必ずしも対立しないのだ、と。ここで、ガリレイが言っていたことを参照してみるとよい。ガリレイは、もちろん、科学革命の流れの中で最も重要な人物のひとりです。彼は、科学とは、「宇宙というわれわれの眼前に常に開かれた偉大な書物」を読むことだ、という趣旨のことを述べています。ガリレイにとって、宇宙や自然は、それ自体、やはりテクストなのです。それは、通常の文字（ラテン語）で書かれたテクスト以上に権威ある真正なテクストであって、実験したり、観察したりすることは、その「聖なるテクスト以上の聖なるテクスト」を解釈することだった、ということになります。とすれば、近代科学の「事物による論証」もまた、本来は、一種の「言葉による論証」だったわけです。

それならば、近代科学の新しさは、どこに求めるべきなのでしょうか。それは、――アガンベンが述べているように――、認識と経験を単一の主体に結びつけたことにあるのです。[*21] 先ほど述べたように、かつては、経験は各人に内在する共通感覚に、そして、（真理の）認識は、ヌース（あるいは能動的知性）に、それぞれ担われていました。しかし、近代科学においては、経験と認識は、同じひとつの主体に担われている。その「同じひとつの主体」とは何でしょうか。

その答えを最もはっきりと示してくれるのが、デカルトです。デカルトのいわゆる「方法的懐疑」では、経験の確実性についてあれこれと吟味されます。そして、真理の確実性の根拠として、コギト（我思う）に到達するわけです。この思考している私とは何か。それは「意識」です。「意識」こそは、経験と認識の両方が帰せられる主体です。

ここで、前章の最後に述べたことを思い起こしてほしいと思います。ヘーゲルの「精神」や「概念」を、カントの「超越論的統覚」を経由させて源流にまで遡ると、「コギト」があります。ヘーゲルのダイナミックに運動する「精神」、（実体であることを超えて）主体でもあるとされた「精神」は、明白に、「資本」という現象の哲学的な表現です。そして、その原点には、「コギト」があるわけです。つまるところ、コギトは、ある意味、資本の哲学版です。そして、そのコギト＝意識こそが、近代科学を生み出したといっても過言ではありません。

4-3　経験を信じられないのだが……

何度も述べたように、かつては、経験は不確実であり、真理を認識する知性とは別の場所、別の主体に帰せられていました。しかし、科学革命を通じて、知性との間にあった壁が取り払われ、経験が、真理の認識のための補助として位置づけられるようになりました。すると、当然、こう考えたくなります。「経験」なるものへの信頼が高まったのだ、と。以前には誤りの源泉だと見なされていた経験が、今では逆転して、確実性をもっていると、信じられるようになったのだ、と。

実際、たいていの教科書には、このように書かれています。しかし、この通説的な解釈では説明できないことがあるのです。たとえば、フランシス・ベーコン。帰納法と結びつけられているこの哲学者こそ、経験に重い信を置いた科学革命の時代の申し子のように言われています。なにしろ、帰納法というのは、経験から自然の一般法則を導き出すことなのですから。しかし、ベーコンは、『ノーヴム・オルガヌム』（1620）の中で、経験は「ばらばらになったほうきのようなもの」である、と言ったり、経験を「森」や「迷宮」に喩えたりしているのです。つまり、ベーコンは、経験を、真理の源泉どころか逆に、人を誤らせるものと考えているのです。

この事実も視野に入れた上で、アガンベンは、通説とは真逆のことを主張しています。「近代科学は伝統的に理解されてきた意味での経験にたいする先例のない不信から生じているのであった[*22]」。私たちは、今、帰納法の信奉者であったベーコンでさえも、経験に対して不信感をもっていたということを見たわけですが、ベーコンよりもずっとあからさまな、そして誰もが知っている実例が、ベーコンの同時代にあります。それは、もう何度も登場しているデカルトですね。デカルトの方法的懐疑のことを思い出してください。それは、とてつもなく徹底した経験への疑い、経験への不信の表現です。デカルトは、人間の感覚をあざむくことを専門とする邪霊がいるかもしれない、などという突飛な仮説まで出しながら、私たちが経験を通じて見ていることは錯覚ではないだろうか、とあれこれ疑っているわけです。

ですから、近代科学が出現した背景にあるのは、経験への素朴な信頼とはほど遠いことです。むしろ、それまでにはなかった徹底ぶりで、経験に対して疑いの目が向けられているわけです。しかし、そうすると、先ほど述べたこととの関連がさっぱりわからなくなります。つまり、近代科学は、聖なるテクストからではなく、まさに経験から、ある認識が真理であるという確証を得てきたわけです。聖書にどう書いてあるかということではなく、経験だけが、あることが真理かどうかの判定基準になります。このことと、経験への強い不信。まったく矛盾しているように見えます。両者の関係はどうなっているのでしょうか。

実は、近代科学によって活用されるとき、経験は、経験の本質と言いましょうか、経験の経験たるゆえん、経験の中の「経験性」を抜き取られているのです。「経験性」を取り去った経験とは何か。それは、「実験」です。近代科学があてにしている経験というのは、「実験」になった経験です。どんな経験でもかまわない、というわけではないのです。

どうして、実験が、経験から「経験の経験たるゆえん」を引いたものだ、ということになるのか。実験に転化するということは、感覚的・主観的な印象を、客観的に確認可能な量的な基準に置き換え、できる限り未来の印象を予見可能なものにすることでもあります。[*23] 先ほど述べましたが、経験の本質は、個人ごとの多様性にあります。近代科学以前の知が、経験を通じては真理に到達できないと思っていたのも、この多様性のゆえでした。経験は、共通感覚を担い手としているのですが、その共通性は、一定の範囲を超えないし、個人間の厳密な同一性もありません。「実験」が何をやっていたかといえば、この経験における「多」という契機をできるだけ小さくし、できることならなくしてしまおう、ということなのです。実験とは、経験を構成している要素をできるだけ道具や数字に置き換えてしまうことで、「誰が実施しても同じ」という状況にすることです。科学者が使う言葉で言えば、実験には、厳密な「再現性」があるのです。人間の本来の経験には、苦悩――死への接近――というものが必ずともなう。しかし、実験には、苦悩もなければ、その極限としての死もありません。

どうして、実験が要請されたのか。それは、経験としての経験が、まったく信頼されていなかったからです。生(なま)の経験は、真理とはまったく対応していない。それは、はかなく不確実なものです。経験から真理に到達するためには、経験から経験らしさを消し去り、それを実験に仕立て上げる必要があったのです。

4-4 "common"の地位の逆転

このように、近代科学の原点には、通説に反して、経験への不信があります。経験性(経験の経験たる所以)を否定するような経験(実験)を、科学は、自身の真理性を保証するために活用しているのですから。ところで、次章で論ずる「小説」――近代的な意味での小説――もまた、経験をめぐる不安に直面します。ただし、小説の対応の仕方は、科学とは対照的です。小説の場合は、むしろ、経験の「経験性」を強調するようなかたちで対応します。つまり、小説は、個人の経験の特異性、あるいは集合的に見たときの経験の質的な多様性を強調する。いずれにせよ、「小説」についての議論は、次章です。ここでは、近代科学について、もう少し考えます。

近代科学は、「経験を信頼していないのに、経験に頼る」という矛盾をベースにもっています。近代科学にとって、真理であることの保証は、より多くの――というか理念上は可能なすべての――個人の経験に対して「同じもの」として現れている、ということから与えられるわけです。科学革命より前は、真理は、特別な人にしかアクセスできないものでした。西洋だけではありません。近代科学が、標準的な「真理」として受け入れられる前は、どこの文明においても、真理へのアクセスを可能にするのは、カリスマ的な能力のようなものであって、それがあるのは、特権的・例外的な人でした。しかし、今では違います。多くの人が、理想的にはすべての人が、原理的には、真理にアクセスできる、と見なされるようになったわけです。

そのことが、とりわけわかりやすいかたちで現れているのは、――村上陽一郎が指摘している事実なのですが――科学革命を経由したことで、英語の“common（共通の、共同の）”という語に、きわめて顕著な「地位」の変化のようなものが生じたということです。[*24] “common sense”などと言うときの“common”です。科学革命以前は、この語は、「卑俗な」「平凡な」といった否定的な含みをもつ語でした。しかし、科学革命の後には、この語は、文化や政治の領域で、はっきりと肯定的な意味で使われるようになります。たとえば、〝common science〟〝common wealth〟といった語において、〝common〟は明らかによい意味で使われている。とても身分が低かったのに、突然、上流の階層に入れてもらった、というわけです。

語の地位の逆転は、common であるということが、「科学的真理」との間にもった関係に変化が生じたことを反映しています。中世までは、common であるということは、真理から隔てられていることの証拠でした。先ほどアリストテレスに言及しながら使った語をここでもう一度思い起こせば、common という性質は、「知性」ではなく、「霊魂」の側に属していたわけです。それに対して、科学革命以降は逆です。ある経験が、common であること、つまり経験されたことがらが多くの人に共通であったり、共有されたりしているということは、それが真理であることを強く示唆しています。経験が common であることは、真理の——十分条件ではないですが——必要条件です。たとえば誰か特定の人にだけ見えたり、聞こえたりするとしたら、それは幻覚や幻聴だとして、真理とは見なされないでしょう。

4-5　真理の内容的普遍化と社会的普遍化

すると、次のように言うことができます。近代科学においては、そこで言明されていることの意味の内容的な普遍性（普遍化）とその意味の社会的な帰属についての普遍性（普遍化）とが、ポジティヴな相関関係にあるのだ、と。ややわかりにくい表現になりましたが、かみくだいて説明すれば、今述べたことの言い換えであって、簡単なことです。

真理は、定義上、普遍的な妥当性をもちます（内容面での普遍性）。しかしかつては、真理に誰もがアクセスできたわけではないのですから、その真理の認識の社会的帰属――誰に対してその真理が現れているのか――という点では、普遍性はなかった。特殊な一部の人にしか、その真理は認識されていなかったわけです。

けれども、近代科学の真理はそうではありません。理念上は、誰にも認識可能です。だから、今述べてきたように、科学的真理は、commonであるわけです。だから、真理の内容的な普遍性とその認識の社会的帰属についての普遍性とが、近代科学においては、ポジティヴに相関します。

ここで、前の章で、剰余価値がいかにして生まれるのか、その原理との関係で述べたことを思い起こしてください。資本主義は、その中で商品を売ったり買ったりして活動する個人のアイデンティティを普遍化しようとする衝動とともにある、と論じました。この場合の普遍化とは、そのアイデンティティを承認してくれる人々の集合が、つまりその社会的範囲がより包括的になる、ということです。たとえば、自分が市場に提供した商品が売れ、剰余価値が獲得されるということは、その商品への承認を媒介にして、その商品の提供者のアイデンティティが承認され、他の人々に先駆けて――いわば未来を先取りするようなかたちで――アイデンティティの普遍化に成功した、ということを意味しているわけです。

ところで、今、私たちは近代科学に関して、真理の社会的普遍化が生じている、ということを説明してきました。するとすぐに気づくでしょう。剰余価値の獲得を目指して、市場で起きていたことと、同じ形式のメカニズムが働いているということに、です。新しい商品が提供され、それが流行するという現象と真理の探究とは、社会の異なる領域で生じていることです。両者の果たしている社会的な機能は異なっていて、一方は、経済システムに、他方は、科学システムに属している。しかし、どんな機能を果たしているか（どんな社会的必要を満たしているか）という内容を離れ、その機能を果たすときに作用しているメカニズムの形式に注目すると、両者は共通しているのです。

5　知の階級的な分布

5-1　智恵と技術知

近代科学と資本とはよく似ている、と述べてきました。資本は、回転しながら剰余価値を生み出し、増殖していきます。近代科学も、「剰余知識」をもたらしながら、知識を増殖させていきます。今度は、資本主義とともに誕生した知識としての近代科学を、資本主義という社会システムに固有の「階級構成」との関係で見ておきましょう。するともう一度、私たちは、近代科学の知が、それ以前の知とはずいぶん性質の違ったものだということを確認することになります。

真理を目指す知というものは、伝統的には――ということは資本主義の登場より前には、という意味ですが――、大きく分けると二種類ありました。「技術知」と「智恵」です。[*25] 智恵は、宇宙の諸事象の本質に関する知です。それに対して、技術知は、共同体の、それぞれの実用的・機能的な必要に応じる専門的な知です。前節で、前近代にあっては「知るべきことはすべてすでに知られている」という前提があったということを述べましたが、このときに念頭にあるのは、智恵の方です。

智恵とは別に技術知があるのです。ここで注目したいことは、技術知と智恵とは、異なる社会階層に担われていた、ということです。別の言い方をすれば、主として成層的な社会システムにおいて、知識のこうした分割が生じます。

まず、技術知です。それを所有しているのは、奴隷とか従者、つまり階層的には下位に属する者たちです。では、上位の階層、支配階層は、技術知と無縁なのか、と言えば、そうではありません。主人は技術知をもってはいませんが、その使用を命じることができます。たとえば農民は、小麦の育て方を知っており、職人は、道具の作り方や修繕の仕方、使用法を知っていたり、城壁の造り方を知っていたりする。彼らは「常に」ではありませんが、しばしば、主人や領主の命令にしたがって、これらの技術知を活用します。

先ほど、伝統的な知の体系においては、絶えざる蓄積は原則的には生じない、という趣旨のことを述べました。こうした記述が成り立つのは、智恵の方です。技術知に関しては、こうした認識はあたりません。特定の実用的な目的をより効率的に達成できるように、新たな技術知が積み重なっていくわけです。もっとも、知の蓄積や改変は、資本主義とともに始まった知の変化を知っている私たちから見ると、きわめて緩慢にしか進まない、ということも付け加えておきます。

古代や中世において、智恵は、技術知とは正反対の位置にある階層に担われていました。智恵は、ときには――「常に」ではなくときには、ということですが――秘儀的な加入儀礼を通過した者に対して、師である賢者から伝授されたりしました。いずれにせよ、智恵は、技術知とは対照的に、高い階層の者に、つまり主人や君主、あるいは聖職者に属していました。

彼らの目には、さまざまな分野の専門的な技術知は、とりたてて気にとめる必要のない低級な知に見えており、低い階層の者に委ねておけばよかったのです。しかし、それで、社会システムの秩序は維持できたのでしょうか。技術知は、生きる上では不可欠な知識です。その知識を低い従属的な階層の者たちに所有されているということが、支配的な階層にとって脅威にならなかったのでしょうか。脅威にならなかったのです。なぜかと言うと、低い階層にいる者たちも、支配者や聖職者が「肝心なこと」を知っているという事実に、精神的に依存していたからです。つまり、支配者や聖職者が、彼らの代わりに智恵を所有してくれているがゆえに、彼らは、安心して生活できたのです。技術知の活用の前提にもなるような、世界に対する基本的な信頼のようなものをもたらす智恵が、しかるべき人によって所有されているということが、安心感の源泉になりました。

5-2 「知は力なり」——資本主義とともに

しかし、資本主義とともにある近代科学の場合は、階級に関する事情が一変します。生産過程の技術をめぐる科学的基礎に関わる知識、あるいは生産過程の分業を組織する上で必要な知識、こうした知識は、古代・中世の智恵と同じく、支配する側にあります。つまり上位の階級である資本家の側にあります。これらの知識は、資本家の側の利益にそって使われますから、階級闘争という観点をあえて導入すれば、労働者にとっては敵対的なものだ、ということになります。

さて、ここで次のようなことを考えてみてください。近代的な科学においては、たえず剰余知識が生み出されている、と述べました。その剰余は、どこから出てくるのでしょうか。経済的な剰余価値がどのように発生するのか、そのメカニズムについては、前章で、かなりこみいったことを論じましたが、そのことを、いまちょっとカッコに入れて、通説といいますか、マルクスの『資本論』での説明に戻りますと、剰余価値は、労働者の抽象的労働から生まれるわけです。近代科学の剰余知識についても、経済的な剰余価値と似たところがあります。つまり、剰余知識の原点は、典型的には、労働者の技術知とか、労働者が追求しているノウハウからやってくるわけです。断片的な技術知やノウハウが、科学の体系的な知の中で総合され、背後にある原理や法則が見出されるわけです。この事実を考慮に入れると、近代以前の知の伝統とはまったく違う状況が出現していることに気づきます。

伝統的には、智恵と技術知との間には交流はなく、先ほど述べたように、それぞれは、異なる社会的階層を担い手としていました。しかし、資本主義においては事情が異なっています。「智恵」の伝統を引き継いでいる近代科学と、技術知の近現代的な形態であるテクノロジーの間には、相互的な交流があります。この事実は、今では、まったく常識的なことです。

先ほど、少しだけ引用した、フランシス・ベーコンが17世紀初期に著した『ノーヴム・オルガヌム』。この本で最も有名な命題は、「知は力なり」というテーゼです。科学的な知識の価値は、私たちに力を与えうるかどうかで決まる、というのです。ここでいう力とは何でしょうか。力とは、技術的な有用性のことです。

実のところ、西洋においても、15世紀までは、科学（近代科学以前の科学）と技術知は、独立の分野であって、両者が結びつけられるという発想はまったくなかったのです。だから、ベーコンの宣言は、まことに画期的なものでした。現在の私たちにとっては、科学的な知識が技術に役立つのは当たり前ですが、ベーコンの時代には、新しい発想だったのです。17世紀、18世紀と、両者の結びつきはだんだんと深まっていきます。しかし、両者を合わせてほんとうに一つの知の領域のように思い描くことができるようになったのは、やっと19世紀になってからです。

科学と技術知が相互に無関係な異なる源泉に由来していたということは、1800年の段階でも、軍事力を強化しようとする政治家や支配者が、あるいは事業の成功を目指す経営者や資本家が、経済学とか物理学とか生物学とかに投資しようという発想をもってはいなかった、ということからも明らかです。[*26] 今では、考えられないことです。ともあれ、繰り返せば、資本主義においては、科学は、テクノロジーから、「剰余知識」へと結実しうる発見や工夫を引き出し、同時に、新しいテクノロジーの開発に貢献する知を提供しました。このような関係は、伝統的な知においては見られなかった相互援助の関係なのです。ここでは詳しくは述べませんが、実はこの事実は、資本主義より前の社会の成層的秩序と資本主義以降の階級関係との違いに対応しています。

5-3　真理ではなく「真理の候補」

かつての智恵は、技術知と交流することはありませんでした。しかし、「智恵」の末裔であるところの近代科学は、労働者の技術知から剰余知識を引き出すことができます。どうして、前近代の智恵にはなしえなかったことを、近代科学は日常的になしえているのか。ここで、前章で述べたことが答えを与えてくれます。つまり、科学は、真理を導き出すにあたって、「経験」を頼りにしているからです。近代科学以前の「智恵」は、個人の経験を、真理を認識するための助けとは見ていないので、技術知から直接、真理につながるものを引き出すなどということはありえないのです。それに対して、近代科学においては、認識と経験が結びついているわけです。

とすると、ここで、懸案になっているふしぎな逆説に、もう一度、出会うことになります。前節で述べたように、科学革命の時代において支配的な態度は、経験への信頼ではなく、逆に、未だかつてなかったほどの経験への不信でした。ベーコンでさえも、知は力だと謳った同じテクスト『ノーヴム・オルガヌム』で、経験を、ばらばらになったほうきや迷宮、森などに見立てて、経験への不信を露わにしている、というのは先ほど見たばかりです。

デカルトについても、繰り返し確認しておきましょう。デカルトは、ジャック・ラカンが科学革命の時代精神の代表と見なした重要な哲学者だからです。デカルトは、経験のすべての領域をことごとく疑い、ついに私が経験を疑っているということ、疑うことにおいて考えているということ、それ以外には、何一つとして確実なことはない、という地点にまで自分の思索を追い込んでしまいます。これほどまでに経験が疑わしいと見なしているのに、どうして科学は、まさにその経験から知を引き出そうとしているのでしょうか。これは奇妙なことではありませんか。

この逆説は、第3節の最後に述べた疑問の繰り返しです。あるいは、同じ疑問が、強められて帰ってきた、と言ってもよいかもしれません。近代科学の特徴は、われわれはみな無知であるということの自覚にある……私は、先にこのように述べました。どうして、無知を克服できないのかと言えば、経験をいくら積み重ねても、ほんとうは真理には到達できないからです。それなのに、知の源泉は経験しかない。だから、科学の体系は、厳密に言えば、真理ではなく、仮説の集合になる。これもすでに述べたことです。

「仮説」のことを、ポジティヴに、前向き感のある言葉で言い換えれば、「真理の候補」ということになります。しかし、同じことをネガティヴに捉えなおせば、いつまでたってもそこにつきまとう懐疑を払拭できない、ということでもあります。懐疑が消えないから、結局、私たちは「無知」という状態を返上することもできない、ということになります。第3節の最後に、「われわれは無知である」ということを絶えず自覚させる知が、どうして成立したのか、という疑問を提起しておきました。この疑問は、まさに経験への懐疑が極大化しているとき、その経験を根拠にした知として近代科学が成立するのはどうしてなのか、という問いと同じものです。

6　懐疑と信仰

6-1　空白のある世界地図

さて、ユヴァル・ノア・ハラリは、15世紀から16世紀にかけて――つまり宗教改革や科学革命が始まる頃――ヨーロッパ人が奇妙な世界地図を描き始めたことに注目しています。[*27]奇妙なのは、その世界地図には空白部分がある、ということです。そのような地図が、それ以前に描かれたためしはありません。ヨーロッパになかっただけではありません。世界中のどこを探しても、空白をわざと残した世界地図は残されてはいません。かつての世界地図は隙間なく描きこまれていて、地図製

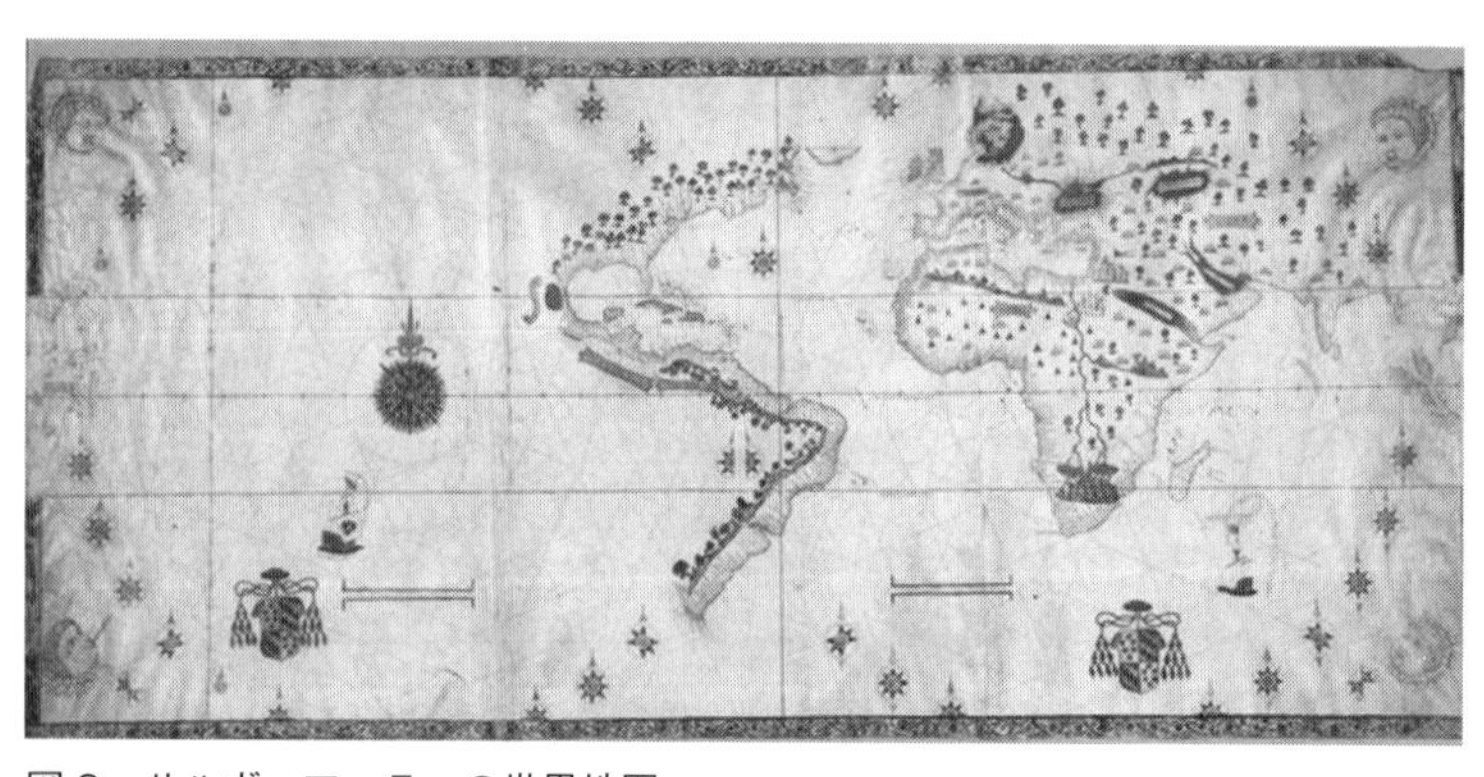

図２　サルヴィアーティの世界地図

作者がほんとうは知らないはずの地域に関しても、勝手に、何かが——もちろん現在の私たちから見れば完全に誤ったことが——、既知の部分と同じ精度で描かれています。

たとえば、15世紀の中頃の、つまり１４５９年のヨーロッパ人の世界地図（フラ・マウロの世界地図）。この地図を見ると、彼らがほとんど何も知らないはずのアフリカ内部の地域も細かく描かれています。これを、それから六十余年後の地図、１５２５年のサルヴィアーティの世界地図と比べてみると、驚かされます（図２）。後者のサルヴィアーティの地図には、空白の部分がたくさん残されているのです。何かが描かれている部分より空白の方が広いのではないか、と思いたくなるほどです。この地図には、新大陸が描かれています。この地図が描かれた頃には、すでに新大陸が発見され、しかも、それが「インド」ではなく、既知のどの大陸にも属さないまさに「新大陸」であるということも認められていたからです。しかし、その新大陸は、南北に細長いＳ字のような陸地であり、その西側（左側）には、地図全体の三分の一よりずっと広い空白があるのです。

この空白のある世界地図は、何を示しているのでしょうか。

まずは、「われわれは未だすべてを知ってはいない」（①）ということです。しかし、これだけではありません。これだけだとしたら、わざわざ「空白」を残したりはしません。「空白」という否定的なものがわざと残されているのはどうしてなのか、が説明されなくてはなりません。「われわれは未だ知らない」に加えて、「われわれ」を構成するどの具体的な個人、どの経験的な人間とも区別された「（すべてを）知っているはずの理念的な主体」、「知っているはずの第三者の審級」が存在することが前提になっているのです。この「知っているはずの第三者の審級」の視線の対象として捉えられている領域（②）がある。②と①の差分（②－①）が、世界地図の空白です。もう一度強調しておきますが、②を捉えている主体は、経験的で具体的な個人とは異なる、理念的なものです。

それに対して、空白のない伝統的な地図は、「われわれの中の誰か」がすでにすべてを知っているという状況、つまりあの賢者の智恵のタイプに属しています。われわれ（の中の誰か）はすでに知るに値することをすべて知っている、ということの表現が、伝統的な地図です。伝統的な地図は、その本性上、空白は許されません。もし空白などあったら、それは地図の――実用的な目的を超えた――本来的な目的が果たせなくなります。実用的な目的というのは、地図の中の特定の地点に行くのに役立つということですが、地図には、それとは別のもっと根源的で本来的な目的があります。「描かれているそこは、私たちが安心してその中で存在することができる世界である」ということを示す機能が、です。もし地図に、穴のような空白があれば、逆に不安を生むことになり、この機能を根底から揺るがすことになったでしょう。

逆に、地図の中に空白を堂々と残すことができるようになったのは、つまりそんな地図を製作し提示しても安心していられるようになったのはどうしてなのか。それは、私たち人間の知が届いてはいない部分までをも視野に収めている、超越的な視点の存在を仮定できているからです。そのような視点があるならば、私たちは空白にひるむことはなくなります。そして、科学が「無知」を恐れなくなったのは、これと同じメカニズムが作用しているからだ、と考えることができます。

6-2 懐疑と信仰の合致

このように論を進めてくると、前章で述べたことに関連づけることが可能になります。前章のどの部分かと言えば、予定説をめぐって述べたことです。

デカルトの懐疑とプロテスタントの信仰はほぼ同時代に属しています。常識的には、懐疑と信仰は互いに否定しあうような関係にあるように思えます。信じるということは、疑わないことであり、疑うということは、信じていないということだ、と。しかし、予定説に即して確認してきたことから、その論理的な含意を十分に引き出すならば、懐疑即信仰、信仰即懐疑とでもいうべき関係に到達します。どういう意味でしょうか。

まず、先に言っておくと、予定説に関して、特定の宗派の――たとえばカルヴァン派の――特定の教義と考えると、狭すぎます。かといって、いろいろな宗派の人が予定説を信じていた、ということでもありません。ただ、宗教改革というものを駆り立てている論理を、理念型として純化すると、予定説になるのです。そのような意味において、予定説は、宗教改革を代表しています。

その予定説を受け入れていれば、「懐疑」は極大になるはずです。なぜなら、神が、「私」を救済する方に予定しているのか、それとも呪う方に予定しているのか、つまり神の国に迎えられるのか、それとも地獄に行くのか、「私」には、そして他の誰にも、絶対にわからないからです。信者である「私」は、自分の行動をどう反省してみても、どのような行動をとったとしても、また内面をいかに精査しようとも、救済の確信が高まるわけでもないし、救済の確率を高めることもできません。たとえば、「私」が、たいへん試験が難しく、競争率の高い大学に入学したいと望んでいて、自分が入学できるかどうか不安で、疑いをもっていたとしましょう。そういうケースであれば、一生懸命勉強すれば、合格する確率を上げることができ、安心感も出てきます。しかし、予定説のもとでは、そんなふうにして、救済と呪いをめぐる懐疑を和らげることが、まったく――ほんのわずかでも――できないのです。

しかし、他方で、――信者たる「私」にとっては――まったく疑いようがなく確実なことがひとつだけあります。神が、「私」に関して、すでに決めてしまっている、ということです。救うのか呪うのかを。なぜなら、神は、知っているから、です。「私」が何を考え、何をするか等、将来のことを含め、私の人生のすべてを。

すると、「私」は、自分が神によって救済される方に定められているということを前提にして行動するほかなくなります。ここが重要なところです。信じれば救われる、からではありません。ここが、浄土宗や浄土真宗とは異なるところです。キリスト教の神は、信じている者を全員救ってくれるわけではありません。特に、予定説の神はそうでしょう。自分が神を信じている、と思っている人のすべてが、救われるわけではない。それでも、信者は、自分が救われる側に選ばれている、と前提にせざるをえないのです。どうしてか。

繰り返しますが、まず、自分が「救われている／呪われている」という排他的な分割のうちのどちらかに入っているということは既定のことで、どちらか定まらない状態にあるということは絶対にない、ということが基本前提でした。その上で、自分は神に救われていない、呪われていると思いつつ、神を信ずることができるか、考えてみてください。それは不可能です。そのような態度は、内的に矛盾しているからです。ゆえに、神を信じている以上は、自分は救済される側に予定されているという前提をとらざるをえなくなります。したがって、信者にとっては、自分が救済されると定められているということは、いわば公理のような前提になります。したがって結局、信者は、救済されていると強く信じているに等しいことになります。このことが、「神は知っている」という設定とセットになって、信者の人生に絶大な影響を及ぼすメカニズムについては、前章で説明しましたから、ここでは再論しません。ここで述べておきたいことは、プロテスタントの予定説にあっては、極大の懐疑と極大の信仰とが共存し、しかも両者がトレードオフの関係にあるのではなく、逆に、互いに互いを前提にしあうような関係になっているということです。

このように、予定説という理念型においては、懐疑と信仰が、その両方の極大値において合致してしまいます。

6-3　理性の不安とその克服

したがって、プロテスタントにおける「信仰」や「回心」と、デカルトが代表するような経験への「懐疑」との間には、通底するものがあるのです。このことを踏まえて、近代科学の方へと立ち戻ってみましょう。私たちの疑問はこうでした。近代科学のような知がどうして可能だったのか。この疑問のポイントは、自分自身が無知であることを絶えず自覚させるような知が成立し、ドミナントなものになるのはふしぎなことだ、ということにあります。また、この疑問は、経験への懐疑が高まる中で、まさに経験を真理の根拠とするような科学が成立するのはどうしてなのか、という問いの言い換えでもあります。

ここで、プロテスタントの論理の理念型的な極限である予定説のフォーマットを、科学の方へと転用してみたら、どうでしょうか。予定説のもとでは、信者は、自分自身が救済されるのかという懐疑を、決して、捨てることはできません。奇妙なことですが、一方では、信者は、自分が救済されることを公理のような前提にせざるをえないのに、他方では、ほんとうに救済されているのかどうかについて確信することができないわけです。懐疑は、いつまでも続きます。厳密に言えば、最後の審判がある終末の日まで続きます。

これは、近代科学を規定している「無知」と似ていませんか。近代科学の中では、私たちは本来的に無知です。いくら知っても、未だに無知のままなのです。すでに知った（と思った）真理も、よく考えれば、ほんとうの真理ではなく、仮説です。つまり、その真理らしきものへの疑いの余地は残っているのです。その上、まだ知らないこともあります。

いつまでも真理には到達できない。いつまでも誤っている可能性が残る。科学的認識につきまとうこのような態度を、哲学的な厳密性において定式化したのが、カントではないか、と思います。

カントの『純粋理性批判』は、私たちに可能な経験を、「現象」の領域に限定しています。つまり、カントは、経験可能な世界から、「物自体」を排除しました。客観的な実在であるところの物自体に到達することが、真理を直接経験することを意味しますが、カントの考えでは、それは原理的にありえないことだ、ということになります。

カントのこのやり方、カントの哲学の用語でいうところの「超越論的」な手法は、二つのことを表現しているように思います。一方には、ここには、やはり真理への強い渇望のようなものがあります。しかし、他方では、真理に出会うことからの逃避のようなものもここには現れています。なぜ、真理との出会いから逃げているのかというと、真理ではないもの（現象）を真理と取り違えてしまうことへの恐れがあるからです。カントは、真理を追いかけつつ、絶対に真理に到達できないことに、哲学的な説明を与えたわけです。述べてきたように、これは、近代科学を成り立たせている態度そのものです。

さて、もう一度、プロテスタントの方に目を向けます。自分が救済される側に予定されているかはわからないし、救済される確率を上げることもできない。そのことは、当然、強い不安の原因になります。どうして、プロテスタントは、そんな不安な状態を生きることができるのか。どうして、彼らは、そんな不安を強いる神を信じるのか。その不安をすべて埋めてなおあまりある確信があるからです。その確信とは何か。神が、まさに神として存在していることへの確信です。「神として」存在しているということは、神が、その超越者にふさわしい「全知」性に基づいて、救済（か呪いか）について決めているということにほかなりません。まとめると、次のように言うことができます。神の（判断の）内容に関しては、人間には不可知で、不確実なために、信者の不安の原因になっているわけですが、神の（知の）存在については、最高度の確実性があり、それゆえに、信者は不安を克服できるのだ、と。

同じことは科学にも言えるのではないでしょうか。無知は不安です。しかし、すべてを（すでに）知っている主体の存在を想定できるとしたらどうでしょうか。その主体が何を知っているかはわかりません。その主体が知っている真理が何であるかは原理的に不可知です。しかし、そのような主体の存在を論理的な前提にできれば、無知の不安を払拭できるのではないでしょうか。予定説を生きるプロテスタントが、不安や懐疑を克服できたように、です。

そして、そのような「（すべてを）知っているはずの超越的な他者」の存在を想定しているとき、人は、積極的に無知にコミットできるのではないでしょうか。つまり、絶えず無知であることを確認するようなかたちで探究を続けられるのではないでしょうか。純粋なプロテスタントは、信じれば信じるほど懐疑と不安が深刻化するのに、それでも、いやそれゆえに信じたのです。これと同じように、科学の探究者は、たえず無知の自覚を反復的に蘇生させることで、剰余知識の生産に従事することになるでしょう。

この、科学的探究を駆り立てている「すべてを知っている主体」とは何か。それは、かつての智恵の賢者のような、どこかにいる具体的な人間ではありません。しかし、予定説の神と完全に同一視してしまえば、その捉え方は、狭すぎます。もっと一般化して捉えておかなくてはなりません。それは、予定説をその一部に含むような抽象的な超越性、この経験的な世界には決して直接、姿を現さず、ただ論理的な前提として措定される、特殊なタイプの、きわめて抽象度の高い「第三者の審級」です。このような第三者の審級を析出する社会的なダイナミズムが、西洋の近世から近代へと至る過程の中で作用したと考えられます。そのダイナミズムの産物のひとつが、予定説を理念型と見なすことができるようなプロテスタンティズムの運動です。近代科学の誕生と発展もまた、同じダイナミズムの産物だと解釈することができるのではないか。

ちなみに、詳しくは説明しませんが、カントの哲学との関連で言えば、この抽象的な超越性の導入と同じ意味をもったのが、『実践理性批判』です。『純粋理性批判』が、理性の不安の表現であるとすれば、『実践理性批判』は、その克服の表現となっているのです。[*28]

6-4 帰納法

近代科学が、経験から真理を導く方法として案出したのが、帰納法 induction です。帰納法を最初に定式化したのは、何度も名前が出てきたフランシス・ベーコンです。帰納法と対になっているのが演繹法 deduction で、こちらは昔からありました。演繹法の逆操作が、帰納法ということになります。

演繹というのは、一般的原理から、論理の規則にしたがって、特殊な原理、特に事実を導くことですね。一般原理が正しければ、必然的に、正しい事実を導くことができます。しかし、これは、一般原理の中にすでに含まれている真理を引き出しているだけなので、新たな真理の発見にはならないわけです。

それに対して、帰納は、経験された事実の集合があって、その事実の間の共通性を見出すことから、一般的な命題や法則を導き出す。これによって、それまで知られていなかった真理が、一般的な命題・法則というかたちで発見される、というわけです。

が、実は、帰納という方法には論点先取的な矛盾があるのです。このことは、私が発見したことではありません。科学哲学者たちが以前から指摘し、批判してきたことです。

帰納法にどんな矛盾があるのか、説明します。帰納するためには、そこから共通性を見出すところの事実や事例の集合があらかじめ指定されていなくてはなりません。しかし、どうやったら集合を指定することができるのか。あるものは集合に入り、あるものは入らない。そのことをどうやって決めるのか。集合を指定するためには、その内部に入るか入らないかを決定する本質的な条件が何であるか、わかっていなければなりません。しかし、その「本質的な条件」こそが、帰納を通じて発見されるべき、集合の諸要素に共通する一般的な性質や法則ではありませんか。つまり、帰納を通じて見出されるべきことが、最初からわかっていなければ、帰納ができない、という循環になってしまいます。これが帰納法の矛盾です。

しかし、帰納法におけるこの矛盾は、のちに——19世紀末頃に——プラグマティズムによって解かれます。「解かれる」というのは、この場合、どういうことかというと、「帰納法」として理解されていたことが、ほんとうは何をやっていたのか、ということがプラグマティズムによって解き明かされた、ということです。「資本主義」とのつながりという点で興味深い論点を含んでいるので、これから、この点について説明します。先に結論めいたことを言っておけば、帰納法の真実、帰納法がほんとうのところ何をやっていたかというと、プラグマティズムの創始者ともいうべきチャールズ・サンダース・パースが「アブダクション abduction」と呼んだものにあたるのです。[*29]

6-5 プラグマティズム

私の考えでは、近代科学において前提にされている態度を、経験の全体に、ルーズに一般化したときに得られる思想が、プラグマティズムです。まさに資本主義の国ともいえるアメリカが、ヨーロッパの先進工業国、つまりイギリスとフランスとほぼ並ぶのは、19世紀の後半です。1880年に、アメリカの工業の生産高は、ついにイギリスを抜いて、第一位になりました。ちょうどその頃、アメリカで生まれたきわめてアメリカ的な哲学、それがプラグマティズムです。それまで、哲学をはじめとする観念的なものは、基本的には、ヨーロッパで生まれ、アメリカはそれに追随してきました。しかし、ちょうど経済的な意味での資本主義においてアメリカが優位にたった頃、哲学などの観念の領域においても、アメリカは新たな震源地となったわけです。

ただ、この哲学は生まれてすぐに、広く知られ、普及したわけではありません。「プラグマティズム」という、この新しい哲学の名前、その内容が人口に膾炙するようになったのは20世紀に入ってからです。ウィリアム・ジェイムズの1906―07年にかけての講演が、普及に大きく貢献しています。[*30] ただ、「プラグマティズム」という語も、その基本的なアイデアも、最初に提起したのはパースの方です(1878)。

プラグマティズムは、どんなことを主張しているのでしょうか。普通は、真理とは、「信念と事実の一致」です。たとえば、私は「日本人は正直者だ」と信じているとして、実際、日本人が正直であれば、それは真理です。「神が存在する」と信じていて、実際にも、神が存在していれば真理です。これが普通の真理論です。ごく当たり前の見方だと思えますが、このように真理を定義すると、真理かどうか決定できない場合がほとんどです。たとえば、ひとりやふたりの日本人の知人が正直だったからといって、「日本人は正直者だ」という命題が真であるとは言えません。神の存在についての信念についてては、もっと真偽の決定が難しい。

こういう伝統的な真理論に対して、プラグマティズムはこう考えます。その信念を前提にした行動が、あなたに有用な結果をもたらすならば、その限りで真理としよう、というわけです。たとえば、「日本人は正直者だ」という前提をもって、日本人の友達をたくさん作ったり、日本人との取引をたくさんしたりした結果、詐欺にあったりすることもなく、楽しいことがたくさんあったり、儲かったりしたとすれば、この信念は、とりあえず真理である、というわけです。すぐにわかるように、これは、厳密な意味での完全な真理ではありません。つまり「実証的真理」ではありません。「限定的真理」です（この表現は、ジェイムズに由来します）。

しかし、考えてみてください。事実上は、限定的真理しか存在しないのです。私たちの社会において最も厳しい真理の基準を課している科学の領域においてすら、真理とされているものは、厳密には仮説――つまり限定的真理――だと言ってきました。つまり、事実上は、限定的真理しかないのです。限定的真理こそ真理のすべてです。

プラグマティズムというのは、近代科学における「実験」を、経験の全体に一般化したものだ、と見なすことができます。あるいは、「実験」を、もともとそれが発祥する基盤である「経験」に帰す、と言った方がよいかもしれません。科学においては、有限の回数の実験をして、不都合が生じなければ、とりあえず、「真理」として認められます。限定的真理です。ところで、先ほど述べたように、「実験」というものは、経験に厳密な統制をかけたものです。その統制をとりはらい、実験を本来の経験の方に戻せば、プラグマティズムになります。日々の経験は、すべて、ルーズな実験だということになります。

6-6　投資と探究、そしてアブダクションとしての予定説

このようにプラグマティズムは、近代科学の態度を生活全般に拡大させたものなのですが、私としては、これが、資本主義の精神の表現にもなっているということを説明しておきたいと思います。そのために、プラグマティズムの話題を導入したのです。

初期のプラグマティズムの運動に最も深くかかわっているのは、すでに名前を出した二人、つまりパースとジェイムズですが、創始者のパースの方がプラグマティズムというものを厳格に捉えているように思います。私が非常に感心したのは、パースによる「探究 inquiry」の定義です。探究とは、懐疑 doubt という刺激によって生じ、信念 belief が得られたときに停止する思考の働きである、と。

したがって、探究という営みは、「懐疑→信念→懐疑→信念→……」という反復です。ここで注意しておきたいことは、こういうことです。懐疑というのは、一般に、人を行動から撤退させるものです。不安だから先に進めなくなるわけです。にもかかわらず、プラグマティズムが行動の原理

になりうるのはどうしてなのか。懐疑が端緒に設定されているにもかかわらず、アクティヴになりうるのはどうしてなのか。それは、懐疑の段階において、すでに信念が先取りされているからです。懐疑があるけれども、それをカッコに入れ、とりあえず信じているかのようにふるまおう、と。

この探究における「懐疑→信念→……」という反復は、資本主義に固有な行動、つまり投資と類比的です。投資するときには、最初に、懐疑があります。たとえば、商品の開発に成功するだろうか、と不安です。そして何より、市場でその商品がほんとうに売れるかどうかについて確証をもてず、疑いがあるわけです。マルクスの表現を使えば、これから自分が市場に送り出す商品は、そこで「命がけの飛躍」に成功するだろうか、と。投資をするということは、しかし、その懐疑を超えて、命がけの飛躍に成功する、と仮定するということです。そして、市場で、いわば貨幣という神によって救済されたとき――実際に売れたとき――、懐疑は信念に変換されます。探究の場合と同じです。しかし、信念はすぐに、資本家を次の冒険へと促します。つまり、信念を得たあと、すぐに、次の懐疑のフェーズに転換するわけです。さらなる投資は成功するだろうか、さらに新しい商品は命がけの飛躍に成功するだろうか、と。そして投資は繰り返されます。探究の場合と同じように。

*

もうひとつ、パースが述べたことで、重要なこと、注目すべきことは、「アブダクション abduction」という推論の方法です。パースは、演繹、帰納に並ぶ三つ目の推論の形式として、ある方法を提案し、きちんと定式化しました。それがアブダクションですが、彼には、探究するときに人がやっていること、探究の実態は、アブダクションであるという（正しい）洞察があったのです。

アブダクションとは何か。ほんとうは、これは誤謬推理です。つまり、厳密な論理としては、やってはいけない、とされている推論の形式です。まず、Pがあり、そして「P→Q（PならばQ）」ということがあったとする。ここから、「Q→P（QならばP）」を結論するのが、アブダクションです。逆は必ずしも真ならず。つまりこれは、論理学などで「後件肯定」と言われる禁じ手です。もちろんパースもそんなことはわかっているわけですが、それをあえて肯定し、積極的な方法として提唱しているわけです。

先ほど、帰納法について説明しました。帰納という方法は、実は、論点先取の矛盾を犯している、と。矛盾しているということは不可能だということです。ならば、科学者が帰納によって結論を出したつもりでいるとき、ほんとうは何をやっているのか。彼らがやっていたことは、アブダクションです。アブダクションこそ、帰納というものの真実の姿です。「演繹と帰納」があったのではなく、「演繹とアブダクション」があるのです。

ここに、私はひとつ意外な論点を付け加えたい。予定説のことです。予定説のもとで信者たちが行っている推論は、実は、アブダクションの形式をとっているのです。どういうことか説明しましょう。Pにあたるものが「救済」です。救済Pということを仮定したとき、救済されるほどの人がとるに違いない行動Qを推論してみる。つまり「P→Q」です。その上で、「Q→P」ということを先取り的に仮定し、結論してしまい、それにそって行動しているのが、予定説を信じているピューリタンです。彼らは、行動Qをとっているならば、自分は救済されるに違いない（P）と結論して行動している。

　ということは、どういうことか。アブダクションは、つまり事実上の「帰納」は、探究という場面における予定説的な行動だ、ということです。念のために言っておきますが、パースが予定説を意識して、こうなっているわけではありません。これは、完全に無意識の類比、無意識の対応です。だからこそ重要です。帰納やアブダクションにおいて、科学者は、神の存在を意識的・明示的に仮定しているわけではない。にもかかわらず、彼らの行動の形式は、予定説の神を前提にしたときと同じになっているわけです。

　予定説的なエートスは、資本主義の精神につながっている。このことを考慮に入れれば、プラグマティズムは、資本主義の精神の、きわめて素直な哲学的な表現です。私の考えでは、デカルトの懐疑をすべて信念に転換すれば、プラグマティズムになります。デカルトは、疑いうるものはすべて疑った。それに対して、プラグマティズムは、疑わずにすむことはすべて信じることにしたわけです。ジェイムズは「信じる意思 will to believe」ということを重視しました。ところで、懐疑と信念は反対物ですから、デカルトとプラグマティズムは対立しているかというと、私の考えは違います。ここでもう一度、特に予定説に即して述べたことを思い起こしてください。強い懐疑は強い信念（信仰）に簡単に反転してしまうのです。その意味で、デカルトの懐疑は、プラグマティズム的な信念へと反転するポテンシャルをもっている。つまり、デカルトの懐疑とプラグマティズムの信念は、まっすぐにつながっているのです。

＊1　ミシェル・フーコー『監獄の誕生』田村俶訳、新潮社、1977年（原著1975年）、236頁。ギュスターヴ・デ・ボーモン、アレクシ・ド・トクヴィル『合衆国の行刑制度、およびそのフランスへの応用』（1833年、未邦訳）からの引用。

＊2　エルンスト・カントーロヴィッチ『王の二つの身体』上・下、小林公訳、ちくま学芸文庫、2003年（原著1957年）。

＊3　フーコー、前掲書、9―11頁。

＊4　ミシェル・フーコー『言葉と物』渡辺一民・佐々木明訳、新潮社、1974年（原著1966年）。

＊5　Dorinda Outram, *The Body and the French Revolution: Sex, Class and Political Culture*, Yale University Press: New Haven and London, 1989.

＊6　ハーバート・バターフィールド『近代科学の誕生』上・下、渡辺正雄訳、講談社学術文庫、1978年（原著1949年）。

＊7　山本義隆『磁力と重力の発見（1・2・3）』みすず書房、2003年。

＊8　同、6頁、502―508頁。

＊9　同、864頁。ニュートン『光学』島尾永康訳、岩波文庫、1983年、327頁。

＊10　村上陽一郎『近代科学と聖俗革命』新曜社、1976年。

＊11　Slavoj Žižek, "Notes towards a politics of Bartleby The Ignorance of Chicken", *Comparative American Studies* Volume 4, 2006-Issue 4. スラヴォイ・ジジェク『ラカンはこう読め！』鈴木晶訳、紀伊國屋書店、2008年（原著2006年）、161頁。

＊12　資本主義的市場の商品形態と自然科学（物理学）の思考形態の間のつながりについては、社会哲学者のアルフレート・ゾーン＝レーテルが興味深い説を唱えている。『精神労働と肉体労働』寺田光雄・水田洋訳、合同出版、1975年（原著1970年）。

＊13 Jacques Lacan, *Le séminaire, livre XII: Problèmes cruciaux pour la psychanalyse*, Leçon22, 09 Juin, 1965. 傍点を付したのは、原文でイタリックになっている箇所。

＊14 ユヴァル・ノア・ハラリ『サピエンス全史』下、柴田裕之訳、河出書房新社、２０１６年（原著２０１１年）、第4部・第14章。ハラリは、ホモ・サピエンスが他の種と比べて圧倒的に成功した理由は何か、を考え、三つの要因をあげている。第一に、象徴を操る能力。第二に、農業（食料生産）。そして第三に、科学である。前の二つは、グローバルな規模で現れたことだが、第三の要因だけは、（まずは）特定の文明の中で出現した。

＊15 賢者や知者や覚者は、私が尋ねれば、それを教えてくれることもあるし、そうでない場合もある。私は、特別な訓練や修行を経なければ、賢者たちのレベルに到達できない、とされる場合もある。いずれにせよ、その知っている誰かは（最も広い意味での）「われわれ」の仲間である、ということが絶対にはずせない要件である。

＊16 ジョルジョ・アガンベン『幼児期と歴史――経験と破壊と歴史の起源』上村忠男訳、岩波書店、２００７年（原著２００１年）、28頁。

＊17 同、28―29頁。

＊18 同、29頁以下。

＊19 アリストテレス『霊魂論』第三巻五章。

＊20 モンテーニュの『エセー』（１５８０年）に次のようにある。「わたしたちは、それ〔死〕と合体することはできなくとも、近づくことはできる」（第二巻第六章「実習について」）。「死から疎遠さを取り除こう。死に馴れ親しもう。なによりもしばしば死を念頭におくようにしよう」（第一巻第二〇章「哲学をきわめることは死ぬことを学ぶこと」）。

＊21 アガンベン、前掲書、31頁。

＊22　同書、27頁。
＊23　同書、27頁。
＊24　村上陽一郎『近代科学と聖俗革命』新曜社、１９７６年、序章。大澤真幸『量子の社会哲学』講談社、２０１０年、第５章。
＊25　私は『〈世界史〉の哲学　古代篇』第12章第３節で、関連する話題を論じている。また、ミシェル・フーコーの次の講義も参照されたい。Michel Foucault, *Le courage de la vérité*, Paris: Gallimard/Seuil, 2009, pp. 80-82.（『ミシェル・フーコー講義集成13　真理の勇気　コレージュ・ド・フランス講義　一九八三―一九八四年度』慎改康之訳、筑摩書房、２０１２年、１０７―１１１頁）。
＊26　これらの点については、ハラリ、前掲書、70頁。
＊27　ハラリ、前掲書、１０３―１０９頁。
＊28　カント哲学の根底に「理性の不安」を見出したのは、坂部恵である。『理性の不安――カント哲学の生成と構造』勁草書房、１９７６年。
＊29　伊藤邦武『パースのプラグマティズム』勁草書房、１９８５年。米盛裕二『アブダクション――仮説と発見の論理』勁草書房、２００７年。
＊30　ウィリアム・ジェイムズ『プラグマティズム』桝田啓三郎訳、岩波文庫、１９５７年。

第4章

神に見捨てられた世界の叙事詩か?

1 小説という新奇な文学様式

1-1 「小説」とは何か

前章では、近代社会を特徴づける言説のジャンルである「科学」が、広義の資本的な現象である、と論じてきました。ところで、近代社会を特徴づける言説のジャンルが、もうひとつあります。しかも、それは、普通は、「科学」と正反対の性質をもった言説だと考えられています。小説、近代的な意味での小説です。科学と資本主義との結びつきは、それほど驚かなかったとしても、小説もまた、資本主義的な現象だと言ったら、意外だと思われるのではないでしょうか。もちろん、この場合、「資本主義」というのを、ここで論じてきたような、広い意味で理解しなくてはなりません。この章では、小説もまた、資本主義と関連した言説である、ということを示してみましょう。提示することは結局、ひとつの仮説ではありますが、その仮説に相応の説得力があることを示してみせます。ただし、科学と資本的なものとの結びつきと、小説と資本的なものとの結びつきは、その論理がまったく違います。というより、対照的なのです（次章の最初の節で示すように）。

さて、小説らしい小説、小説としての小説は、18世紀の前半に、イギリスで生まれました。その後、小説は、他の国、他の地域に普及し、今では、世界中で書かれている、文学の主流中の主流です。イギリスで生まれた小説は、しかし、他の近代的なものと同様に、まずは、西洋の諸地域に広がり、そこで盛んになりました。とくに、19世紀（の西洋）は、小説の時代と言ってよいほどです。この世紀に、今日でも繰り返し読まれている重要な作品がたくさん書かれました。

ここで気をつけなくてはなりません。小説を、物語一般とは区別しなくてはなりません。小説は、散文で書かれた虚構の一種です。それは、叙事詩のような伝統的な物語とは別のものです。『オデュッセイア』とか『ギルガメッシュ叙事詩』とか『源氏物語』とか『三国志演義』とか、文学的にも興味深く、すぐれたものであることはまちがいありませんが、小説ではありません。小説は、先ほど述べたように、18世紀前半のイギリスの作家たちとともに始まります。具体的には、デフォー、スウィフト、リチャードソン、フィールディングといった作家たちとともに、です。

小説は、それ以前の虚構の物語とどこが違うのでしょうか。小説はnovelというくらいですから、とても「新しい」「新奇な」ものだったわけです。何かとても斬新だったのです。いったいどこが斬新だったのか？　文学研究者のイアン・ワットに、『小説の勃興』という広く参照されてきた本があります。それをもとに説明しましょう[*1]。

小説の本質は、簡単に言えば「ほんとうらしさ」です。つまり、小説には「リアリズム」へのこだわりがある。ただし、ワットの表現を使えば、それは、「フォーマル（形式的な）・リアリズム」です。「形式」の反対語は「内容」です。つまり内容の点では、リアリズムではない――つまり必ずしも事実が書かれているわけではありません。しかし、書き方が「リアリズム」なのです。どのような書き方がリアリズムなのか。ワットは、初期の小説の書き方の特徴として、六点をあげています。ワットに言わせれば、それらは、同時代の（つまり18世紀の）哲学のリアリズムと対応しています。また、当然のことながら、ワットが小説と対比させるために念頭においた、小説以前の、あるいは小説以外の文学はヨーロッパの文学です。

第一に、小説は、物語の展開に、伝統的なプロットを使いません。これは、小説に慣れている現在の私たちからすると当たり前のことのように思われますが、小説以前の文学においては、その「ほんものらしさ」は、その作品が伝統的な慣行にどれだけ基づいているか、にかかっていました。たとえば古代ギリシアやラテン文学、あるいはルネサンス期の叙事詩などは、過去の歴史や寓話に依拠した筋をもっていました。しかし、小説は、そのような伝統的なプロットを採用することを積極的に拒否したのです。

第二に、小説は、特定の具体的な状況の中に人物を配置しました。それ以前の文学では、人物は、慣行によってほぼ決まっている、おおむねパターン化した設定の中で活動しました。これと関連して、第三に、小説の登場人物は、類型ではなく、それぞれに個性をもった個人、つまり固有名をもつにふさわしい個人でした。小説以前の文学では、登場人物は、何かの類型を代表しており、名前もしばしば、その類型を連想させるものでした。小説以前の文学の登場人物は、いわば定型化された役割を演じていたわけです。

第四に、小説の顕著な特徴は、そこでの物語の展開が時間的な経過を強く感じさせる、ということにあります。物語は、起伏に富む変化を含んでいます。と同時に、読者がその変化を実感するためには、その経過を通じて、登場人物が基本的なアイデンティティを維持している、ということも大切です。このことが小説の特徴だというと、いくぶん、意外に思われるかもしれませんが、ヨーロッパの古代や中世、あるいはルネサンスの文学では、時間の経過の役割がとても小さいのです。たとえば、悲劇に関しては、「時の一致」の原則ということが重視されました。それは、登場人物の行動は「日のひと巡り」（一昼夜か一昼）の中で完結しなくてはならない、ということです。しかし、小説には、時間の経過、時間についてのリアリズムがあるのです。これと並行して、第五に、空間のリアリズム（時間にそった空間的な移動）も出てきます。

第六に、小説は、文体に関しても新しかった。簡単に言えば、小説の文体は、それ以前の文学とは異なり、修飾成分が乏しい即物的な描写になっています。従来のフィクションは、修辞的な技巧を凝らすことが大事でした。しかし修辞を重視すると、ときに、その言葉が何を意味しているのか、何を指しているのか、よくわからなくなってしまうことがあります。小説にとっては、それはまずいことなのです。小説においては、言葉は、純粋に何かを指示するための手段として使われている、と言うことができます。

ワットは、小説の「形式的なリアリズム」はこのような六つの条件から成り立っている、と述べています。これらをまとめると、どういうことが言えるでしょうか。結局、小説は、特定の具体的な状況に内在する視点から人生を見ている、ということになるかと思います。そうすると、背反する二つのことが要請されます。一方では、主人公をはじめとする登場人物が状況に内在する視点から見ているので、描かれている人生には主観的なバイアスがかかります。しかし、他方では、その人生は、主人公の視点や思いから独立した客観的な事実であるかのように思わせなくてはなりません。とりあえず、まずはこの点を確認しておきましょう。

もうひとつ、近代科学との対比に留意しておきます。小説は、一種のリアリズムにこだわっている、と言いました。すると、小説は、この点では科学と似たような欲求に駆り立てられているのではないか。そう思いたくなります。しかし、現実についての「経験」ということを媒介にしてみると、両者はむしろ対極的だということがわかります。前章で述べたことを確認すると、近代科学は、それ以前の知とは異なり経験を根拠としているわけですが、しかし、その真理を基礎づけている経験とは、経験の経験らしさ、経験の経験たるゆえんを極力排除した経験なのだ、と言いました。それこそが、「実験」でした。小説は、これとはまったく逆です。小説は、主人公たちの経験の経験らしさをむしろ強調している。つまり、経験の個性や多様性を重視し、その点を強調するのが小説です。

1-2　小説が登場した社会的環境

これから示したいことは、小説という言説の内在的な性質が、資本主義という現象と共振していた、ということです。小説が、資本主義の市場でひとつの商品になっていた、などという当たり前のことを言いたいわけではありません。が、まずは、外堀から埋めていきましょう。小説が登場した社会的環境を見ておきます。

書く者がいて読む者がいて、小説は成り立ちます。小説が出てきたばかりの、18世紀初頭のイギリスでは、小説を読むことは純粋な娯楽、しかもあまり高尚ではない趣味と見なされていたようです。ということは、小説の著者であることは、それほどかっこいいことでも、名誉なことでもなかった、ということです。実際、初期の小説『ロビンソン・クルーソー』や『ガリヴァー旅行記』の初版本には、どこにも、著者名（ダニエル・デフォー、ジョナサン・スウィフト）は書かれていません。

では、当時の読者は、これらの本を誰が書いたと思っていたのでしょうか。ロビンソン・クルーソーと、レミュエル・ガリヴァーです。つまり、これら初期の小説は、本人の手記か、あるいは自伝のごときものとして読まれていたのです。[*2]

小説の読者層の規模はどのくらいだったのでしょうか。[*3] この推定は、とても難しい。ある専門家の推計では、18世紀の終わり頃の段階で、小説を読んでいたのは、イギリス人の70人から80人に1人です。ということは、『ロビンソン・クルーソー』の初版が出てから70年くらいたった時期でも、小説を読んでいる人は、かなり少なかった、ということになります。

どうして、小説の読者はこんなに少なかったのでしょうか。教育制度が整っていなかったので、読み書きのできる人がまだ少なかった、ということがひとつの原因でしょう。18世紀のイギリスでは、農民や都市の貧民の中には、文字を読めない人がたくさんいたはずです。もっとも、18世紀末の段階では、イギリスの都市部では、少なくとも初歩的な読み書き能力をもつ者は、まったく文字を読めない人よりは多かったと考えられます。当時のロンドンでは、店名を記した看板が広く普及していたことから、このことがわかります。この頃のイギリス人の識字率は、大陸諸国よりもかなり高い水準でした。

小説の読者が限定されていたもうひとつの理由は、経済的なことです。当時の書籍は、かなり高価だったのです。『ロビンソン・クルーソー』の初版本は、同時代の平均的な労働者の週給のおよそ半分だったそうです。そもそも、当時の労働者や農民は、本を読む時間もないし、体力面での余力もなかったでしょう。夜、読書するためにはロウソクが必要ですが、ロウソクはかなり高価な贅沢品のひとつでした。

このように見ると、18世紀のイギリスで、小説が誕生し普及したのはふしぎだ、と思われるかもしれません。が、それは、現在の私たちと比べるからです。それ以前と比べると、当時のイギリスの社会環境は、実は、「読書」に向いていた、と考えるべきです。都市部では、英語の――ラテン語ではなく俗語の――読み書き能力をもつ者が急速に増えつつあったことは確かです。都市の、比較的裕福な中産階級が、読者層の中心です。これは、実は、画期的なことです。それ以前の読書の中心的な担い手は、ラテン語を読む聖職者だったからです。

余暇の時間も増大しました。特に上流・中流の女性は、時間をもてあましていて、小説を熱心に読みました。イアン・ワットによると、比較的貧しい階層にも、読書する時間と機会がある者がいました。中でも、召使いが重要です。史上初の現代的なベストセラーとされている、サミュエル・リチャードソンの『パミラ』(1740)の主人公パミラも召使いです。

1-3 「普通の人の日常生活」を読みたい?

18世紀のイギリスでは、小説は、資本主義的な衝動に駆り立てられて活動している業者にとっては、たいへん有望な商品でした。それ以前、作家は、裕福な庇護者(パトロン)がいて、文芸に精通したエリートのために書きました。しかし、今や、作品は、書籍販売業者によって仲介される商品です。

すると、作家は、今までとは異なることを考慮しなくてはならなくなります。第一に、できるだけ多くの需要に応じられた方がよい。つまり、知識の乏しい読者でも容易に読める、ということが重要です。ラテン語ではなく俗語で書かなくてはならないのは当然です。古典の知識がなくては読めないような作品も、商品としては不向きでしょう。第二に、作家にとっては、韻文よりも散文の方が、いわば労働生産性が高かったようです。さまざまな修辞を凝らさなくてはならない韻文よりも、散文の方が、短い時間で原稿を書き上げることができたからです。

当時のイギリスでは、書籍の販売で、功成り名遂げた人がたくさんいたようです。ナイトの称号をもらったり、議員になったり、社交界の名士になったり、と。

このように、18世紀のイギリスには、小説を広く普及させるのに有利な社会的条件がありました。が、こうした条件は、小説にとっては、やはり外在的な要因です。そもそも、小説なるものが、人々の欲望の対象となったのはどうしてなのか。そのことが説明されなくてはなりません。

小説は、形式的なリアリズムを本質としている、と言いました。そのリアリズムの関心の対象となっているのは、基本的には、普通の人々の日常生活です。と、言うと、そんなことはない、小説には非日常的なことや、空想的なことがたくさん書かれている、と反論したくなるでしょう。しかし、小説は、非日常的に見える異世界での経験を、普通の人の生活の延長や発展として描くことで、そのリアリズムを維持しています。

たとえば、最初の小説とされている『ロビンソン・クルーソー』。そこには、ほとんど誰も経験したことがないような特異なことが描かれている、と思うかもしれません。しかし、よく見ると、クルーソーがやっていることは、当時のイギリス人の日々の労働や生活と同じであり、彼が考えていることも、市井の人のそれと変わりません。

小説が普及するということは、神々や超人的な英雄ではない、社会を構成する一介の個人が突然、文学の関心の対象になった、ということです。どうして、人々は、自分といくらも変わらない普通の人々の信念や行動に強い興味を覚え、それらが細々と記された書物を読みたくなったのでしょうか。それは、18世紀前半のイギリスの特殊事情によっては説明できません。近代的な小説はイギリスで誕生しましたが、半世紀ほどで、それ以外の諸国にも現れます。一世紀しないうちに、全ヨーロッパ的な規模に拡散しました。そして、今や、地球的なスケールで、文学の圧倒的な主流となりました。小説とは何か。小説への欲望とは何なのでしょうか。

2 小説の極限にある役立たない辞典

2-1 「リアリズムの巨匠」の遺作

このような抽象的な、しかし大きな問いは、漠然と探究したところで、有意味な答えは得られません。そしてまた、おもしろくもありません。こういうときには、探究の具体的な焦点を定めておく必要があります。狙いどころをはっきりと絞っておくのです。まさに、その狙いどころにある特定の問題に答えること、そのことを通じて、全体の問い、つまり小説という言説を呼び寄せ、それを成り立たせていた仕組みに関する問いに、結果的に回答が与えられる……というような戦略的な焦点を定める必要があります。

そこで、まず、小説の黄金時代と見なすべき、19世紀の西欧に目を向けてみましょう。この小説の時代の頂点、この時代を代表していると言ってよいような目立った高峰は、誰でしょうか。あまたの小説家の中から、「リアリズムの巨匠」などとも呼ばれているギュスターヴ・フローベール（1821―1880）を私が選んだとしても、特に異論はないのではありませんか。田舎の平凡な医者と結婚した、夢多き女エンマの零落を描いた『ボヴァリー夫人』（1857）、野心はあってもたいした実力のない平凡な法科大学生フレデリックの恋愛の挫折を、二月革命を背景として描いた『感情教育』（1869）などが、彼の代表作です。ここで、私たちとしては、この小説家の中の小説家が、最終的にはどこに向かったのか、ということに注目してみたいと思います。

フローベールの最後の作品、彼の遺作は、とても奇妙な――未完の――辞典です。辞典という書物自体は、とても19世紀的なものです。ナショナリズムの時代でもある19世紀は、西ヨーロッパ諸国が、それぞれ、自分の言語、自分の所有物であるような言語、つまり国語というものへの愛着に目覚めた時代です。近代的なタイプの辞書が、この世紀に次々と編纂されました。しかし、フローベールが構想した辞典『紋切型辞典（誰にも受け入れられている考え方の辞典）』は、もちろん普通の辞典ではありません。

この辞典は、およそ千語から成っており、それらは、アルファベット順に並んでいます。この辞典のねらいについて、フローベールは、ある手紙の中で、これさえ人前で言えば、礼儀正しい感じのよい人になれる、というような辞典だ、と書いています。こう聞くと、エチケットのための実用書なのか、と思いたくなりますが、違います。とんでもない毒がそこには込められている。同じ手紙に、次のように書かれています。

全体として散弾のように恐るべきものになると思います。この本のはじめからおわりまで、ぼく自身のつくりあげた言葉はひとつも見当たらず、だれでも一度これを読んだなら、そこに書いてある通りをうっかり口にするのではないかと心配で、ひと言もしゃべれなくなる、というふうであってほしいのです[*4]。

つまり、この辞典では、それぞれの語に、一見、機知に富んでいるかのようなひとひねりある解説がついています。しかし、それは実は、自分のことを知的に洗練されているとか、事情に通じているとか、何か深くものを見ているとか思わせたい誰もが、思わず口にするようなとても凡庸なものです。自分が人前で、ちょっとカッコつけて、何かについて得意げにしゃべったとします。ところが、この辞典を見ると、自分が語ったのと正確に同じことが書かれていたとする。すると、それを個性的で、自分しか言えないおもしろいことを言ったつもりだった人は、まさにそういうつもりになっていること自体がとてつもなく凡庸なことだったことを知り、赤面せざるをえないでしょう。そして、それ以降は、何か気の利いたことを言おうとした瞬間、もしかしてこれから自分が言おうとしていることは『紋切型辞典』に書いてあるようなごく普通のことで、誰もが知っている、誰もが思っていることなのではないか、という思いがよぎり、結局、怖くて口に出せない、ということになるでしょう。

たとえば、「芸術 art」という項目は、次のように書かれています。

芸術　最後は施療院行きとなる。芸術より「巧みに、しかも速く」作用する機械装置に取って代わられるのだから、いったい何の役に立つのか？[*5]

フランス語の“art”が——しかも単数形で——、「技術」とか「熟練」ではなく、「芸術」一般を意味するようになったのは19世紀のことで、当時としては、かなり斬新な用法だったことをまず知っておく必要があります。この「芸術」について、「美しいものを創造する活動」といったような当たり前の解説ではなく、引用したようなことを言うとします。当時、たとえば写真機のような機械装置が出てきたので、絵画よりずっと速く巧みに人の顔や風景を写せるようになった。すると、肖像画とか風景画とかといった芸術作品は無益で、そんなことに携わっている人は貧しくなり、最後は施療院行きになるだろう。といった趣旨です。芸術についてわざわざこんなふうに説明すると、なかなか気の利いた皮肉屋だ、と思ってもらえてかっこいい……などと考えたとしたら、これほど恥ずかしいことはありません。誰だって、この程度のことは思いついているからです。

とすると『紋切型辞典』は、まったく役にたちそうもない辞典です。誰もが知っていることが、誰もが知っている通りに書かれているわけですから。辞書としての用をなさない。どうして、フローベールは、無用の長物としか言いようのないこんな辞典を作ろうとしたのでしょうか。

ここで注意していただきたいことは、次のことです。フローベールは、小説の黄金時代を代表する作家です。その作家が、最後に行き着いたのがこの辞典です。すると、こんなふうに推測できるのではないでしょうか。人を、小説というものへと駆り立てる衝動があるとして、その衝動を最後まで妥協なく突き詰め、行けるところまで行く。その行き着いた先が『紋切型辞典』です。とすれば、この作家に、『紋切型辞典』を作りたい、作らないではいられない、と思わせた、おそらく作家自身も自覚していなかった無意識の精神のメカニズムを解明できれば、それこそ、私たちが追い求めていることではないでしょうか。小説という言説をもたらした欲望の論理とは何なのか。幸い、『紋切型辞典』については、蓮實重彥が書いた『物語批判序説』という刺激的な評論があります。私たちは、これを手掛かりにして考えることができます。[*6]

2-2　二人の写字生——法外な失敗と書き写しの作業

『紋切型辞典』は、フローベールの最後の作品だと述べました。しかし、実は、構想自体は、青年期からあったことがわかっています。厳密な時期は特定できませんが、研究者の推定では、20代の半ばに、構想は生まれたらしい。ということは、『ボヴァリー夫人』の執筆より10年も前です。フランスの近代史との関係でいえば、七月王政と呼ばれる時期の末から、二月革命（1848）で始まった第二共和政の勢いにのってナポレオン三世が皇帝になってしまい、共和政を否定し、第二帝政を始めるまでの数年間、この激動の時期に、『紋切型辞典』は構想されます。が、実現には至りませんでした。

結局、『紋切型辞典』は、独立した一冊としてではなく、『ブヴァールとペキュシェ』という長篇小説の一部に組み込まれました。この長篇小説こそ文字通りの遺作です。フローベールは、この小説の執筆の途上で死去したからです（1880）。死の翌年、この小説のすでに完成していた第1巻だけが刊行されました。『紋切型辞典』は、この小説の第2巻の中に登場するはずでした。

したがって、こうなります。『紋切型辞典』は、フローベールの発表した小説のすべての背後に、いわば聞こえない通奏低音としてずっと持続的に存在していたのです。そして、最後の小説の筋の展開の中で、はじめてはっきりと聞き取れるようなかたちで表に現れる……はずでした。この二重性、つまり最初からあったのに、最後にならないと現れることができなかったという二重性。このことが、小説へと作家を駆り立てたメカニズムが、『紋切型辞典』に集約されて表現されているのではないか、という見通しにますます説得力を与えているのではないでしょうか。

では『ブヴァールとペキュシェ』とはどんな小説なのか。タイトルにあるように、主人公は二人です。フローベールは「二人」に強くこだわった形跡があります。二人は、同じ47歳（当時としては初老）の独身者で、どちらもパリの役所で写字生の仕事をしていました。二人は偶然に出会い、意気投合し、親友になります。そして、ブヴァールに多額の遺産が転がり込んできたのをきっかけにして、二人は一緒に田舎に移住し、隠遁生活を始めました。

そこで彼らは、まず農業や園芸をやってみるのですが、うまくいきません。失敗の原因は、自分たちに化学の知識が欠けているからだと考えた二人は、書物を取り寄せて勉強しますが、ことごとく失敗します。やがて、彼らの関心は次々と移っていきます。医学と健康法。化石や骨董品。歴史学。文学。二月革命のときには政治哲学。恋愛。体操。神秘学。唯物論と唯心論。キリスト教神学。

教育学。孤児を引き取り教育。……二人はそのたびに、それに対応した学問分野の書物を取り寄せ、けっこう熱心に読書し、勉強します。しかし、まさにその勉強があだになって失敗を繰り返すばかりです。

ブヴァールとペキュシェは、このように非常にたくさんの学問領域を渉り歩くわけですが、そこには、まったく一貫性がない。そしてひどい失敗を繰り返す。ミシェル・フーコーは、この二人の失敗は普通の失敗とは違うのだ、というような議論をしています。普通、失敗は失敗なりに法則性があるものなのに、彼らの失敗には、法則性がない、それは彼らがあらゆるカテゴリーから外れた存在だからだ、というのが、フーコーが言っていることです[*7]。

*

さて、『紋切型辞典』は、『ブヴァールとペキュシェ』の中にどのように嵌め込まれることになっていたのでしょうか。公刊された第1巻は、あまりに失敗するので、二人が、どうやら書物を読解するだけでは足りないらしいと判断し、読解以上のことをしなくてはならないと考えるに至るところで終わります。つまり自分たちはもともと写字生なのだから、見た文書をひたすら書き写すことがよいのだ、と結論するのです。

というわけで、第2巻では、ブヴァールとペキュシェは、あらゆる分野の文書をひたすら書き写すことになります。この巻は、ほとんど「引用文」だけでできているはずです。『紋切型辞典』は、こうして書写の対象となる書物のひとつとして登場するわけです。

この小説はどのように終わるはずだったのでしょうか。第2巻は書かれなかったわけですが、幸い、構想ノートに、結末のことも書かれているそうです。それによると、彼らは、自分たちのことが書かれている文書を発見し、書き写す場面で終わることになっています。もう少し含みのある言い方をしておくと、その文書には、「権威ある他者から見たとき彼らは何者なのか」が書かれているのです。二人はそういう文書を偶然見つけ、書き写す。

具体的に説明しましょう。二人が住んでいた村の人たちは、だんだん二人のことを怪しいと感じ、危険分子ではないか、などと恐れはじめます。こうした動きに二人も対抗する。さまざまな「権威ある人々」「権威ある機関」、すなわち新聞や知事、議会、皇帝陛下に意見書や請願書を出すのです。もちろん、これらはすべて無視されます。しかし、ある日、二人は、まとめ買いした反故紙の中に、二人のことをどう処遇すべきかを記した、村の医師の手紙を発見します。その手紙は、二人は危険な狂人かという県知事の問い合わせに対する、医師の回答です。二人は「無害な愚者にすぎない」と。この手紙を見つけて、すぐさま、「写そう!」と決め、二人は筆写を始める。そこで小説は終わる予定でした。フローベールの死によって、ここまでは書けなかったわけですが……。

2-3 流行語の言説

さて、『紋切型辞典』のようなものが、風刺としての意味を獲得できる社会的コンテクストとはどのようなものなのか、考えてみましょう。このあと、この節では、蓮實の『物語批判序説』の議論を、私たちの探究の目的にあわせて、大胆に再編成しながら、考察を進めていきます。

さて、もう一度、問います。この辞典による風刺の直接的なターゲットとなっている社会現象は何でしょうか。それを推測するのは、さして難しいことではありません。「流行」、あるいは「流行語」という現象です。

たとえば、先ほど述べたように、「芸術（一般）」を意味する単数形の"art"は、当時のフランスでは流行語です。この語自体は、昔からありましたが、中世でこの語を使えば、「技術」「熟練」といったような意味になります。18世紀になると、音楽、絵画、文学などの諸分野の総称として、複数形の"les arts"を使うようになりましたが、それらの分野が全体として、芸術一般を構成しているとする感覚はなかったようです。ですから、単数形で、芸術の全体を単一の範疇として指し示すのは、当時の流行だったのです。

こういう状況の中で、"art"という語を使いこなしてみせる、特に、皮肉なひねりを暗示しつつ使ってみる、とします。これは、自分だけが知っている・わかっている、ということを示すもので、とても誇らしかったに違いありません。しかし、実は、そんなことはすでにみんなが知っていたとしたらどうでしょうか。自分だけしか知らないと思って語ったことに関して、ほかの誰もが同じ程度のことを語ることができると判明したらどうでしょうか。実に恥ずかしいことになります。『紋切型辞典』が示しているのは、こうした状況です。あなたが気を利かせ、カッコつけて使った語の用法は、すでにこの辞典の中に書かれているほどに陳腐だ、と。

「流行語」などという現象は、常に、どの時代、どの社会にも見られることだ、と思ったら大まちがいです。十分に長いタイムスパンをとれば――たとえば数十年から一世紀以上というスパンで見れば――、新語が生まれたり、語の新しい用法が普及するということはありますが、短期間の流行(語)なるものは、めまぐるしく変化している社会、変化こそが常態であると人々が認めている社会でしかありえません。政治制度が転換し、産業革命や商業のめざましい発展のあった19世紀フランスには、数多くの流行語が登場した、と蓮實は書いています。「蒸気機関車」「議会主義」「予算」等といった言葉も――英語から輸入された――当時の流行語だったそうです。蓮實が特にていねいに紹介しているのは、「(当店の)特選品」を意味する"spécialité"という語です。語自体は、"art"と同様に昔からあって、「特質」とか「特殊性」とかを意味していたわけですが、「特選品」という意味を帯びたとき、この語は流行語になります。

ここで、第2章で論じたことを思い起こしてください。剰余価値がいかにして生まれるか、そのメカニズムを説明する中で、産業革命に先立つ勤勉革命について論じました。勤勉革命とは、実のところ消費革命であるということを論じた文脈で、「流行」という現象が生まれてくる、という話をしました。「流行」というものは、初期の資本主義――「産業資本」を中心とした本格的な資本主義が始まる前の資本主義――とともに、私たちの世界に登場してくるわけです。このときの「流行」は、市場で売られる商品について述べているわけですが、「市場」を「言説の領域」に対応させれば、「流行(の商品)」にあたるものは、もちろん「流行語」です。

2-4 「知っていること」と「語ること」の関係

さて、ここで蓮實にしたがって「説話論的な磁場」という概念を導入します。それは、「知」と

「(広義の)物語」の関係、つまり知っていることと語ることとの関係を指しています。説話論的な磁場の原点においては、物語は知に従属しています。つまり、人は、知っていることについて語りますす。語りうるかどうかは、知っているかどうかに依存しているわけです。

流行語なるものについて、説話論的な磁場という概念を使って考えてみると、次のことに気づきます。この原点の状態のもとでは、つまり語ることが知ることに強く拘束されているときには、「流行語」という社会現象は成り立たない、ということに、です。知っているから語るのではなく、(しかるべきコンテクストで)語ることができたとき、知っていることになる……そのような説話論的な磁場でなくては、流行語はありえない。たとえば、"art"という語を組み込んで語ることができるなら、その人は、"art"が何であるかを知っているのです。

流行語という社会現象は、知の、物語に対する支配が弱まり、逆に、語りうることが知っていることの証になるときに可能になります。蓮實が述べていることではありませんが、ここで述べていることを商品との類比で考えることもできます。「知」を「使用価値」に、「物語」を「交換価値」に対応させるのです。本来は、あるモノが売れる――誰かに買われる――のは、そのモノに使用価値があるからだと考えられていました。この段階では、使用価値が交換価値に優越しています。しかし、やがて、そのモノに価値があるかどうかは、それが誰かに買われるかどうかに依存するようになります。交換価値が使用価値に優越するようになったわけです。

さて、ここで「小説」ということに立ち返ってみます。小説を、説話論的な磁場との関係で見たときにはどうなるでしょうか。小説は、もちろん、フィクションですから、語られたことの価値が、知っていることに縛られていては成り立ちません。しかし、他方で、前節で述べたように、小説の本質は、ある種のほんとうらしさ（形式的リアリズム）にありました。ということは、その物語は、誰かが事実として知っていることなのだ、と思わせるということでもあります。

実際、特に初期の小説は、作者が知っている現実を伝えている、というスタイルへの強いこだわりがあります。『ロビンソン・クルーソー』や『ガリヴァー旅行記』は、作者の手記や自伝のようなものとして読まれた、ということは先に述べました。イギリス文学だけではなく、フランス文学でも同様です。18世紀の小説だけではなく、19世紀の前半にあってもなお、小説は、作者が知っていることを書いているのであって、（内面や外面の）現実を反映している、と自己主張しています。たとえば、バルザックの『ゴリオ爺さん』（1834—35）は、冒頭に、"All is true"という英語の宣言が記されています。加えて、初期の小説は、現実を映す「鏡」という比喩を好んでいて、スタンダールの『赤と黒』（1830）にも、エピグラフに「小説とは、道にそって移動させる鏡である」とあります。

しかし、小説の内容は、基本的には、現実から独立したフィクションですから、物語が知に完全に従属していたら、小説の繁栄はありえません。小説はやはり、「流行語」と同じ社会的コンテクストの中で普及したと考えなくてはなりません。実際、小説はやがて、作者が知っていることを書いているのだ、という体裁にこだわらなくなります。小説は、説話論的な磁場の原点にあった状況の痕跡をとどめつつも、「流行語」の時代においてこそ、真に流行したわけです。

2-5 問題の言説

今、「流行語」なるものを、それが不可能だった原点の方に差し戻すと、つまり「流行語」の零度のようなところへと差し戻すと、知ることが語ることを規定している状態が得られる、という話をしました。『紋切型辞典』は、この流行語なるものを揶揄し、相対化しているわけです。このことを考慮して、今度は、こんなことを考えてみます。「流行語」を、それが不可能だった零度の方に差し戻すのではなく、逆に、「流行語」をその極大値の方へと延長させていったら、どんな状態が得られるのだろうか、と。

この問いに答えるためには、流行語の波及には、常に抵抗がともなっている、ということを確認しておく必要があります。その抵抗は、「特権化」と「排除」から成っている、と蓮實は論じています。流行語を口にする者は、その流行語の意味も使用法もわからない人に対して、特権意識をもち、誇らしさを感じるでしょう。それに対して、流行語を偉そうに使う者への不快感や反発が出てきて、それが排除の動きを引き起こします。流行語は、特権化と排除に抗して流行していきます。いや、もう少し繊細に言い換えれば、特権化と排除があるからこそ流行語が波及していくのです。たとえば、今日でも、新規な流行語が登場すると、保守的な人たちが眉をしかめ、流行語に道徳的な批判を加えることがあります——つまり排除しようとします。そのことでかえって、流行語を使うことの特権としての価値が高まり、その流行語がより広く伝播し、定着することになるでしょう。流行語への抵抗は、流行語が波及する促進要因でもあります。

ついでに付け加えておけば、「流行語」は、「予言」——というより「予想」の方が適切だと思いますが――とセットになっています。どうしてでしょうか。流行は、未来指向の出来事です。人は、次に何が流行するかを気にせざるをえません。よくあるのは、流行に気づいたときには、その流行は終わろうとしている――いやすでに終わっていた、ということです。そうならないように、次に何が流行するのかを予想する言説を人は、求めているのです。

では、流行語の言説の流行語としての本性を極大化したらどうなるでしょうか。もともと、「知っていること」が、「語ること」を束縛しているのでした――つまり知っている人が、語る権利をもっていました。流行語という言説は、この束縛が弱まったことによって可能になると述べてきましたが、しかし、「特権化」や「排除」が成り立つのは、「語ること」に対する「知っていること」の束縛がゼロにはなっていない、ということです。流行語を使いこなせる人がどうして特権意識をもっているかといえば、流行語によって意味されていることを、自分（だけ）が知っている（と思っている）からです。ここで、流行語の流行に制限を加えていた、「知っていること」の「語ること」への縛りを完全にゼロにしてしまったらどうなるでしょうか。つまり、流行語の波及をじゃましていた「特権化」や「排除」といった摩擦がまったくなってしまったとしたら、どうなるでしょうか。流行語の拡散の速度が、いわば無限大になったと仮定してみるのです。

こうして導かれる、理念型的な言説のあり様は次のようになります。最初から――つまり拡散や波及の過程を待たずして――、誰もが誰とも同じようにその語を話題にすることができ、まさにその語りをなしうることで、自分が「それを知っている」という確信をもつことができる……こんな状況でしょう。このような状況における言説を、蓮實は「問題の言説」と呼んでいます。流行語の言説を起点にして、流行語としての本性を極大化すると、問題の言説が得られるわけです。

すると、『紋切型辞典』は、問題の言説の戯画的な表現であることがわかるでしょう。もしほんとうに完成された『紋切型辞典』があったとすると、そこには、「誰もがその語については同じように語っている」というときのその語の物語り方が羅列されていることになるからです。『紋切型辞典』は、流行語の言説の極限（問題の言説）を想定し、そこから見返すことで、流行語という現象を相対化しているわけです。ところで、どうして、この極限を、「問題」の言説と呼ぶのでしょうか。この言説の中では、「……とは何か？」という問題を、人々が暗黙のうちに共有しているからです。ことがらの本質についての哲学的な問いが発せられているわけではありません。「……とは何か？」への回答は、あらかじめ用意され、決まっているわけですから。ただ、そう問うことは、よいことだと思われているのです。その決まった回答を言い合うことで、人々は互いの間の連帯を感じることができるからです。

2-6 「国民」と「小説」

流行語という現象は、だから、二つの極限に挟まれている。一方の極限には、「語ること」が、「知っていること」に完全に従属している状態があります。他方の極限には、問題の言説がありま す。その中間に流行語の言説があるわけです。

蓮實は、流行語の言説の時代と問題の言説の時代があって、前者から後者への転換が――フランスにあっては――19世紀の中盤にあった、と論じていますが、そのような記述は、ミスリーディングです。純粋に、問題の言説が支配している状況は、ありえないからです。ただ、流行が波及する速度が上がれば上がるほど、問題の言説に近づいていきます。むしろ、次のように言うべきでしょう。どんな「流行語」も、「問題の言説」へと向かおうとしている、と。流行語なるものが解き放たれて以来、「流行語の言説→問題の言説」という移行が、不断に生じている、というのが正確なところです。

「流行語／問題の言説」を象徴している、当時の先端技術があります。初期の複製装置、すなわち写真です。普通は、写真の歴史の端緒には、ダゲールが発明したダゲレオタイプ――銀盤腐食を用いた複製装置――が置かれます。しかし、ダゲレオタイプは、それほど重要ではありません。この装置では、一つの被写体に一つの作品しか生産できなかったからです。ダゲレオタイプは、現実を鏡のように写す唯一の特権的な作品を生み出している。それゆえ、ダゲレオタイプは、現実の鏡である「知」が、「物語」に優越している段階の名残です。流行語以前の装置だと言わねばなりません。

ブレークスルーをもたらしたのは、蓮實が強調しているように、イギリスのタルボットが発明したカロタイプです。カロタイプとは、史上初の、ネガ方式による写真技術です。ネガ方式を用いると、一挙に複数のコピーを生産することができます。すると、もはや、現実の鏡であるような唯一の特権的な作品というものは存在しないわけです。これは、現実を正確に反映している「知」から自由に波及していく、流行語の言説や問題の言説を連想させます。

問題の言説というのは、いわば、知が民主的に共有されている状況だとも言えます。「……とは?」というかたちで設定されている問題は、私（だけ）の問題ではなく、皆の問題、他者の問題です。その「他者」とは誰のことでしょう？　それは、具体的には、国民（ネイション）のことだと考えてよいと思います。西ヨーロッパの19世紀はナショナリズムの時代です。「国民」という、それまでにはなかった文化的・政治的な共同体が次々と生まれてきました。「国民Nation」と「小説Novel」、この二つのNは、手を携えるようにして歴史に登場してきた、というのは、ナショナリズム研究の第一人者であるベネディクト・アンダーソンが述べていたことです。[*8]

*

さて、フローベールが構想した『紋切型辞典』をめぐって、ずいぶん長々と論じてきました。いったい何のためにそうしてきたのか、あらためて確認しておきます。私たちが説明しようとしていることは、小説の言説を生み出した欲望とは何であったのか、です。どんな社会的欲望が、どのようなメカニズムを通じて、人々に小説を書かせ、人々に小説を読ませたのか？　何が、人々を小説へと駆り立て、小説をかくも広く普及させたのか？　こうした問いに答えたいのです。

ところで、フローベールの小説家としての生涯から示唆されることは、小説への衝動を純化し、徹底させたところに、『紋切型辞典』という構想が現れる、ということです。そうだとすれば、『紋切型辞典』は、小説への衝動を極端化したときの産物です。したがって、小説を成り立たせた欲望を説明するということは、次のようなことを意味します。その欲望は、いくつかの要素から成り立っているでしょう。それらの要素の本質的な性質を純化し、強調し、全体として合成したとき、そこに『紋切型辞典』のような奇妙なものを作りたいという執念が出現する。このようになっているはずです。つまり、こうした論理にあてはまるようなかたちで、小説への欲望を説明できなくてはならない。何を説明すべきなのか、その目標となるものをはっきりと見定めるために、少しばかりていねいに『紋切型辞典』を見てきたのです。

3 不可能な告白を通じて——〈主体〉の生成

3-1 日記を書くピューリタン

小説を、その起源から、いや起源以前のところから見る必要があります。しかし、小説の起源以前、つまりまだ小説ではないけれどもやがては小説になるものとは何でしょうか。

文学史上、しばしば最初の——近代的な意味での——小説だとされてきたのは、デフォーの『ロビンソン・クルーソー』です。先ほど述べたように、この小説は、デフォーではなく、ロビンソン・クルーソー自身によって書かれたものとして受け取られていました。つまり、最初の小説は、自叙伝風の回想録を偽装していたことになります。

告白風の自叙伝という形式は、すべての小説に共通する形式である……などと言ったら、もちろん大まちがいです。さまざまなスタイルの小説があるのですから。しかし、初期の小説は、（他人の）告白のような自叙伝と等価なものとして読まれた、という命題であれば、一定の説得力があるのではありませんか。第1節でも引用した、イアン・ワットは、小説と自叙伝はライバル関係にあった、と述べています。[*9]ということは、読む側にとっては、小説と自叙伝は等価な読み物だった、ということになります。自叙伝の形式を採用していない小説であっても、読者はそれを、自叙伝に変換して読んでいます。あるいは、「自叙伝でありえたこと」を第三者（作者）が観察し、報告している、かのように読んでいます。

小説を読む者は、個人の――とりわけ主人公であるところの個人の――内的な精神状態をすぐ近くから観察しているような気分になるでしょう。究極の「近さ」にまでいくと、それは、本人の自己省察になり、それが告白の形式をとります。登場人物の内的な精神の近くからの繊細な観察。これこそ、小説の特徴、それ以外のフィクションにはなかった特徴ではないでしょうか。

さて、この点を押さえておくと、自然と、ある事実に目が行くことになります。初期の小説が出てきた頃、もう少していねいに言い換えると、小説の出現に1世紀ほど遡る時期から、プロテスタント――とりわけカルヴァン派たちの間で、ある習慣が普及し、定着しました。日記をつけることです。ニューイングランドのカルヴァン派について、歴史学者は次のように述べています。

読み書きができる清教徒のほとんど全員が何らかの種類の日誌 journal を付けていたと思われる。一七世紀・一八世紀からたくさんの日記 diary が残っており、まるで大軍団のようである。この習慣はニューイングランドの人々の性格にあまりに深く浸透したため、大半が清教徒をやめてしまってからもヤンキーらしい実践として残ることとなった。[*10]

日記は自叙伝に似ています。というより、日記こそ自叙伝の原型だと言ってもよいのではないでしょうか。小説の前史として、ピューリタンの間で異常なほどに流行した日記に注目してみましょう。

ピューリタンたちは、どうして日記をこまかく付けたのでしょうか。それは、自分の信仰を精査するためです。自分はどこかで罪を犯していないだろうか。徹底的に自己を観察する。それが日記になるわけです。自分を厳しく見つめる者ほど、自分の行動や思念が罪に汚染されていたことを発見します。したがって、信仰が篤い者の日記ほど、たくさんの罪が記されている、ということにもなります。

が、それにしても、クリスチャン一般ではなく、とりわけ、厳格なプロテスタントが、中でもカルヴァン派に近い立場の信者たちが、日記を書くことを好んだのはどうしてなのでしょうか。と、問うと、すぐに気づかれることでしょう。私たちはまたしても、カルヴァン派に出会っているわけです。ヴェーバーの著名な研究に導かれながら、私たちは、すでに、カルヴァン派と資本主義との関係について見ています。特に重要なのは予定説でした。そして、予定説は、カルヴァン派という特定の宗派の教義として考えるべきではなく、むしろ、プロテスタント――さらにキリスト教一般――の中に内在している論理を極限にまで推し進めたときに導かれる理念型と見なすべきだ、という趣旨のことを述べたかと思います。

もうひとつ、思い起こすべきことがあります。前章の最初の節で引用した、トクヴィルの言葉を、です。トクヴィルは、パノプティコンの効用について書いていました。パノプティコンに収監され、独房に閉じ込められた孤独な受刑者は、自己反省をせざるをえない、と。トクヴィルが描いている受刑者の心情は、日記に自分の罪についてこと細かに書き続けるピューリタンの心情と同じです。

実際、ミシェル・フーコーに近いところにいる研究者も、ピューリタンの日記に着目しています。たとえば、比較宗教学者のウィリアム・ペイドンは、17世紀前半にニューイングランドに入植したトマス・シェパードという名のピューリタンの日記を調べています。そして、シェパードの一人称の使い方がとても変わっている、と指摘しています。ペイドンは、この点を19世紀末から20世紀前半に活躍した神学者マクギファートに言及するかたちで述べています。シェパードの日記には、光の隠喩がたくさんあって、「私は見た〔=わかった〕」が、固有の言い回しとして頻繁に使われているのです。この日記において、これを書いているシェパードという個人は、「観察される自己」と「観察する自己」とに二重化しています。そして、後者の、「観察する自己」、すなわち「見る私」は、シェパードを観察している神に由来している、と見なすべきでしょう。ペイドンの引用によれば、マクギファートもそう書いています。「第二のシェパード〔見る私〕にはどういうわけか神に似たところがある」と。

ピューリタンたちに日記を書かせた――書かずにはいられない気持ちにさせた――、その内的なメカニズムを解明してみましょう。そのメカニズムは、きっと、独房で孤立状態に置かれた受刑者を自己反省へと導いたメカニズムと重なるはずです。

3-2 個体を捉える権力

ですからここで、前章の第1節でパノプティコンについて論じたことを思い起こす必要があります。私は、そこで、パノプティコンの監視においては、剰余権力が発生している、と述べました。経済的な剰余価値と類比できる、政治的な剰余権力が、です。剰余権力があるということは、別の言い方をすると、権力の原点となる「第三者の審級」――具体的には監視者や神のことです――の身体が抽象化されている、ということです。単に認知するだけではなく、規範性を帯びた――命令や道徳的な評価という含意をもった――視線が、十分に抽象化された第三者の審級から発している……と従属する者には感じられるわけです。抽象化されているということは、知覚できないのはもちろんのこと、その姿を想像することもできない――しかし確実に「それ」は存在している、ということです。

この規範的な関心をもった監視の視線は、――一定の空間に限定した場合に限りますが――その範囲で遍在化し、常時化します。つまり、抽象化された第三者の審級の存在を前提にしたとき、人は、どこにいても、常にその第三者の審級から監視されているに等しい状態に置かれるわけです。具体的な身体をもつ第三者の審級との関係であれば、人は、その視線が届かないところに隠れたり、その視線から逃げたりすることができますが、抽象的な第三者の審級との関係では、そうしたことが不可能になるのです。パノプティコンの独房の中の受刑者は、中央の塔の中の監視者が不可視化されているので――つまり抽象化されているので――、常に見られている状態に置かれた、ということを思い起こしてください。

その結果、どうなるのでしょうか。抽象化された第三者の審級に起点をもつ権力は、必然的に、身体をその個体（個人）としての資格において対象化することになります。どのような意味なのか、ややわかりにくいかもしれないので、説明しましょう。たとえば、権力が、ある空間を対象にしていたとします。あなたがその空間の外に逃れられるとすれば、あなたはもはや権力の関心の対象ではなくなります。しかし、もし、あなたがどこに移動しても、常に、監視されているのだとしたらどうでしょう。たとえ一人だけでいたとしても、なお監視されているとしたらどうでしょうか。個人としてのあなたが監視の対象になっている、ということになります。遍在化した監視は、身体を集団として捉えているわけではなく、また空間や時間や状況に相関して捉えているわけでもなく、常に、個人として対象化しているのです。

パノプティコンは、この種の権力——フーコーが言う「規律訓練型権力」——のイメージとして、とてもわかりやすいのですが、ミスリーディングなところがあります。監視塔を取り巻く円環状の建物は、独房の集合ですから、囚人が個体として対象になるのは当たり前だ、と思ってしまうわけですが、ほんとうは、論理の順番が逆なのです。身体を、何としてでも個体というユニットにおいて対象化したいという権力の欲求のようなものがまずあり、その欲求を充足するのに適した装置のひとつとして、独房を独特な仕方で監視する建築物が造られたのです。実際、個体（個人）を対象とする規律訓練型権力は、パノプティコンなどなくても貫徹します。学校における生徒の監視とか、工場における労働者の管理のことを思えば、すぐにわかるでしょう。

3-3　告白としての日記

このとき、見られている個人に対して、どのような効果、どのような影響が出るでしょうか。抽象化された第三者の審級（つまり不可視の監視者や神）は、その個人のあらゆる行為、あらゆる体験を見ている……そのように当の個人は想定しているはずです。つまり、その個人には、自分は、常に見られている、と意識されているのです。しかも、その自分を見る視線は、規範的な関心を帯びている。ということは、この私が正しくふるまっているのか、罪を犯していないか、という観点で、第三者の審級は私を見ている……ということになります。

すると、当然、その個人、つまり私は、自分の行為が、規範的に求められていることにどの程度一致していたのか、どのくらい違反していたのかを、不断に自己反省的に意識せざるをえません。私は正しかったのか、過ちを犯してはいなかったのか、と。要するに、第三者の審級からは、私の行為はどのように見えているのか。私は、そのことをたえず意識せざるをえなくなるわけです。言い換えれば、その個人（私）は、自分が――規範との関係で――何者であるかを、問い続けているわけです。誰に向けて？　誰に向けて問うのでしょうか。もちろん、第三者の審級に向けて、です。あなた（第三者の審級）にとって、私は何者なのか。私はあなたにとって望ましい者なのか、あなたが欲しているような者なのか。

このような不断の反省を通じて、私という個人は、訓育されていきます。だから、この権力は、規律訓練型（ディシプリネール）と形容されるわけです。

ここまでの話の中にすでに含意されていますが、規範との関係で自分自身のアイデンティティを――第三者の審級に――問い、それをたえず自覚化する実践は、あるタイプの言語行為となります。

それは、語る身体と語られた主語とが合致することが要請されるような言語行為、つまり「告白」です。告白とは、語る身体が、語られた主語「私」に付せられた述語の中に余すことなく表現されるような文(の集合)を産出する言語行為のことです。今、私は、語る「身体」という語を用いたのですが、語っている「それ」が、「身体」であるということだけを前提にした上で、「それ」にどのような結果が生ずるのか、「それ」がどのように変容するのかを見ていきたいからです。「身体」であるということ以上の意味をはじめから与えてしまうと、論点先取になってしまいます。

さて、(中期の)ミシェル・フーコーは、近代的な権力を主題とし、二つのよく知られた重要著作を残しています。ひとつは『監視と処罰』、もうひとつは『知への意志(性の歴史1)』です。パノプティコンが登場する前者は、規律訓練型の権力について論じ、後者は、(性をめぐる)告白の系譜の上に、近代的な権力を位置づけようとしています。今、私たちが見てきたように、この二つは、完全に一本の理路の中に収まります。

ピューリタンの間で普及した日記は、ここに述べてきたようなタイプの「告白」の一種です。先ほど(この節の第1項)その名を出した、17世紀ニューイングランドのピューリタン、トマス・シェパードの日記について、マクギファートは、こう書いています。

くる日もくる日もこれらのページで表明しつづけたのは、それを書いている筆者の存在が苦悩する自己であると同時に、観察し考量し理解しようとする自己でもあるということであった。シェパードの敬虔は、何にもまして知覚的である。『日誌』には光や啓示の隠喩があふれている。「私は見た」とは、彼特有の言い回しである。「私は、いかに神の生活から遠ざけられ、神を見る視覚はおろか、神を知覚するあらゆる感覚をもっていないかが分かった……」、（中略）シェパードは見ると同時に見られている。[*11]

シェパードの日記に頻出するという光の隠喩、これは、パノプティコンの独房を隅々まで照らし出してしまう光線を連想させます。ところで、パノプティコンで光が効果を発揮するのは、（監視者がいる）監視塔の内側が闇の中にあって囚人からは見えないからでした。ピューリタンの場合も同じです。神が十分に抽象化されていて、被造物（人間）に対して厳格な超越性を保っている限りで、つまり神自身は見えない限りで、シェパードは光に照らされているのです。

キリスト教の歴史に則して言えば、こうした日記を含むプロテスタントの告白の源流は、カトリックのサクラメントの儀式に含まれる「告解」です。カトリック的な様式の、つまり儀式としての告解は、プロテスタントの間では重要度を下げ、ほとんど消失してしまうのですが、告白的な実践は、日記のような日常の中に浸透していくわけです。プロテスタントの告白は、カトリックの告解の継承であると同時に、否定です。両者を比較すると、それぞれが信仰していた神の性格の違いがわかり興味深いのですが、ここでは先を急ぎます。

3-4　告白は不可能だ……

ここまで述べてきたように、神であれ、監獄の監視者であれ、第三者の審級が高度な抽象性を維持しつつ存在している（と想定されている）とき、個人は、告白に類するやり方で、自分自身のアイデンティティを問い、究めることになります。しかし、告白は、厳密な意味での告白は、原理的には不可能なことなのです。

そんなことはない、私についてほんとうのことを誠実に語れば、それは告白になるではないか、と思うかもしれません。しかし、自分にとって真に大切なことを告白しようとすると、うまく言うことができない、ということはありませんか。そして、思い切って言ってしまうと、語りながらも、「ああ私の経験したことはそれとは少し違う」「私が感じたことはこれとは違う」という思いがよぎり、語り終えたときに、そんなつもりではなかったのに「嘘を言ったことになってしまった」と感じることはないでしょうか。たとえば、ものすごく好きになってしまった相手に、自分の思いを告白しようとすると、どのように表現しても自分の感じているこの思いをうまく言い尽くせていないと感じ、ついには言い淀んでしまった、ということはないですか。そして、考えてみれば、真に告白に値することはまさにこの種のこと、つまり真実を誠実に告白しようとしたとき、逆に意図に反して嘘をついたことになってしまうようなこと（だけ）です。逆に、簡単に言えてしまうようなことは、そもそも、告白に値しないことです。

告白が失敗に終わることには、実は、論理的な必然性があります。たまたま、いくつかのことについてはうまく告白できないというのではなく、告白ということを厳密に考えたときには、それは不可能なことなのです。この点を確認しておくことは、小説の誕生を考える上で、有意義なことです。

どのような意味で、告白は不可能なのか。このことは、ジャン＝ジャック・ルソーが書いていることの中に暗示されています。よく知られているように、ルソーにはまさに『告白』というタイトルの自叙伝があります（1770年執筆）。ジャン・スタロバンスキーが指摘したように、ルソーには、「透明なコミュニケーション」への偏愛があります。[*12] 彼に『告白』を書かせたのも、透明性への愛着のゆえです。「生来、私は感じたり、考えたりすることを隠しておくことはまったくできない人間なのだ」と。こういう言い方を聞くと、告白などすいすいできてしまいそうだ、という印象をもちますが、ルソーが別の著作『対話――ルソー、ジャン＝ジャックを裁く』（1776年執筆）で書いていることと併せて読んでみると微妙なことがわかってきます。こちらの著作で、彼は、省察と告白とを対置しているのです。省察は告白の反対物であり、敵である、と。常識的には、これは奇妙です。なぜなら、普通は、告白は、省察の結果を語ることだからです。省察は告白ではない、ということは、結局、通常の意味では――ルソーのように異様なまでの透明性への信頼がない者にとっては――、告白は不可能だ、と言っているに等しいのです。

どうして、告白は必然的に失敗するのか。それは、語る身体と語られた主語とは、絶対に一致することはないからです。「語る私」と「語られた私」の間には還元不可能な乖離が生じます。告白とは、「語る私」が「語られた私」の中にすべて写像されるという約束のもとでなされる言語行為です。しかし、この約束は絶対に果たされません。「語られた私」は「語る私」に対して常に遅れるからです。語られている以上は、それは「語る私」そのものとは合致しません。何ごとかが語られることにおいて、「語る私」は裏切られていることになるのです。

告白の不可能性についての、もっと厳密な証明は、ヴィトゲンシュタインが述べていることから導くことができます。ヴィトゲンシュタインは『論理哲学論考』の中で、次のような趣旨のことを述べています。[*13] いまもし、私が『私が見出した世界』という本を書いたとする。私が生きている中で見出したことをすべて書いた本です。ヴィトゲンシュタインによると、この中に、原理的に絶対に登場しないこと、絶対に言及されることがないことがひとつだけある。それが、この「私」です。

この『私が見出した世界』に書かれていることが、私が語りうることのすべてだとすると、ヴィトゲンシュタインは、告白（だけ）は不可能だ、と主張していることになります。どうして、そのような結論になるのでしょうか。たとえば、その本には、歯が痛いときのことが書いてある。「私は歯が痛い。I have a toothache」。とすれば、いくらでも「私I」が登場するように思えます。が、よく観察してみるならば、「歯痛が生起している There is a toothache」であり、また「考えが生じている It thinks」のみであって、歯痛そのものとは独立して、あるいは思考そのものとは独立して、「痛がる私」や「考えている私」は、どこにも現れてはいないのです。したがって、『私が見出した世界』の中には、一個の存在者を意味するようなかたちで「私」が登場することはありません。したがって、ヴィトゲンシュタインは、まったく反デカルト的な結論を導き出します。「思考し、表象する私」は存在していない、と。

ただここで、ヴィトゲンシュタインよりもう少し慎重になるべきでしょう。「思考し、表象する私」は、確かに、積極的には存在していません。が、端的に無というわけではないでしょう。「私」

は消極的な意味においては存在している、と言うべきではないでしょうか。さまざまな事物や事象や現象が存在するための前提、存在がそこにおいて可能になる場として、「私」は存在しています。「私」は、実は『私が見出した世界』という本そのものです。この本自体が、同じ本の中で言及されたり、丸ごと引用されたりすることはありえない。ですから『私が見出した世界』は、『私が見出した世界』の中には登場しません。しかし、この中に書かれていることのすべてが、この本の存在に依存しているとも言えるわけです。

いずれにせよ、『私が見出した世界』という仮想的な本の中に、「私」は登場しえない、ということは論理的に正しい。そして、このことは、告白というものには、不可能性が原理的なかたちで刻まれている、ということの証明にもなっているわけです。

3-5 徹底された〈従属性〉――〈主体〉の生成

真の告白、十全なる告白は不可能です。にもかかわらず、規律訓練型の権力が実効的に機能しているとき、あるいは、ピューリタンの厳格な神が信じられているとき、それらの支配下にある個人たちは、告白することを求められます。彼らは、告白に相当する自己反省の実践を強いられます。いや、むしろ、彼らは、告白に相当する自己探究をやめることができなくなるのです。不可能なことが、しかし可能であるという前提のもとで遂行されるとして、このとき、どのような結果が生じるでしょうか。

告白は、「私はp_1である」という形式の言明を産出することです。告白が原理的に不可能だということは、このとき「私」は、それに対して意味を充当することができない空虚な記号（シニフィアン）になっているということです。暫定的には、「私」という主語に付される述語p_1、p_2、p_3……として意味があてがわれる。しかし、それらは決して、「私」という記号を満たすことができない。「私」は、いつまでも、いくら告白を重ねても、最終的には、対応する意味を欠いた記号であり続けます。ヴィトゲンシュタインの思考実験のイメージを借りれば、不可能な告白に挑戦するということは、『私が見出した世界』という本に、「私」という記号を書き込むことです。しかし、この本に現れる他の記号と違って、この記号には、対応する意味（シニフィエ）がありません。言ってみれば、本を埋める記号の列の中で、一カ所だけ、穴があいているのです。その穴を埋めようとする対象は次々と現れますが、決して穴は埋まりません。

　不可能な告白が要請されている。告白という実践が有効であるためには、「私」が何であるかが（いずれ）語りつくされるという条件が必要です。しかし、この条件が充足されることはありません。それでも、告白が可能であるためには、この条件が満たされることになるということを先取りし、前提にしておかなくてはなりません。「私$_1$はp_1である」と言明してもなお、〈語る私〉そのものは語りつくされてはいない。そのため、告白は繰り返されなくてはなりません。「私$_2$はp_2である」「私$_3$はp_3である」……と。いくら告白を重ねても、〈語る私〉は、なお語りえなかった残余として留まることになるでしょう。しかし、告白の（無限回の）反復によって、〈私〉が何であるかは語りつくされることになるという想定は必要です。つまり、〈私〉（の同一性）は、現実には到達しない「私$_n$」についての告白の極限値として、先取り的に措定されているのです。こうした事情を、次のような等式によって表現しておきましょう。[*14]

$$\lim_{n\to\infty}「私_n」=〈私〉$$

この等式で、「私」^{n} はn回目までの告白において言明された「私」に与えられた意味です。〈私〉は、もちろん、語る私の総体です。このとき、ある錯覚が生じます。個人の身体の内部のどことも特定できない場所に、〈私〉によって指し示されるところの「自己意識の座」が存在している、という錯覚が、です。この自己意識の座のことを〈内面〉と呼ぶことにしましょう。語りつくされない〈私〉は、〈内面〉というかたちで回収されるわけです。

ピューリタンたちの告白、つまり彼らの日記に関して、奇妙なことがあります。彼らは、自分の罪ばかりを発見し、苦悩を高めているように見えるのです。告白は、自分の犯した罪を悔いるためなのだから、罪について語るのは当たり前だと思うかもしれません。しかし、カトリック信者のサクラメントにおいては、信者は、司祭に対して己の罪を語ることで、安心や快楽を得ています。しかし、ピューリタンの場合は、自己反省して告白したからといって、罪が消えるわけではありませんし、彼らがどこまでも罪を探し求め、かえって罪を創造し、増し加えているようにすら見えるのです。

その原因は、告白が不可能なままに実践されていることにあります。告白への執着は、告白の不可能性の（再）確認を強いることになります。信者は、神に向けて、神にとって自分が何であるはずか、神には自分がどのように見えているはずなのかを、告白しているわけです。しかし、告白すればするほど、ほんとうに自分は告白しきれているのだろうか、告白したことは自分の真実ではないかもしれない、という懐疑も深まっていきます。むしろ、私は、告白によって、神に対して、自分を偽っているのではないか。告白していることは、ほんとうに神が私に求めていることなのか、神にとっての真実なのか、私は確信をもつことができません。このように、告白を通じてこそ、自らがすべての罪を自覚し、神に対して語りえたかということへの疑念がますます深まっていってしまうのです。

＊

ニューイングランドのピューリタン、シェパードの日記には、「見る私」と「見られる私」の顕著な二重性がある、と述べました。「見る私」というのは、「私」を見ている不可視の神が、〈内面〉に、その構成契機として組み込まれたものです。プロテスタントは、自分を監視している神の視線を前提にし、神の視線に対して自分がどうであるかをたえず反省し、自覚します。このとき、神は、信者の外に具体的に実在しているわけではありません。客観的に見れば、神の視線とは、信者自身が自らへと差し向けている視線にほかならない。結局、「見ている神」は、「（私を）見る私」へと転換することになるのです。

規律訓練型の権力に即してみても、あるいはプロテスタントの信仰に即してみても、第三者の審級は、完全に抽象化されているため、経験的な世界のどこかに存在しているわけではありません。従属するならば、それはどこに存在しているのか。それは、この世界の全体に遍在しているわけです。従属する身体＝個人の立場からすると、どこに移動しても、その超越的な審級から発せられる視線から逃れることができません。ということは、その抽象化された第三者の審級は、その個人とともに、その個人のすぐ近くに常に存在しているのと、実質的には同じことになります。すると結局、十分に抽象化された第三者の審級は――要するに神は――、個人の〈内面〉のなかに収容され、〈内面〉の一部になってしまうでしょう。

こうして個人の〈内面〉は、第三者の審級に由来する超越論的な水準と、本来の経験的な水準と、の二重性を宿すようになります。こうした二重性を〈内面〉に備えた個人こそが、近代的な〈主体〉です。

興味深いのは、〈主体〉を生み出すメカニズムの逆説です。〈主体性〉と〈従属性〉とは、一般に正反対のことだと考えられています。しかし、見てきたように、〈主体〉は、（一定の範囲に対して）普遍的な効力を発揮する権力や神への徹底した従属に媒介されて生み出されてきたのです。従属が不徹底であれば、つまり個人が権力や神の影響から逃れうる空間や時間をもっていたとすれば、〈主体〉が出現することはなかったはずです。

3-6 「私はパミラ……」

さて、小説の言説の誕生という、私たちの主題との関連で、ここまでの議論をもとに、とりあえず提起しておきたい仮説は、次のことです。小説のひとつの源泉は、今まで見てきたような「告白」ではないか、ということです。もちろん、小説自体が、宗教的な意味をもった告白だった、と言いたいわけではありません。しかし、小説自体が、本来は、一種の――変形された――告白、偽装された告白だったのではないでしょうか。告白なるものが、固有の意味での宗教的な文脈を脱して一般化し、虚構の領域へと拡散したときに、小説という形式をとったのではないか。

実際、多くの初期の小説が、告白的な自叙伝のかたちをとっています。前節で述べたように、初期の小説は、自らを「鏡」に喩えるのを好みました。その鏡が〈内面〉を映すものであった場合には、小説は、本来はありえない完璧な告白であろうとした、ということになります。ピューリタンたちに日記を書かせたのと同じメカニズムが、(狭義の)宗教的文脈を離脱して一般化したとき、小説というスタイルの言説を生み出したのではないでしょうか。

＊

このような仮説を支持する証拠となる、ごく初期の小説をひとつ見ておきます。それは、リチャードソンの『パミラ』という小説です。1740年に出版されたこの小説については、最初の現代的なベストセラーだ、と前に指摘しておきました。商品として成功しただけではありません。文学として見たときにも、この作品は、真に完成した(近代的な)小説の最初である——小説以前の文学から手を切った最初の小説である——、と評価することもできます。

なぜなら、英文学者の武田将明が「小説の機能」という連作評論の中で指摘しているように、主人公の固有名が実質的に機能している最初の作品だからです。[*15] タイトルの「パミラ」は、この小説の主人公であるメイドの名前です。この名前が、作品を通じて、縦横無尽に、そして一貫性をもって使われています(「パミラ」という名前は、小説の全体で550回登場しているようです)。この章の最初の節で、イアン・ワットに従いながら述べたように、小説の形式的なリアリズムの条件のひとつは、登場人物（とくに主人公）が、類型を含意する名前ではなく固有名で示されるということです。また、個人をまさに個人として同定する固有名というものが、「告白」と親和性が高いことはすぐにわかるでしょう。「パミラであるところの、この私」について語るのが、告白ですから。

主人公のパミラは、15歳のきれいな少女で、貴族の家のメイドです。彼女は、その家の主人であるミスターBから、今日であればまちがいなく「セクハラ」と非難されるような仕方で激しく誘惑されます。パミラは、これを拒み続け、何度かミスターBに犯されそうになりますが、難を逃れ、貞操を守り抜きます。では、パミラは主人のミスターBを嫌っているかというと、そうではありません。結局、パミラは、主人のミスターBを受け入れ、彼と結婚することになるのですから。

どこがすごいのかよくわからないような筋ですが、当時、多数の熱心な読者を獲得し、ベストセラーになったのです。当時のヨーロッパの一流の知識人の多くが『パミラ』を激賞しました。フランスのドゥニ・ディドロもそのひとりです。

『パミラ』は書簡体の小説で、基本的には、パミラが両親に宛てた手紙という形式をとっています。ということは、読者は、パミラの手紙を盗み読んでいるのです。言い換えれば、読者は、両親の立場でこれを読んでいることになります。ピューリタンの日記は、神に向けて書かれていて、神への書簡です。『パミラ』の場合は、この神の位置に、両親が、そして読者がいるわけです。読者は、神の位置にいて、パミラの行動を覗き見ていることになります。

パミラは何を手紙に書いているかというと、主としてミスターBのパミラへの破廉恥な行為です。

彼女は、これらを事細かに饒舌に報告します。そんな中でパミラは、しばしば、個室にいるところを、鍵穴を通じてミスターBから窃視されます。たとえばクローゼットの中から、あるいは個室の扉の外から。鍵穴から窃視するミスターBは、——武田が述べているように——、小説の読者の隠喩です。私たち読者は、ミスターBに自らを同一化して、小説を読む仕掛けになっているのです。「ミスターB」という数学の変数のような偽の名前と、「パミラ」というほんものの固有名とが対照させられているのがわかると思います。「パミラ」はかなりの珍名で、その個人の単独性を強調するものになっています。それに対して、「ミスターB」は、任意の読者の視点を代入することができる未知数のようなものです。パミラの手紙が差し向けられている相手は、まずは彼女の両親です。したがって、読者は、小説を読むことを通じて、自然とその両親の位置を占めることになります。さらに、読者は、いつの間にか、ミスターBの立場に自分の視点を投射することになっていきます。結局、「パミラの両親⇩読者⇩ミスターB」という推移律のような等価関係が成り立っているのです。パミラは、両親に向けて告白しているわけですが、「読者」を媒介項にして、ミスターBに向けて自分を提示し、書いていることになる……という仕掛けです。

＊

パミラは、自分でも「私はパミラ」ということをことあるごとに強調し、繰り返しています。が、読んでいると、奇妙なことに気づきます。「パミラ」というとてもユニークな名前が連呼されていますが、しかし、その「パミラである私」が何者で、どのような個性をもった人物であるか、ということがはっきりしないのです。パミラは、「パミラ」という名をもつこと以外は、ほとんど自己主張しないからです。

パミラ（である私）は何者なのか、ということに関して、パミラは、全面的に他者たちの判断に委ねています。その他者たちの中で最も重要なのがミスターBであることは言うまでもありません。パミラが自己主張しないということは、彼女が何を欲しているのか、自らは示さないということです。パミラは、他者たちの欲望の対象であることに徹していて、それゆえに誰からも愛され、誰の欲望の対象にもなります。とりわけ、ミスターBの。ところが、パミラは、ミスターBの誘惑を拒否し続けるわけです。ということは、パミラは、「ミスターBの欲望の対象であるところの私」を受け入れられない、ということです。

そのため、パミラは、何者でもありうると同時に、何者としてもはっきり同定できないという不確かな人物になってしまうわけです。パミラについてははっきりと規定できることは、メイドであるということだけです。が、そのメイドという役割さえも、パミラにはしっくりこないようです。この小説は、ミスターBの母にあたる女主人の死から始まるのですが、その夫人は、パミラをえこひいき的に愛していて、パミラを自分の子どものように――つまり貴族の娘のように――扱っていたらしいのです。なので、パミラは、普通はメイドがやるような家事をほとんど免除されていたため、メイドとしてやるべき仕事がほとんどできません。メイドであるというアイデンティティすらも、パミラは受け入れられない。

これだけでは、ストーリーは展開しないし、そもそも、パミラという凝った固有名を導入したことの意義も消えてしまいます。が、小説の終わりの方で、急転直下の転回があって、パミラは突如として自らのアイデンティティを認識し、自分の居場所を見出します。どのようにしてか、と言うと、ミスターBの愛を受け入れることによって、です。パミラは、ミスターBの視点から見て自分が何者であるかを認識し、そこに真実の「私」があると納得したわけです。「私はミスターBの愛する妻であり、貴族の夫人である」と。

どうして、急にこうなるのか。正直、かなり無理のある筋になっています。詳しくは説明しませんが、要するに、かなり不自然なことが起きたあと、突如として、ミスターBが「いい人」になるのです。その結果、パミラは、ミスターBへの愛を確認し、結婚を決めます。そのあとも、いくつかのエピソードがありますが、もう十分でしょう。

*

『パミラ』の展開を支えている基本的な骨格を見ると、それは、ピューリタンの日記としての告白を成り立たせていた仕組みと合致することがわかります。ピューリタンの日記は、「私はpである」という趣旨の言明を反復する中で、〈私〉が何であるか、その真実を究めるものでした。この場合、神の視点が前提になっています。神にとって、〈私〉は何者なのか（何者であるべきなのか）、ということを、〈私〉は自らのアイデンティティとして受け入れようとしている。

『パミラ』はどうでしょうか。ここでは神はそれほど重要な役割を果たしていません。『パミラ』を含む小説にとって、神は不可欠な要素ではありません。しかし、『パミラ』をよく見れば、ピューリタンにとっての神と機能的に等価な働きをする、超越的な他者が存在しています。それは、ミスターBです。ミスターBは、読者の視点が投入される変数でもあります。〈私＝パミラ〉はそこからどのように見えるのか。それは〈私＝パミラ〉に何を欲しており、〈私＝パミラ〉の本質として何を知っているのか。このように問うことが意味をもつような「それ」、超越的な他者（第三者の審級）が、『パミラ』にも存在しているのです。このような視点を前提にしたとき、〈私〉は何者か、と問うことが有意味なことになる。〈私〉は何であるかを見出すまでの過程が、小説の筋を作っているわけです。

『パミラ』には、"Virtue Rewarded（美徳の報い）"という副題があります。これは、貞淑であったことの報いとして高貴な身分の男との結婚が得られた、と解釈されています。しかし、武田が指摘しているように、"virtue"という語には、貞操観念には還元できない含みがあります。この語のもとにある"vir"の原義は「男」です。"virtue"は、超越的・神的な視線のみが見出すような、崇高で精神的な価値のようなものを指しています。要するに、"virtue"は、〈私＝パミラ〉の本質は何か、という問いへの答えなのです。

このように、『パミラ』という小説は、ピューリタンの日記に代表されるような「告白」に由来しているという先ほど述べた仮説、小説は、宗教的な文脈から離脱し変形した告白であるという仮説を支持する格好の実例となっています。が、よく見なければなりません。確かに、この小説の結論的な部分だけで考えれば、そのようにも言えます。しかし、細部を見れば、そんなに簡単なことではない、ということもわかります。ピューリタンの告白と小説（『パミラ』）は、そんなにシンプルにはつながっていません。

ピューリタンは、直接的に、いかなる否定をも介さず、神の知を前提にして、〈私〉は何であるかを尋ね続けています。しかし、パミラは違いました。彼女は、最初、ミスターBの視点に対して現れている自己が、自分についての真実であるとは思えず、それを拒否していました。「それは私ではない」と。この点に着眼すると、ピューリタンの日記と小説とは直線的にはつながっていないことがわかります。間に屈折が、何らかの否定的な契機が入っているはずです。

小説が告白に由来する、という仮説は、この仮説にとって最も都合のよさそうな事例で見たとしても、十分には成り立ちません。この仮説を全面的に捨てる必要はありませんが、もっと洗練させる必要があります。小説には、確かに告白や自叙伝に似たところがあります。しかしそれらから直接に、小説への転換を説明することはできないのです。

4　キリストの不信の回帰

4-1　未熟児のような小説

そこで、小説のさらに起源の方に遡ってみましょう。『パミラ』よりもさらに二十年余り前の小説、文学史上、最初の小説だと見なされている、ダニエル・デフォーの『ロビンソン・クルーソー』（1719）をもとに考えてみます。そこに、もっとなまのかたちで、小説を生み出した衝動が露出していると推測できるからです。

先ほど、『パミラ』は、完成した近代小説の最初の作品である、と述べました。この場合の「完成した」というのは、最後まで書き終えたという意味ではなく、近代小説としての条件が十分に成熟したかたちで揃っている、という意味です。それに対して、『ロビンソン・クルーソー』は、確かにすでに小説ではあるのですが、早産の未熟児のようなところがあります。このことは、固有名の使われ方を見るだけでもわかります。『パミラ』と同様に、この作品は主人公の名前で知られているので――実はこの小説の本来のタイトルは「ロビンソン・クルーソー」ではなく、説明調の実に長たらしいものなのですが――、私たちは、小説の中で、主人公は何度もこの名で呼ばれているはずだ、と思ってしまいます。しかし――武田が指摘していることですが――、「ロビンソン・クルーソー」という名がそのまま言及されている箇所は、ごくわずかしかないのです。[*16]「パミラ」が550回も反復されたのとは大違いです。

『ロビンソン・クルーソー』には、二つの背反する力が働いているように見えます。一方では、主人公(であるところの〈私〉)を固有名で指し示したいという欲求があり、他方には、固有名を回避し、それを別のものに変換しようとする力学のようなものが働いている。前者が、近代的な小説に向かう力であるとすれば、後者は、小説以前のスタイルに由来するものでしょう。『ロビンソン・クルーソー』は、『パミラ』と比べて、小説としては萌芽的だと言えます。(ついでに付け加えておくと、『ロビンソン・クルーソー』とほぼ同時期に出た、スウィフトの『ガリヴァー旅行記』は、固有名を抹消しようとする力が、『ロビンソン・クルーソー』よりもっと強く、作品のタイトルが『レミュエル・ガリヴァー』にならなかったのはそのためです。)

しかし、それだけに『ロビンソン・クルーソー』には、小説なるものを発生させたときの初発の衝動が、直接に露出していると予想することができます。まず、すでに何度も述べたことを確認しておきましょう。この小説は、デフォーが創作した虚構としてではなく、ロビンソン・クルーソー本人が著した自伝のようなものとして発表されました。その意味で、この小説も、一種の告白、偽装された告白です。

告白は、超越的な他者であるところの第三者の審級に向けてなされます。なぜなら、〈私〉が何であるかについての知は、第三者の審級がもっているからです。第三者の審級は、〈私〉を何者として認めているのか。『パミラ』では、第三者の審級の位置を占めていたのはミスターBでした。『ロビンソン・クルーソー』の場合は、どうでしょうか。ここでは、第三者の審級として機能する超越的な他者が、『パミラ』よりずっと堅固で安定的なものとして確保されている……と、そのように見えます。クルーソーは、しばしば「神意 Providence」に言及しているからです。ミスターBのような、いかがわしいところがある不道徳な主人ではなく、こちらでは、ほんものの神がまだ活きている。このように言いたくなります。

が、事態は、それほど単純ではありません。クルーソーの「神意」という語の使い方には、どこか倒錯的なところがあるからです。この点については、後で述べましょう。

4-2　ひとつの足跡

『ロビンソン・クルーソー』の物語は、よく知られているので、ここでは紹介しません（とはいうものの、この小説を実際に読んでいる人は意外と少なく、ほとんどの人が、子ども向けに翻案されたものか、あるいはダイジェストのようなものを読んで、知っているような気分になっているだけですか）。ここではひとつのエピソードにだけ注目します。『ロビンソン・クルーソー』には、さまざまな「痕跡」が出てくるのですが、その痕跡なるものの意味を集約して伝えるのが、次の場面です。

ある日の正午ごろ、ボートに向かっていたときのことだ。浜辺にはだしの人間の足跡を一つ見つけて、ぼくはとてつもなく驚いた。砂のなかでも、それはとてもはっきり見えた。ぼくは雷に撃たれたように、あるいは幽霊を見たかのように立ちすくんだ。耳をそばだて、周りを見まわしたけれど、なにも聞こえないし、なにも見えない。小高いところに登って遠くまで見たり、浜辺をあちこち歩いたが、足跡は一つしかない。跡がついているのはあそこだけだ。（武田将明訳）

このあと、クルーソーは、足跡がほんとうにひとつだけなのか——一目で明らかなのに——あらためて調べたり、それがどうやってできたのか、想像できぬままに取り乱したりしています。呰に戻ってからも、恐怖からくる狼狽は止まりません。「おびえた心には物がどれだけ多種多様な姿をとって見えたか、ぼくの脳裏にどれだけ多くの妄想が目まぐるしく湧き起こったか、途上でどんなに奇妙で理屈に合わない思いつきに駆られたか」。こうしたことはとても説明できるものではない、とクルーソーは語っています。

このひとつの足跡によって、クルーソーの無人島での安定的で牧歌的な生活が一挙につき崩されてしまいます。彼は、以降、2年間にわたり、驚異的な難事業をいくつも進め、それらを実現します。たとえば、住居の周りの壁を補強し、そこに銃眼を設けたり。2万本の樹木を周囲に植えて、住居を外から見えにくくしたり。森の奥に新しい牧場を作り、家畜をそこに移したり。等々。

しかし、この恐怖からの解放は2年後に突然、訪れます。このとき、クルーソーははじめて、島の西端にまで行き、その浜辺に、おびただしい数の足跡があるのを発見します。その浜辺には、頭蓋骨や手足などの人骨も散乱しており、焚火の跡もあるのです。ここで人肉食が行われていたのは、明らかです。クルーソーが住む島には、「野蛮人」がやってきて、ときどき人肉食の饗宴を開いていたのです。そのことを確認した後、クルーソーは、恐怖や危機感から自由になり、今度は嫌悪感が前面に出てきて、「野蛮人」を追い払うための算段を考えます。「一つの足跡」を発見した後の異様な混乱とは対照的に、浜辺の人肉食の痕跡を確認した後のクルーソーはとても冷静です。

さて、ここで考えてみましょう。浜辺にはだしの人間の足跡をたったひとつだけ見つけたとき、クルーソーは何にそれほど恐怖を感じたのでしょうか？　常識的には次のように説明されます。足跡を残した人間は、ロビンソンに何らかの危害をもたらす悪いやつ、敵かもしれないからだ、と。実際、子ども向けの翻案などでは、そのようになっています。しかし、この解釈は明らかにまちがっています。もし足跡が、敵対的なやつが残したものかもしれない、ということが原因だったとしたら、「野蛮人」たちの人肉食の痕跡を見つけたとき、クルーソーの恐怖はいっそう大きくなったはずです。というのも、足跡の主が、危険な他者であることが明らかになったのですから。しかし実際には、クルーソーは、「野蛮人」の足跡や人肉食の残骸を見て、むしろ安心しているではありませんか。

　クルーソーは、足跡が表現している「意味（危険な他者がいる）」に恐怖を感じているのではありません。武田がきわめて的確に述べているように、クルーソーが足跡に恐れおののいているのは、足跡がいかなる「意味」も与えてくれないからです。浜辺にひとつだけあった足跡の意味が、つまりその足跡が何なのか、誰のものなのか、どうしてここにあるのか、あれこれ想像したり、推測したりしても、成り立ちそうな「仮説」すら思い浮かばない。

「意味」がここまで徹底してわからないということは、それを知る者はどこにもいそうもない、ということです。それを知る者は永遠に現れないかもしれない。未来の自分自身を含むすべての他者たちの範囲で考えても、それが何であるのかを知る者はいないのかもしれない。そして、何より、「神」すらもそれを知らないのかもしれない。クルーソーが、浜辺に残された足跡に異様な恐怖を覚えたのは、任意の他者が、「神」を含む任意の他者がその意味を知らない、というような状態で、足跡が彼の前に現れたからです。

　だから、足跡が、人肉を食する習慣をもつ「野蛮人」のものだと知って、クルーソーは安心するのです。足跡の意味、足跡をめぐる真実は、やはり知られうる者だったのです。あのひとつの足跡についても、誰かが——少なくとも「神」が——最初からその意味を知っていた、と信じることが許される、ということになるわけです。

4-3 神もまた知らない？

足跡についてのこのエピソードは、クルーソーの反応があまりにも過剰であるため、非常に印象的です。他の点ではむしろ常識人に近いクルーソーが、このときだけは、異様です。この過剰性に着眼して、この恐怖を、単にひとつの案件をめぐる混乱以上のものだと考えてみたらどうでしょうか。つまり、この種の恐怖は、クルーソーの生の全体に及ぶ通奏低音のようなものとして、ずっと潜在していたと考えてみるわけです。生を貫通するこのような通奏低音があるからこそ、クルーソーは、ひとつの足跡に過敏に反応したと考えたらどうでしょうか。問題は、「この種の恐怖」とは何かです。

一般に小説は、広義の――ゆるやかな意味での――告白の形態をとっている、とします。小説を通じて、主人公は、直接的に、あるいは間接的に、〈私〉は何者であるかを探求しています。〈私〉のアイデンティティについてのその知は、第三者の審級に、第一次的には帰属しています。だから、〈私〉は、第三者の審級に向けて告白するわけです。〈私〉は、第三者の審級にとって自分がいかなる対象であったかということを媒介にして、自分を知ることになります。私は、『パミラ』を題材にしながら、こうしたことを論じておきました。『パミラ』では、第三者の審級の位置を、両親が、そして読者が、最後にミスターBが占めるようになっていました。

こうしたことを念頭において、『ロビンソン・クルーソー』に戻ります。クルーソーは、心のどこかで、不信感をもっているのではないでしょうか。第三者の審級（＝神）もまた、ほんとうは知らない――あるいはわからない――のではないか、と。神でさえも、浜辺に現れた足跡の意味を知らないのではないか、という疑いが、クルーソーに激しい恐怖を感じさせました。〈私〉（＝クルーソー）の前に忽然と出現した足跡が何を意味しているのかを知らないということは、結局、神は〈私〉について何も知らない、ということです。浜辺にポツンとひとつだけ残された足跡は、無人島にひとり取り残されているクルーソーの隠喩です。神でさえも、〈私〉の存在の意味を知らないかもしれないという不信と不安が、クルーソーの精神の基底にはあるのではないでしょうか。

先ほど、クルーソーは「神意」という語をよく使うのだけれども、その使い方に倒錯的なものがある、と述べました。この点についても、私は武田の論からヒントを得ているのですが、その倒錯性は次のようなところに現れています。あるときクルーソーは、島の周りを探索して、乗っていたボートが潮に流されてしまう。島への帰還がほぼ不可能だと感じられ、彼は絶望し、ほぼ諦めたのですが、それでも懸命に努力した結果、幸運にも島へと向かう潮流に乗り、島に戻ることができたのです。このとき、彼は神に感謝し、ひざまずいて神に祈ります。しかし、これは転倒しているのではありませんか。ほんとうに神意を信じているならば、神の救済の意志を信じているならば、神がクルーソーを気にかけているはずだと信じているならば、困難に直面したそのとき、神に祈るはずです。最初に祈らなかったのは、クルーソーがほんとうは、神に対して不信感をもっているからです。神は、〈私〉のことなど配慮していないかもしれない、と。しかし、幸運にも助かったことによって、事後の時点から遡及的に、「神は〈私〉のことを知っていた」ということになるわけです。後で祈るのはこのためです。

4-4　小説の不安

さて、ここまでの考察を思いきり一般化し、小説を生み出した衝動に関して、ひとつの仮説を提起してみましょう。これから述べることは、繰り返しますが、ひとつの仮説です。確立された命題であると言うつもりは、もちろんありません。『パミラ』、そして何より『ロビンソン・クルーソー』から得られたヒントをもとに、小説へと人を駆り立てた動機について、ひとつの仮説を立ててみよう、というわけです。

端緒には、第三者の審級もまた、肝心の真実を知らないのではあるまいか、という懐疑と不安があります。〈私〉に欠けているもの――それは〈私〉が何者であるかという〈私〉についての知です――は、本来であれば、第三者の審級が所有しているはずですが、その第三者の審級においても、それが欠けているのではないか、つまり第三者の審級もまたそれ（〈私〉は何者か）を知らないのではないか。そのような不安がまずはあるのです。小説なるものは、この不安が克服されたときに可能になる。そのように考えたらどうでしょうか。

もう少しだけ繊細に言い換えます。ほんとうは、今述べたような不安は消えません。確かに、この不安が生（なま）のままで直接、精神を支配している間は、小説は成り立ちません。しかし、不安が完全に消えるわけではない。むしろ、不安があるからこそ、人は、小説へと――小説を書き読むことへと――駆り立てられるのです。なぜなら、小説がひとつの物語として成り立ち、完結できたということ、そのことが結局、「第三者の審級は実は知っていた」ということの証明になるからです。

たとえば、突如、浜辺に足跡が現れる。〈私＝クルーソー〉を象徴するようなかたちで、孤独な足跡がそこにある。神は、足跡の意味を知らないのではないか、という不安が生ずるのですが、終わりまで読み進めていくと、それは「野蛮人」が残したものであったことがわかる。神（第三者の審級）であれば、それを知っていたはずであったことが、事後的に明らかになる。パミラも同じ不安を抱えています。ミスターBは、この〈私〉を知り、〈私〉に適切な関心を向けていないのではないか。しかし、ミスターBと結婚したという事実を通じて、その不安は最後に解消されるのです。ミスターBは、確かに、〈私〉を正しく知り、正しく愛していたのであり、〈私〉は、まさにミスターBが欲していたような者なのです。

小説という営みの基礎には、ある不安がある。その不安が、小説への衝動の源泉であり、小説は、この不安への対抗策になっている。これが提起しておきたい仮説です。私の考えでは、この不安――第三者の審級は知らないかもしれないという不安――は、実は根源的なものであって、これを排除してしまうことはできません。しかし、小説は、それを抑制――というか抑圧するのです。

この仮説は、小さな事実からのあまりに大きな一般化だ、と思われるかもしれません。しかし、私としては、この後の展開を通じて、この仮説には相応の説得力がある、ということを示していこうと思います。今のところ、いかにも18世紀的な小説だけを見て、仮説を導きました。19世紀に入ると、小説はさらにいっそう成熟します。「成熟」という、単線的な進歩を連想させる表現は不適切かもしれませんが、19世紀になると、小説が新たなフェーズに入り、今日の私たちが典型と見なしているようなタイプの小説が現れます。しっかりとしたプロットをもち、三人称客観描写をもつような小説が、です。このような小説がいかにして可能になったのかを考察することで、今提起した仮説は補完されるでしょう。ただし、この場合も、すでに出来上がってしまった19世紀小説においては隠蔽されてしまうものを掘り起こさなくてはなりません。ということは、18世紀的な段階から19世紀的な段階への移行の痕跡を露出させているような小説に目をつける必要があります。

4-5 キリストの懐疑

が、その前に、小説をはるかな源流にまで遡らせ、今述べている仮説の意義を、大きな歴史的なパースペクティヴの中で示しておきましょう。私たちは、小説の直接の前史として、プロテスタントの「告白」（のような日記）を位置づけました。それをさらに原点へと遡及すれば、カトリックをも超えてさらに原点へと戻っていけば、もちろん、最終的にはキリストそのものに到達するはずです。

今、私は小説を駆り立てる不安について述べました。このことを念頭において、キリストを見返したらどうですか。キリストこそ、この不安の最大値なのです。小説という言説は、この不安を抑圧することにおいて成り立つ、というのが、私の提起した仮説です。同じタイプの不安を逆にいささかも抑制することなく、むしろ可能な限り大きくすればどうなるか。それこそ、十字架の上のキリストになるのです。その点を説明しておきましょう。

キリストは神です。と同時に人間でもあります。半分神で、半分人だ、というのではありません。キリストは百パーセントのまったき神であると同時に、百パーセントのまったき人間です。ここで、キリストは神である、というそちらの方に重点をおいて、十字架にかけられたキリストのことを考えてみてください。キリストはとんでもないことを、口にしています。神であるキリストが、まさに神への不信を表明しているのです。「エリ・エリ・レマ・サバクタニ（わが神、わが神、なにゆえ私を見捨てるのですか）」。父なる神は、〈私〉のことを気にかけていないのではないか。それどころか、父なる神は〈私〉を見捨てようとしているのではないか。キリストの言葉は、小説へと人を動機づけた不安を、その極大値において表現しています。極大になるのは、疑念を表明しているキリストが神だからです。つまり、神でさえも神を信じられずにいるのです！

結局、十字架の上で死んだキリストは、それから3日目にあたる日に復活したことになっています。このことまで視野に入れれば、神は〈私＝キリスト〉を忘れずに救済してくれた、ということにはなります（潮に流され、陸地から遠ざかっていったクルーソーが、幸運にも島に戻ることができたときに、神意が働いていたことになるのと同様です）。しかし、福音書に記された一連の出来事が真に衝撃的なのは、キリストがほんとうに死んでしまうからです。復活の話は、この衝撃を緩和するためのエピソードではないでしょうか。キリスト性を純粋な状態で抽出するためには、「（キリストの）死」と「復活」のうち、前者の方を取らなくてはなりません。「復活」の話があるために、キリスト性が裏切られてしまっている、と私は思っています。つまり――こんな言い方をクリスチャンは絶対に認めないでしょうけれども――、キリスト教はキリスト性の否認の上に成り立っているのです。[*17]

小説に話を戻しますと、私が提示している仮説に関して、次のような構図が見えてきます。十字架上のキリストが極大化して表現している不安があります。神から捨てられている、神から切り離されている、という不安が、です。小説は、これと同じ種類の不安をエネルギー源にしている。ただし、小説は、その不安を直接表現しているのではなく、不安から逃れる手段（のひとつ）になっているのです。小説は、キリスト性をそのまま反復しているのではなく、むしろ、それを抑圧することにおいて成り立っているのです。

キリストが救済されることなく十字架の上で絶命したとき、神自身もこうなるとは知らなかったということ、神にとっても彼自身に降りかかっているこの運命は見通せない謎だったということが、否認しようもないかたちで開示されています。神こそが、神から切り離され、最も過酷なかたちで神から疎外されているのです。私の考えでは、小説は、十字架の上でキリストが感じた不信や苦難を分有しています。と同時に、小説は、この不信や苦難への防衛反応のひとつでもあります。

5　神に見捨てられた世界の叙事詩?

5-1　小説の18世紀的段階から19世紀的段階へ

私たちが今、18世紀の小説を読むと、少し違和感を感じます。私たちがなじんでいる典型的な小説――19世紀の小説――とは何かが違う、と。違和感の原因は二つあります。

第一の原因は、物語の時間的な進行に関係しています。18世紀の小説はなかなか話が前に進まないのです。たとえば『パミラ』を読んでいると、大事な出来事が一向に起こらないので退屈になります。こういう印象は、19世紀の代表的な小説を読んだときには生じません。ジェイン・オースティン（『分別と多感』『高慢と偏見』『マンスフィールド・パーク』等）やディケンズ（『オリヴァー・トゥイスト』等）の小説、あるいはシャーロット・ブロンテ（『ジェーン・エア』）、エミリー・ブロンテ（『嵐が丘』）の小説は、出来事が次々と起こるので、長篇であっても飽きることはない。イギリス文学に限定する必要はありません。スタンダール（『赤と黒』）やフローベールによって書かれた、19世紀のフランスの小説も、物語の進行は速やかです。

どうしてなのか。18世紀の小説には、ひとつ欠けているものがあるからです。それはプロットです。プロットとは、最終的なカタルシスへと向かっていく筋の展開のことです。18世紀の小説は、プロットがしっかりしていない――プロットそのものをもっていない、という印象を与えます。それでは、西洋の文学表現の歴史の中で、プロットなるものが確立したのは、19世紀の初頭なのでしょうか。そんなことはありません。アリストテレスの『詩学』にすでにプロットの重要性が説かれていて、実際、古代ギリシアの演劇は、きわめてめりはりの効いたプロットをもっていました。

しかし、18世紀の小説は、プロットに関してかなり貧弱です。全体の物語が特定の目的へと収束していく、という印象を与えないのです。描かれている出来事の間の因果関係も、緊密ではありません。するとこうなります。西洋の文学がプロットの技法を知らなかったわけではないのですから、小説が登場したとき、つまり英雄や王を主人公とした範例的な物語のヴァリエーションではなく、一介の個人を主人公として、伝統的なモデルをもたないリアリズムに準拠した物語が書かれたとき、いったん、プロットが大きく損なわれたのです。19世紀の小説ではしかし、プロットが回復している。どうして、小説が誕生するとき、プロットの創造に、突然、大きな困難が生じたのでしょうか。なぜ、19世紀には、プロットが回帰したのでしょうか。

18世紀の小説が現代の読者に違和感を与える第二の原因は、三人称による客観描写が未だ（十分に）確立していない、ということにあります。小説は、一人称でも、三人称でも書くことができ、実際、現在でもどちらのスタイルも採用されています。が、19世紀は、三人称客観描写を標準的なスタイルとして確立しました。三人称で書いていても、一人称で書いたときと同じレベルで繊細な心理描写が含まれていなければ、小説にはなりません。ということは、語り手が、主人公をはじめとする登場人物の心の内側を見通している、という想定が必要になります。つまり、語り手は、神に匹敵する全知性を備えていなくてはならないわけです。18世紀の小説では、全知の語り手が未だ現れていないのです。

5-2 みなし子の逆転勝ち

このように、小説は、18世紀的な段階から19世紀的な段階へとはっきりと変容しています。この変容はどうして生じたのでしょうか？　実は、この問いに答えることを通じて、小説の本質についての私の仮説——小説はキリスト的な不安を抑圧する装置になっているという仮説——を、結果的に補強することができるのです。

ここで18世紀から19世紀への変容を探究するには、その考察にふさわしい素材が必要です。19世紀の小説には、変容の論理の痕跡は残っていません。普通の18世紀の小説は、変容がまだ始まってはいない。移行過程そのものを体現しているような作品はないでしょうか。実は都合のよい小説があるのです。18世紀のほぼ中間と言える年（1749）に発表された、フィールディングの『トム・ジョウンズ』です。『トム・ジョウンズ』は、18世紀の作品でありながら、19世紀的な小説を先取りしている例外的なものと見なすことができます。この長篇は、18世紀において、すでに19世紀の小説への変容を開始してしまっている移行性をそのまま体現しているのです。

たとえば、『トム・ジョウンズ』は、全知の語り手による三人称客観描写によって書かれています。この点を特に重視しているのは、ジョン・マランという、18世紀イギリス文学の専門家です。[*18]マランによれば、三人称客観描写こそ、小説の19世紀を定義する特徴であり、『トム・ジョウンズ』は、その19世紀的な方法を採用しています。

プロットに関しても、『トム・ジョウンズ』は、19世紀的な小説を先取りしている。主人公であるトム・ジョウンズの「勝利」を意味する結末へと向かって、まことに起伏に富んだ複雑な物語が展開していくのです。孤児として育てられた主人公が、最後に多額な資産を相続しうる血筋の生まれであると確認され、報われるという展開は、ディケンズの『オリヴァー・トゥイスト』（1837―39）を思い起こさせます。詩人のコウルリッジは、『トム・ジョウンズ』を西洋文学の「三大プロット」のひとつと見なしているくらいです。

『トム・ジョウンズ』は、18世紀から19世紀への転換をそのまま代表しており、ここでの考察にとって絶好の素材となっています。とすれば、武田将明の「小説の機能」からさらに刺激をもらわなくてはなりません。武田は、『トム・ジョウンズ』は「十八世紀小説の例外にして十九世紀小説の原型をなす特異な一作」である、という観点から、『トム・ジョウンズ』を読んでいます。[*19]

*

長篇小説『トム・ジョウンズ』の正式なタイトルは『みなしごトム・ジョウンズの伝記物語』です。筋は入り組んでいますが、とりあえず、おおまかに紹介しておきます。

ある日、田舎地主のトーマス・オールワージ氏の寝室に、男の赤ちゃんが置き去りにされているのが発見されます。誰の子なのかわからない。この子は、オールワージ氏のファースト・ネームと、実母と見なされた――後にそれが嘘であったことが判明しますが――女中の姓から、「トム・ジョウンズ」と名付けられます。篤志家のオールワージが父代わりになって、トム・ジョウンズの面倒を見ることとなり（「母」とされた女中はすぐに行方をくらましてしまいます――が、後半に名を変えて再登場します）、ジョウンズはナイーブで単純ながらも、正義感が強い魅力的な青年に育っていきました。ジョウンズは、彼は、誰からも――オールワージにも――愛され、そして何よりも女にもてました。作中で多くの女性と関係をもちます。

ジョウンズのライバルは、オールワージの甥にあたるブリフィルです。ブリフィルは、オールワージの妹のブリジェットの息子ですが、生後まもなく父親が亡くなったため、オールワージ家でジョウンズと一緒に養育されていました。ブリジェットも、小説の途中で亡くなります。オールワージには子どもがいなかったので、本来であれば、ブリフィルこそが、オールワージの後継者、跡取りです。

大づかみに見れば、『トム・ジョウンズ』は、オールワージ氏の後継者としての地位とソファイアという女性との結婚をめぐる、ジョウンズとブリフィルの戦いが、骨格的な筋となっています。ブリフィルは、本来は唯一の正当な後継者なので心配する必要はないはずですが、どういうわけか、実母のブリジェットでさえもジョウンズの方を贔屓したりするので、ジョウンズに対して強い嫉妬心を抱いています。ソファイアは、隣の地主の娘です。ソファイアとジョウンズは相思相愛の関係にありますが、ブリフィルも、ソファイアとの結婚をねらっています。

結局、ブリフィルのオールワージへの（ジョウンズを貶める）讒言や巧みな立ち回り、そして何よりも（ブリフィルにとっての）幸運が重なって、ジョウンズは、父代わりのオールワージの怒りを買い、家を追い出されてしまいます。ソファイアとブリフィルの結婚も、ほぼ決定という状況となって、ブリフィルの勝利が見えてきます。

追放された後も、ジョウンズの身の上には、実にさまざまなことが起こります。たとえば彼は、冤罪で死刑になりかかったりもします。が、刑の執行の前に疑いが晴れ、ジョウンズは解放されます。そして、かつてジョウンズの実母ではないかと噂された女中ジェニー・ジョウンズ（今やウォーターズ夫人で通っている）の話を通じて、オールワージは、ジョウンズが、ブリジェット（オールワージの妹、ブリフィルの母）が結婚前の関係からもうけた子であったことを知ります。つまりオールワージは、ジョウンズが自分の甥であること、そしてブリフィルがジョウンズを追放するためにさまざまな悪事を重ねてきたことを知ったのです。こうして、ジョウンズに、オールワージ家を継承する権利があることが判明し、今度は、ブリフィルがオールワージ家から追放されてしまう。最後にジョウンズは、愛するソファイアと結ばれ、逆転勝利を収めることになります。

5-3　チェスではなくサイコロ賭博

あらすじだけだと見えにくいのですが、『トム・ジョウンズ』の展開で最も特徴的なことは、偶然性の役割が実に大きいことです。重要な出来事、登場人物の運命に影響を与える肝心な出来事が、しばしば、絶妙なタイミングで偶然、発生します。たとえば、ブリフィルは、どうして、ジョウンズを、オールワージ氏の屋敷から追い出すことに成功したのか。ブリフィルの策略、とりわけ巧みな讒言が功を奏したことはもちろんですが、成功の最大の要因は、いくつもの偶然が重なったことにあります。最も重要な偶然は、オールワージ氏が病に倒れていたそのときに、彼の妹のブリジェットの死を知らせるべく、弁護士が屋敷を訪問してきたこと。このとき、病気のオールワージの代わりに弁護士に対応したブリフィルが決定的な秘密を握ったことが、後で判明します。オールワージが、直接弁護士に会っていれば、ジョウンズは屋敷を追い出されることはなく、したがって、辛酸を嘗(な)めることはなかったのです。

武田は、『トム・ジョウンズ』の中で、偶然性がどれほど決定的な意義をもっているか、ということをていねいに解説してみせます。[*20] ジョウンズが追放された後の展開は、偶然性の嵐です。波乱万丈の日々を過ごす中で、ジョウンズは、「母」との近親相姦を犯したり（結局、ほんとうの母ではなかった）、「殺人」の罪に問われたり（しかし相手は死んでいなかった）、といったさまざまなことがあり、紆余曲折の果てについにオールワージ家の継承権者であることが証明されます。

複雑な後半の筋の中にたくさんの偶然の出来事が詰まっています。たまたま誰かと誰かが同じタイミングで同じ家を訪問したり、ジョウンズがそのとき別の目的で所持していた大金が役立ったり、誰かがかつて別の場所で見かけた人物を別のコンテクストで運よく再び目撃したり……等々。その上で、並行して展開している複数の筋が精妙にからみ合わなくては、きれいな結末には至りません。ほんの少し違ったことが起きていれば、ジョウンズの死刑は執行されていたでしょう。わずかな違いで、ジョウンズの出生の真実は、永遠に明かされなかったでしょう。

フィールディングは、自分が創刊した新聞『闘士（チャンピオン）』に寄稿した記事で、次のように書いています。

> 人生というのは私にはチェスというよりサイコロ賭博（the game of hazard）に似ているように思われる。このうち前者では、よい指し手同士であれば、一回の悪手が敗北を決定づけてしまう。これに対し後者では、最悪の場合でも勝ち目が乏しくなるだけで、それも二対一より不利になることはない。（武田将明訳）

この後、サイコロ賭博では、間の抜けた奴が知恵ある賭け手に勝つこともある、といった趣旨のことが語られます。実際、『トム・ジョウンズ』がそうです。どちらかというと間抜けで人のよいジョウンズが、要領がよく目先が利くブリフィルに勝ってしまったのですから。

フィールディングが書いていることを念頭におくと、『トム・ジョウンズ』の対極にあるのは、バニヤンの『天路歴程』のような物語だということになるでしょう。『天路歴程』は、17世紀の終わり頃に書かれた宗教的な寓意物語で、プロテスタント、とりわけアメリカに渡ったピューリタンの間で熱心に読まれたことで知られています。「クリスチャン」という、キリスト教を体現する類型的な名前（つまり固有名詞ではない名前）をもつ男が、「落胆の沼」や「虚栄の市」や破壊者アポルオンとの闘いなどの試練を乗り越え、最後に「天の都」に到達するまでの旅の記録です。フィールディングの比喩をそのまま借りれば、『天路歴程』が描く人生は、（サイコロ賭博ではなく）チェスのようなものです。主人公のクリスチャンは、最善手を打ち続けることで勝利し、「天の都」に到達しているのですから。

『天路歴程』は、ピューリタンの告白的な日記と同時代のものです。小説は、これらのものから直接生まれてきたのではなく、そこにさらにある「屈折」が入り込んだ上で成立したのです。

5-4 偶然性の役割

『天路歴程』のような物語が読まれた理由はすぐにわかります。というのも、キリスト者が人生で遭遇する困難の寓意になっているわけですから、彼らは、これを読んで、信仰をかたく保とうと決意をあらたにしたことでしょう。しかし、『トム・ジョウンズ』のようなフィクションが書かれ、読まれたのはどうしてなのでしょうか。偶然性によって左右されるサイコロ賭博のような人生の軌跡を、書かずにはいられない衝動はどこにあったのでしょうか。どうして、そんなことが書かれた本が広く読まれたのか――人々はなぜこれを読まずにはいられなかったのか。

ここで、『ロビンソン・クルーソー』のあのエピソードを思い起こしてください。クルーソーを戦慄させた浜辺の足跡のことです。この足跡は、どこから来たのかわかりません。不意に、まったく予想もしていないところに、それは出現したのです。クルーソーがこの足跡を発見して、恐慌をきたしたのは、それが何であるかを知る者がどこにもいないかもしれない、と思わざるをえなかったからです。これほどに偶発的で不可解なかたちで出現したものであるとすれば、神にとってさえも謎かもしれない。そして、全知であることが神の定義的な条件のひとつであるとすれば、この不安は、そもそも神がいないかもしれない、ということでもあるはずです。恐怖の原因は、ここにありました。

『トム・ジョウンズ』では、偶然の出来事が次々と発生します。これら偶然の出来事は、クルーソーが発見した足跡のようなものです。クルーソーにとってはたった一個の偶発事が、『トム・ジョウンズ』では、次々と、まるで連打するように出現しているのです。

ここで、小説についての仮説を復習しておきましょう。原点には、神でさえも――いや「第三者の審級」と一般化して呼んでおいた方が誤解がないかもしれません――、それの真実を知らないのではないか、という不安や懐疑があります。第三者の審級に帰属する理念的な知の中で、それがなぜ起きているのかという理由が、それがもつ意味が、説明されるのでしょうか。謎は永遠に残るかもしれないのです。そのような不安と恐怖がまずはあります。小説は、こうした不安と恐怖に対抗し、それらを癒す効果をもちます。それらを消去することは、小説にもできない。しかし、抑圧したり、緩和したりすることは可能です。まさに小説の語りの中に位置づけられることによって、不可解だった偶然性が何であったのか、何のためにあったのかが説明されたことになるからです。

『トム・ジョウンズ』はどうでしょうか。このような論理に適合しているでしょうか。適合しています。『トム・ジョウンズ』は、仮説として提起している論理に合致した内容になっています。いくつもの偶然の出来事が生起しました。起きたその瞬間にあっては、それらはいずれも、意味のない――あるいは意味がわからない――出来事です。しかし、すべてが終わった後から遡及的に振り返れば、それらが、この「結末」に至るために――「トム・ジョウンズが救済される（ジョウンズが、オールワージ家の相続者として認められ、ソファイアと結ばれる）」という結末を得るために必要なことだったことがわかります。ということは、不可解だった偶然の出来事が何のためにあったかを知り、そのことによって、それらの出来事を必然性（必要性）としてあらためて意味づけることができる第三者の審級が存在していた、ということになるのです。

ここで慎重にならなくてはいけません。『トム・ジョウンズ』は、善人は最終的には救われる、世界は善が実現すべく定められている、といった類の話ではないのです。フィールディングは、善は必ず報われることになる、ということを小説によって書こうとしたわけではありません。そうしたことを表現したいのであれば、『天路歴程』のような、人生はチェスである、ということを証明する物語を書くはずです。しかし、実際に書かれた小説『トム・ジョウンズ』は、人生をサイコロ賭博として描いているのです。

ということは、どういうことなのか。不安、あるいはむしろ恐怖が、まずは前面に出ており、それらは結局、消滅してはいない、ということです。浜辺に突然出現したあの足跡のような偶然性について、第三者の審級（神）でさえもその意味を把握できていないのではないか、という不安の方が、まずは自己主張しているのです。そうした不安が解消されることがあらかじめ保証されているような物語を書く気はしない……とフィールディングは思っていたに違いありません。だからこそ、それぞれの出来事の異様なまでの偶然性が、まずは誇張的に記述されているのです。

そうだとすると、あらためて問われなくてなりません。その偶然の出来事が生起する理由を説明できる知の、理念的な所有者（つまり第三者の審級）が存在していた、ということを、人はいかにして納得できたのでしょうか。小説は、どのようにして、偶然性を、必然性（あるべくしてあったこと）へと転換できたのでしょうか。出来事の偶然性を一方では強調しておきながら、結局、最終的には、それが――第三者の審級の観点からは――必然性としても解釈しうるという展開に、どのようにしたらリアリティ（ほんとうらしさ）を与えることができるのか。『天路歴程』のように、あらかじめ神が存在していること、そして神が何もかもを知っているということを素朴に信じることができるならば、こうした問題は生じません。しかし、端緒において、神の存在や神の知に対して懐疑があるときに、どのようにしてそれは、最終的には克服されるのでしょうか。

5-5　科学の場合

ここで、前章で論じたことを思い返してみます。そこでは、小説とともに近代に固有な言説である科学の言説について考えました。近代科学のことを、もう一度、思い返してみましょう。というのも、科学も小説と同じ課題に直面している、とも言えるからです。

まずは、まったくの幸運（または不幸）の産物と見なしたくなるような現象が生起しています。

たとえば、太陽が毎日まったく欠かさずほぼ同じ地点から――いや少しずつ規則的にずれながら――昇ってくるとか、寒い日と暑い日とが出現する頻度に特殊な周期性があるとか、どうしてこんなふうであって他ではないのか、と思いたくなる現象があるのです。これらの現象が、いかにして生じたのかを説明し尽くすことが、科学の目標です。それゆえ、科学もまた、偶然性を必然性へと転換することが求められていることになります。

近代的な自然科学は、超越的な神を追い出すものだとされていますが、それは、科学の言説が神の機能的な等価物となりうるからです。外見上は偶然の体裁をとっている現象が、実際には必然的に生起していたとする説明を与えることができれば、神が世界をそのようなものとして予定し、あらかじめ知っていた、と解釈したのと同じことになります。アインシュタインが量子力学を批判したときの表現を転用すれば、成功した科学的説明は、神がサイコロで戯れていたわけではないということの証明に相当します。言い換えれば、近代科学がもたらす説明は、神がこの世界のこの様態を意図的に選択していたとする解釈と、論理的に同値なのです。論理的に可能な世界の集合の中から、神は最善のものを選択した、とするライプニッツの説を思い起こしてもよいでしょう。要するに、近代科学によれば、宇宙は、神のサイコロ賭博の場所ではないのです[*21]。

科学はそのような説明をどのようにして構成するのでしょうか。現象が生起する際にそれを規定している法則を見出すことによって、です。法則のうちに包摂するためには、個々の具体的な現象を――本質的だと見なしうる特徴にだけ着目することを通じて――抽象化し、一般化し、そして類型化しなくてはなりません。具体的な現象と、一般化された類型との間にはギャップがあります。

現象は類型へと還元される限りにおいて、法則による説明の中に位置づけられるのです。科学における「経験の実験化」も、このような類型化の一種です。経験を、「誰がやっても同じ」になる類型にできたら、つまり「それぞれの実験者を特定値とする変数」と化すことができたら、それは実験となるわけです。

5-6 「プロット」と「全知の語り手」

同じことが、小説の場合にも成り立つでしょうか。小説もまた、偶然性を必然性へと転換しているように見えるわけですが、その方法は、科学の場合と同じでしょうか。まったく違います。小説は——『トム・ジョウンズ』のような小説は——、サイコロ賭博場であるような世界を描くわけですから。しかし、小説においても、この賭博場でのサイコロの目の偶然性は、飼い慣らされずに放置されているわけではないのです。あの「浜辺の足跡」は、恐怖を引き起こす原因にとどまるわけではありませんでした。どのようにして、こうした偶然性は飼い慣らされているのでしょうか。

科学的言説が採用する方法は、小説の本性に反しています。科学の場合には、出来事は抽象的で一般的な類型としてのみ認識されます。それに対して、小説にとっては、内容の具体性、そこで描かれた出来事、つまり経験されたことの具体性こそが命です。小説の中で生起する出来事は、一般的な類型の一事例ではありません。小説の内容をなす出来事の連なりの、「類型には還元できない具体性」こそが、小説を小説たらしめています。小説の中で次々と生起するいくつもの出来事の特殊性の全体が、それらを経験する主人公の個人としての特異性を——「他でもないこの私」と言われるような特異性を——浮き彫りにするわけです。「トム・ジョウンズ」等の特定の固有名によってしか指し示すことができない特異性を、です。個体の特異性を際立たせる具体性は、小説にとっては絶対に譲れない条件です。この条件は、小説の源流がどこにあったかを思い起こさせます。小説の起源——小説にはまだなっていない源泉——は、この探究の中で述べてきたように、プロテスタントにおいて特に流行した「日記の体裁をとった告白」です。その告白は、特異的な〈私〉を記述し尽くし、〈私〉とは何かを確定しようとしていました。小説は、こうした〈私〉への執着を主人公の特異性として引き継いでいるのです。

　小説の内容のこうした具体性が、叙述されている出来事・経験の偶然性として現れます。（小説の中の）出来事には、一般法則の中に回収できない具体的な細部があるわけです。その部分に関しては、偶然そうなった、としか言いようがありません。具体性と偶然性は、このように表裏一体の関係にあります。

　しかし、まだその先があるのです。それが偶然であるということは、「それだけではない」「それに尽きない」という様態でそれが現れている、ということを意味しています。ある出来事が偶然だということは、定義上、その出来事が「他でもありえた」という様相を呈しているということです。つまり、出来事は、現実化している「それ」だけではなく、「ありえた他なるもの」への暗示をともなっているからこそ、偶然の生起なのです。このことは、別の表現で言えば、偶然の出来事をそのまま具体的に——現実のこととして——記述するとき、何かが排除されている、何かが抑圧されている、という印象を不可避に与えるということです。

たとえば、『トム・ジョウンズ』で弁護士が訪問してきたとき、たまたまオールワージ氏は病で伏せっていた。オールワージが普通に健康でもありえたのに……と思えるからこそ、弁護士が訪問してきたタイミングを、まったくの偶然だった、と感じるわけです。それゆえ、弁護士の訪問についての叙述は、この「他でもありえた可能性（オールワージが健やかに生活していた可能性）」の排除の上に成り立っている、という印象をともなうことになります。

＊

そうだとすると、ここからひとつの転回が生じます。他でもありえたのに、まさに「これ」が生起しているということは、「ありえた他なる様態」がすべて排除され、「これ」が選ばれている、ということではないでしょうか。偶然性を強調すればするほど、逆に、その偶然性そのものが否認されることにもなるわけです。なぜなら、偶然に生起しているそれは、誰かによって意図的に選ばれているかのようにも現れるからです。選択の意志が帰属する誰かとは、無論、神のような何か、いや第三者の審級です。

偶然の出来事の連鎖を通じて、最終的に何らかの決定的な結果がもたらされたとき、事後的に、それらは第三者の審級によってそのようになるべく選ばれていた、ということになるのです。当然、第三者の審級は、それらの出来事の連続が、そうした終結へと差し向けられていることを知っていた、ということにもなります。

小説が、18世紀的な段階から19世紀的な段階へと「成熟」する過程で作用していた論理は、以上のようなものではないでしょうか。小説が展開する渦中にあって、偶然の出来事を体験している主人公たちは、それがどこに向かうかは知りません。しかし、彼らは、結末まで至ったときに、その結末へと差し向けられるべくそれらの出来事が選ばれていたことになるかのように、つまり、一種の（フランス語の文法で言うところの）前未来形の様式で、出来事を体験するのです。こうした機序が、目的＝結末へと至るプロットを可能にするのではないでしょうか。と、同時に、第三者の審級はすべてを知っていた、ということにもなります。この第三者の審級の役割を実際に果たすのは、もちろん、小説の語り手です。それこそが、19世紀の小説を特徴づける「全知の語り手」だということになります。

ジェルジ・ルカーチは、『小説の理論』で次のように結論しています。「小説は神に見捨てられた世界の叙事詩である」と。[*22] 私たちがここで論じてきたことに照らすと、このルカーチの結論は、正しい方向を歩んでいるけれども、その方向を歩み切ってはいない……ということになるのではないでしょうか。むき出しの偶然性が露呈したとき、たとえば、浜辺にひとつの足跡が唐突に出現したとき、人は、この世界は神に見捨てられているのではないか、という不安を抱くことになります。この出来事の意味を告知することで世界を救出しうる神はどこにもいないのではないか、と。しかし、今述べてきたように、他ならぬその偶然性を活用して、あらためて、神に相当するものが現れます。いったんは見捨てられた世界を救出する神が、です。そのような神を無意識のうちに信じるとき、小説が可能になったのです。

これは、商品と資本の世界における「命がけの飛躍」と似ています。資本は、商品というかたちをとって市場に送り出されます。その商品が売れるかどうかはわかりませんから、一種の命がけの飛躍です。つまり、サイコロ賭博と同じです。商品が実際に売れたとき、資本は、その目的を実現したことになります——つまり、剰余価値がひとまず現実のものとなります。出来事の偶然性を経験しているとき、小説の主人公は、命がけの飛躍を試みているのです。そして、完結した小説は、この命がけの飛躍に成功し、報われたことの証となります。命がけの飛躍に成功したことは、小説が書きあがったという事実によって、事後的に確認されるのです。

6 虚構性の勃興

6-1 小説における「虚構性の勃興」

近代イギリスの文学史・文化史の研究者キャサリン・ギャラガーが、「虚構性の勃興」と呼んでいる変化が、近代小説の歴史の中で生じます。この変化がどうして生ずるのかを、説明しなくてはなりません。まずは、虚構性の勃興とはどういうことなのか。

近代小説を定義する条件は、何度も述べたように形式的リアリズムです。リアリズムは、本来は、現実との対応によって定義されます。小説も最初は、現実を記述しているというスタイルを装いました。しかし、18世紀後半から19世紀前半にかけて、小説は、現実を映し出す記述であるというスタイルを放棄し、虚構の中で自己充足した「真実らしさ」だけを追求するようになります。これが、キャサリン・ギャラガーの言う「虚構性の勃興」です。[*23]

虚構性が勃興するための必要条件は、蓮實重彦が言う説話論的磁場における転換です。語ることが、「現実を知っている」ということに完全に従属している間は、虚構性の勃興は起こりません。前者が後者から独立することが、虚構性が勃興するには必要です。

イギリスでも、フランスでも、初期の小説は、書かれていることが現実を反映しているという想定を重視していました。近代小説の源泉が何であったかを考えれば、この要請は当然のことです。しかし、ここから、現実との直接の対応にこだわらない、自律した虚構性への転回が生じます。どうしてなのか。なぜこのような転回が生じえたのか。[*24]

このことを考える上でも、フィールディングが戦略上の拠点になります。虚構性の勃興という点でも、『トム・ジョウンズ』は、19世紀的段階を先取りしている、ということができます。しかし、同じフィールディングの作品でも、十年近く前の『シャミラ』は、18世紀的で、虚構性の勃興の前に属しているのです。『シャミラ』は、リチャードソンの『パミラ』のパロディです。パミラならぬシャミラのほんとうの手紙を暴露する、というかたちをとっています。シャミラは、財産狙いの悪女で、主人を誘惑し、結婚に至る。パミラの仮面をはいで、シャミラという現実を見せよう、というわけです。

6-2 小説と予定説

『トム・ジョウンズ』に関して、最も注目すべき特徴は、偶然性の強調、つまり、物語が展開する中で偶然の出来事が果たす意義の大きさでした。ある出来事が偶然として体験されるということは、その出来事が「すべてではない」「それに尽きない」と感受されている、ということでもあります。なぜかというと、前節でも述べたように、出来事が偶然という様相を帯びていることは、その出来事に、他なる様態がありえたということ、他でもありえたということを、同時に意味しているからです。ここに生起しているこの出来事は、他でもありえたことの一つでしかなく、可能なことはそれだけに尽きない、と感じられるわけです。

だから、偶然性が構成されているとき、人は、「排除と抑圧があった」かのように感じることになります。ありえた他なる様態が抑圧されていて、それが今、回帰してきて、この現実の出来事をまさに偶然のことであると自覚させている……こんなふうに感じられるのです。もちろん、実際には、原初的な抑圧・排除が先在していたわけではありません。そうではなく、他でありえたことが、「抑圧されていたものの回帰」のように見えるということがまずあって、そのことが、遡及的に、「抑圧されていたものがあった」という幻想を構成しているわけです。このことの含意については、次節でもう一度、振り返ることにします。

前節で述べたことは、こういうことでした。偶然の出来事が、「これに尽きない」ものとして現れているということ、すなわち「他でもありえた（にもかかわらず、これである）」という様態で現れるということ、このことが基礎になって、この出来事を選択し、その（救済的な）意味を知っているはずの第三者の審級が——神のようなものが——措定される、と。第三者の審級の存在が想定されることによって、小説は、プロットを、言い換えれば物語をもつことが可能になります。第三者の審級に帰せられる知を媒介にして、小説の主人公が経験する一連の出来事が「どこへ向かっていたことになるのか」が決定されるからです。このケースで、第三者の審級の存在の様態は、前未来（未来完了）的です。来るべき結末からの遡及的なまなざしの中で、第三者の審級は、物語の過程の中にある個々の出来事の意味を「知っていた」ということになるからです。

さて、ここで、最終的な結果だけを見るならば、小説を可能なものとした、このような心のあり方は、予定説のもとでの人々の行動を作り出したエートスと同じだということに気づきませんか。予定説の場合、神が誰を救うと定めているのかは、「その日」にならないとわかりません。信者としては、とにかく神は——私についてすべてのことを——知っているということだけを前提にした上で、結局、神が何を具体的に知っているのかはわからないのですから、ただ盲目的に選択し、行動するほかありません。そして「その日」に、つまり最後の審判の日に、私は、神がはじめから私（信者）の人生におけるあらゆる行動を知っていて、私を救いへと（あるいは呪いへと）定めていたということを、知ることになります。小説の登場人物（主人公）も同じです。彼、または彼女は結末をはじめから知っているわけではないので、ただその場その場で盲目的に決断し、選択しているだけです。読者は、読みながら、この登場人物に自らを同一化させているはずです。

しかし、予定説と小説が類似して見えるのは、結果だけに着目したときです。最終結果に至るまでの過程には、はっきりとした違いがあります。小説へと人を駆り立てているものは、不安、いやむしろ不信である、と繰り返し述べてきました。この不安が、予定説の信者にはないのです。

いや、予定説を信じるプロテスタントにだって不安はある、と言われるかもしれません。確かにその通りです。信者は、自分が救いへと定められているのか、呪いへと定められているのかわからず不安です。ただ、信者が確信していることもあります。救いか呪いかのどちらにせよ、神は私（信者）のことをよく知っていて、どちらかに決めている、ということです。

しかし、小説への衝動を支えているのは、プロテスタントがまさに確信しているそのことへの不信です。神（に相当する第三者の審級）は、そもそも、ほんとうに知っているのか。全知によって定義できる超越的な他者（神のようなもの）は、そもそも存在しているのか。端緒にはこのような不信があって、それは消えない。結末のところで、ようやく不信は解消されるのですが、最後に解消されるということよりも、それまでずっと解消されていないということの方が、小説にとっては重要です。だから、小説の中の出来事は、偶然性＝偶有性としての様相を、還元できないかたちで帯びているのです。

6-3　叙事詩の時間と小説の時間

さて、ここで、ミハイル・バフチンの、小説についての理論を導入してみます。バフチンは、小説を、叙事詩との違いによって特徴づけています。[*25]

バフチンによれば、叙事詩が語っているのは、「絶対的過去」における不変の出来事です。それは、あえて時間的に位置づけるならば「過去」となるほかないわけですが、厳密には、何年前とか何百年前とかといった経験的な時間の中に位置づけられない過去、経験的な時間の外部にある永遠の過去です。叙事詩は、経験的な時間をいくら過去へと遡っても到達できない場所について物語っているのです。

バフチンの見るところ、小説を支えているのは、これとはまったく違った時間感覚です。小説が表現しているのは「未完結の現在」である、とバフチンは言います。未完結の現在とは、偶有性を帯びた現在、それがどこへ向かうのかあらかじめ知ることができない現在という意味ですから、私たちが論じてきていることと、バフチンの理論は重なってきます。

神の存在を、最初から自明の前提とすることができるならば、叙事詩を語ることができます。叙事詩において語られる絶対的過去に属する物語とは、神の視点を通して見たときに規範的なものと見なされる物語、神の視点にとってそうであるべきとされる物語にほかなりません。しかし、もし神すらも、あらかじめその帰趨を知らないとすれば、現在をその未完結性において表現しなくてはならなくなります。それが小説なのです。

このバフチンの議論に私たちが付け加えることができることは何でしょう。小説は、確かに、未完結の現在を表現しています。しかし同時に、小説は、その未完結性（偶有性）を克服しようとする試み、未完結性を消去しようとする挑戦にもなっている。小説の時間には二重性があるわけです。一方で、それは、未完結の現在であり、他方では、未完結の現在を乗り越えようとする賭けにもなっているのです。

さて、ここで、資本の運動のことを思い起こしてください。資本の時間性もまた、小説の時間と同じ二重性によって特徴づけられます。どうしてか。資本主義における資本の流通の公式は、G－W－G′となります。剰余価値をともなって還流してくる貨幣G′（＝G＋ΔG）が、目的であり、終わり（完結）でもあります。が、還流してきた貨幣G′は、再び投資にまわされ、同じ循環G－W－G′

を繰り返させられるので、決して、真の終わりには到達しません。資本は、「終わり（完結）」を迎えるたびに、それが、再び「未完結の現在」になるという反復です。「未完結の現在」は、常に、「終わり（完結）」を目指していますが、しかし、その「終わり（完結）」は、そのたびに、もう一度、「未完結の現在」へと転ずるわけです。

加えて、第1章で述べたことも、ここで再確認してください。資本主義というシステムが、終わりという観念に取り憑かれている、という話です。資本主義は、決して終わらない終わりという矛盾に縛られているように見えます。そうなる原因は、今述べた、資本の循環を特徴づけている時間性にあります。

＊

もうひとつ、注目しておきたいことがあります。プロテスタントの――いやより広く一神教の――神と、小説がその実現を通じて回復する神（のようなもの）との間にある、根本的な性質の違いについてです。それは、「創造」をめぐる観念の差異に現れます。

一般に、神による宇宙の創造はポジティヴなものです。しかし、小説が、プロットを獲得し、物語を完結させたときに事後的に取り返す神の場合は、創造はネガティヴな所作として思い描かれます。

前者の普通の神の場合、創造とは、宇宙に、新しい秩序を付与するポジティヴな（積極的な）行為です。その新しい秩序は、絶対的過去に属する叙事詩や神話によって寓話的に表現されることもあるでしょう。それに対して、小説を媒介にして取り戻される「神のごときもの」にふさわしい創造とは、多様な可能性に制限を課すという――いくつものありうる可能性の中のひとつに優先権を与えるという――ことですから、ネガティヴな（否定的な）所作であるほかないのです。

6-4 あの駅のホームで

「二種類の神の性質の違い」という話題を経由することで、もう一度、偶然性＝偶有性ということの意味をめぐる考察に回帰することができます。出来事が偶然として体験されているということは、その出来事が「これに尽きない」という様相を帯びているということだ、と先ほど述べました。そして、「他なる様態」が、「抑圧されていたものの回帰」という形式でたち現れ、経験されるのだ、とも論じました。これがどのような状態であり、いかなる効果をもたらすのか、考察を進めてみたいのです。

しかし、初期の小説だけを探究の対象にしている限りは、主題となる状態に、具体的なイメージを与えるのは難しい。小説において、萌芽的に、きわめて微弱に感じられていることを増幅して提示するために、小説よりも後に出てきた、新しい芸術のジャンルから援軍を送ってもらうことにしましょう。ここで念頭においている芸術のジャンルとは、映画です。いや、もっとはっきりと絞って言えば、ポーランドのクシシュトフ・キェシロフスキが撮った映画です。というのも、キェシロフスキにとって、「偶然性・不確定性に取り憑かれた生」は、一貫したテーマだからです。

たとえば、1981年の映画『偶然 Blind Chance』を観てみましょう。この映画の主人公ヴィテクは、ポーランドで「ポズナン暴動」として知られている大規模なデモがあったその日、1956年6月27日に生まれます。母親は彼が生まれてすぐに亡くなったため、ヴィテクは父親に育てられ、その父の希望で、ウッチの大学で医学を学んでいました。大学の同級生オルガが、恋人です。そこに父の訃報が届いたため、ヴィテクは医学への意欲を失ってしまう。大学に休学届けを出して、ワルシャワへと旅立つ決心をします。そして、列車がまさに発車しつつあるホームに、ヴィテクが全速力で走って入ってくるのです。飛び乗ることができるかどうか。この後の、ヴィテクの人生の三つの異なるヴァージョンが上演されます。

第一は、ヴィテクが列車に乗ることができた場合。すでに発車していた列車にかろうじて追いつき、乗車することができたヴィテクは、列車の中で知り合った男の仲介で、党中央評議会で働くことになります。この筋では、地下出版の反政府活動にコミットしているかつての恋人チュシュカと再会し、愛し合い、そして別れます。彼は、党からフランスに行くよう命じられますが、出発の直前に「連帯」が指導する大規模なストライキがポーランド全土で発生し、結局、旅立たないことになります。

第二のヴァージョンは、駅の鉄道保安員に制止されて、列車に乗れなかった場合です。鉄道保安員を投げ飛ばしてしまったヴィテクは、罰として奉仕労働を課せられます。奉仕労働の中で知り合った男に紹介されて、こちらのヴィテクは、反政府活動——地下出版の仕事——に従事することになる。ヴィテクは、幼い頃に別れたユダヤ人の旧友と再会し、彼の姉ヴェルカと愛し合うようになります。結婚していたヴェルカとの情交の最中に、地下出版の作業所が当局によって捜査されたため、ヴィテクは仲間から裏切り者と疑われることになります。ちょうどそのとき、ポーランド全土でストライキが発生したことが報じられる。

第三のヴァージョンでは、ヴィテクは、最も平穏で幸せな生活を送ります。駅のホームに駆け込むと、そこには恋人のオルガがいる。結局、彼は、列車に乗り遅れ、大学に復学し、卒業後にオルガと結婚するのです。ふたりの間に子どもが生まれ、ヴィテクは、医者として働きはじめます。息子の反政府活動によって失脚が確実となった学部長から、ヴィテクはリビアでの講義を委託され、この大仕事を喜んで引き受けます。しかし、この仕事のために彼が乗った飛行機は、離陸直後に爆発し、墜落する。

この映画が表現していることは、まずは、ほんのわずかな違い、どちらにもなりえたような偶然の微細な差異によって、まったく異なる三つの人生がありえた、ということです。別の角度から見れば、偶然性の作用によって振り分けられている、人生のそれぞれのヴァージョンは、他の二つの可能性を排除した上で成り立っているものとして体験されるということでもあります。たとえば、第三のエピソードで、ヴィテクは、平凡な家族の夫にして父であり、政治とは距離をとり、順調に仕事をこなし昇進しつつあります。しかし、このシンプルな人生は、直接に得られるものではなく、媒介された結果です。つまり、この人生は、二つの極端な可能性――党に奉仕する活動と反政府的な出版活動――の否定によって得られているのです。これら両極的な可能性が排除されている限りにおいて、平穏な生活（第三のエピソード）が成り立っているということを考えれば、排除された選択肢は、現実の人生に――「それらではない」という否定的な仕方で――介入しているのであって、言わば、幽霊のように取り憑いている、と解釈することができるわけです。「幽霊」は、「抑圧されたものの回帰」という様式で、現実の人生のもとにやってくるのです。第三のエピソードだけを見れば、それは、普通に生きていれば確実に得られるきわめて堅実な人生に見えますが、排除されている二つの人生を背景にしたときには、ほんのちょっとしたことで崩壊しうる危うい人生だということがわかります。第三のエピソードで、結末として示される飛行機の爆発は、排除されて現実のものとならなかった他なる可能性が、現実の人生に刻印を残していることの証拠のようにも感じられます。党のための活動をしていたとしても、また反体制活動をしていたとしても、ヴィテクは飛行機に乗ることができなかったはずですから。

6-5 可能なる人生の重ね合わせ

映画『偶然』をめぐる解釈から、次のようなアイデアを導くことができるのではないでしょうか。物語の形式をもった人生の経路の偶然性は、「他なる可能性が、幽霊のように現実の――そして偶然的な――人生に潜在的に付きまとっていて、それらが現実の人生と相互作用をもったり、現実の人生に介入したりしている」ということを含意している、と。キェシロフスキ監督のさらに後年の映画『ふたりのヴェロニカ』(1991)は、こうした理念を、もっと端的に、そして寓話的に表現しています。

映画のあらすじは、次の通りです。ポーランドの小さな村に住むヴェロニカは、個性的な美しい声をもち、コンサート歌手としてのデビューが決まります。はじめての演奏会で歌っているとき、ヴェロニカは、舞台上で突然、以前からときどき彼女を襲っていた激しい胸の痛みを感じ、倒れてしまう。周囲の人々は驚き、あわてて彼女を抱き上げるのですが、すでに彼女は息絶えていた。

同じ頃、フランス（クレルモン＝フェラン）にもヴェロニカ（ヴェロニク）がいます。こちらのヴェロニカは、小学校の音楽教師です。ある日、彼女は、学校のホールで上演された神秘的な人形劇を見て、これに強く惹かれます。彼女は、この人形劇を上演した人形使いで童話作家のファブリに関心をもち、（彼のちょっとした「心理実験」に導かれて）パリにやって来て、最終的に、彼と恋に落ちる。二人が結ばれた後、ファブリは、ヴェロニカのバッグの中に入っていた何枚もの写真の中から一枚を取り出し、こう言います。「ここに君が写っているね」と。ファブリが見ていた写真はすべて、ヴェロニカが数年前にポーランドを旅行したときに、クラクフの広場で行われていた「連帯」のデモを撮ったものですが、そこに自分が写っているはずはないということを彼女は知っています。ヴェロニカはもっぱら写真を撮るだけで、誰にも自分を撮ってもらっていなかったからです。しかし、ファブリが差し出した写真の隅には、まちがいなく自分が――自分とそっくりの女性が――いた。その瞬間、ヴェロニカは悟ります。もうひとりヴェロニカがいるということを、です。実は、彼女はずっと前から、自分は一人ではない、誰かが常に一緒にいる、と感じていたのです。そして、このもう一人のヴェロニカこそが自分を助けており、こうして恋が成就できたのも彼女のおかげであった、と知ります。

『ふたりのヴェロニカ』は、人生の「もうひとつの可能性」との間の差異を際立たせています。ポーランドのヴェロニカは、フランスのヴェロニカ（ヴェロニク）から遠く離れたところで、まったく違った人生を歩んではいるのですが、それでもなお、フランスのヴェロニカのありえたかもしれない姿です。ポーランドのヴェロニカは、フランスのヴェロニカに、やはり幽霊のように——いや守護天使のように——つきまとっています。二人のヴェロニカの人生は、さながら量子力学で光子や電子の可能な経路が重ね合わせられるときのように、干渉しあっているのです。このことを劇的に示しているのが、あの一枚の写真です。このとき、写真を撮るヴェロニカと撮られるヴェロニカが、まちがいなくひとつの場所の中に共存していたのですから（映画の前半に、ポーランドのヴェロニカが、デモで騒然としているクラクフの広場で、観光バスの中から夢中になって写真を撮っている自分そっくりの若い女性を見つけて、驚愕するシーンがあります）。

6-6　現実の否定の否定

キェシロフスキの映画を検討したのは、これらの映画が、偶有性ということが、つまり人生の展開や出来事の生起が偶然的なものとして現れるということがどういうことなのかを、誇張したかたちで可視化してくれるからです。私の意図は、ここで得た洞察を、小説についてのここでの考察に適用することにあります。

現実の人生の展開が偶有性の様相を帯びているということは、他のありえた可能性が、「抑圧されたものの回帰」の形式で現実にたち現れ、幽霊のように取り憑くことです。ここからさらに、次のような逆転が生じうるのではないでしょうか。この偶然の現実が、否定されたものとしての他なる可能性を前提にしてこそ成り立っているのだとすれば、後者の現実化しなかった可能性の方がより本来的であり、現実よりもいっそう、私にとって真実だ、と。

たとえば、堅実で平凡な若手の医者として生きるヴィテクにとっては、政治活動に従事し、激しい恋に生きるヴィテクの方が、よりいっそう真実の自分です。現実化しなかった可能性の方が、現実となったことよりいっそう重い真実として自分に迫ってくるということは、過去を強い悔恨の情をもって振り返るときなどに、私たちもときに実感することでもあります。たとえば、あるとき友人から急に食事に誘われたのだけれども、あなたは、そのときちょっと仕事が溜まっていたので、「また今度にしよう」と断ったとします。そして、夜、その友人が自殺してしまったとする。すると、あなたはきっと、どうしてあのとき自分は友人と一緒に食事をしなかったのだろう、どうして友人の話を聞いてやらなかったのだろう、と深く後悔するでしょう。後悔するのは、あなたにはそれができたはずだ、という強い思いを消すことができないからです。このとき、捨てられた可能性（友人と食事をする）の方が、実際に現実となった可能性（仕事をする）より以上に現実になりえたこと、現実化されるべきだったことだと、あなたには感じられている。この例では、友人の死という重い結果が、「潜在的な可能性が、現実以上の現実になりうる」ということをあぶり出す触媒のように働いているわけですが、実際には、人生のすべての瞬間に、現実以上の真実としての潜在的可能性が随伴している……このことをキェシロフスキの『偶然』は示そうとしているわけです。

ここには、まことに正確に、ヘーゲルの弁証法で言うところの「否定の否定」の論理が作用しています。形式論理では、二重否定はただの肯定と同じことになりますが、ヘーゲルの「否定の否定」はそういう意味ではもちろんありません。では、どういう意味なのか。

普通は、「肯定」がまずあって、それの「否定」があると考えられています。つまり「肯定」が主で、「否定」が従になっています。「否定の否定」は、後者の「否定」を帳消しにするということではなく、後者の「否定されていること」が、実際には、もとの「肯定されていること」よりもいっそう徹底的に肯定されている、ということです。つまり、「肯定」と「否定」の間の主従関係が逆転するのです。

今、私たちが注目しているのは、次のようなことでした。すなわち、現実の人生の物語がたち現れる上で否定された可能性の方が、現実よりも深い真実を含んでいるように感じられることがある。ここにこそ、まさに「否定の否定」の論理が働いているわけです。

そして、この論理こそが、小説における「虚構性の勃興」を説明します。現実が偶然性を帯びているとき、その現実をまさに偶然性として際立たせる上で背景になっている、現実化しなかった可能性があります。こちらの可能性にこそ、より深い真実を見出し、これをプロットの軸に据えたとき、小説は、現実から切り離され、虚構性が勃興するわけです。そのプロットは、虚構であるがゆえにますます真実であり、これを採用している小説は、現実を単純に模写する小説よりもなおいっそうリアリズムに深く傾倒していることにもなるのです。

7 資本主義と連動する小説

7－1 偏心していく人生

小説の言説が、資本主義とどう結びついているのか。この本来の主題はどこに行ってしまったのか、と思われるかもしれません。しかし、それこそ、私が最終的に示そうとしていることなのです。そして、そのための準備は、実は着々と進められています。小説と資本主義との間の関係を明示するためには、しかし、最後にやっておかなくてはならないことがあります。

19世紀の小説家、「リアリズムの巨匠」などと呼ばれることもあるあの小説家、つまりフローベールが、どうして、最後にとてつもなく奇妙な作品『ブヴァールとペキュシェ』を遺すことになったのか。『紋切型辞典』をその内部に含むことになっていた『ブヴァールとペキュシェ』という小説。未完に終わったわけですが、これが、フローベールが最後に到達した小説です。私たちは、この小説について、第2節ですでに見ておきました。小説の言説のダイナミズムが、『ブヴァールとペキュシェ』と『紋切型辞典』とを生み出させることになる必然性、これについて説明できるところに、私たちは来ています。

『ブヴァールとペキュシェ』の二人の主人公、つまりタイトルにあるブヴァールとペキュシェは、二人のヴェロニカのようなものだ、と考えてみたらどうでしょう。キェシロフスキの『ふたりのヴェロニカ』で、ひとりのヴェロニカ（フランスのヴェロニク）にとって、もうひとりのヴェロニカ（ポーランドのヴェロニカ）は、自らの「他でもありえた可能性」の具体化であり、そのことのゆえに、後者は、前者にとって守護天使のような協力者になっているのでした。同じことは、ブヴァールにとってのペキュシェにも、あるいはペキュシェにとってのブヴァールにも成り立つのではないでしょうか。『偶然』では、主人公の男は、三つの異なるヴァージョンの人生を反復します。『ふたりのヴェロニカ』では、ヴェロニカたちは、遠く離れていても同じひとつの世界に属していて、相互の人生への干渉のようなものを感じるのでした。『偶然』では、それぞれの人生の物語に対して、ほかの二つのヴァージョンは、いわば抑圧されたものとして潜在的(ヴァーチャル)にのみ共存しており、互いに因果的に関係しあうことはありません。三つのヴァージョンの人生は、共時的に共存しあう並行世界のようなものです。そこで、『偶然』を『ふたりのベロニカ』のように変換したらどうでしょうか。つまり、三つの並行的な人生を、通時的な系として展開したらどうなるでしょうか。すると、主人公のヴィテクは、あるときは党の中央評議会で働く体制側の人物ですが、やがては地下出版に関与する反体制活動家になり、そして私生活の幸福や職場での昇進にのみ関心を向けるノンポリにもなる。このように、主人公は、政治的に一貫性がない支離滅裂な人物に見えてくるはずです。

この地点で、私たちは、『ブヴァールとペキュシェ』に戻ることができます。ブヴァールとペキュシェによる学問領域の踏査の軌跡が示す一貫性の欠如は、今述べた、改訂版の『偶然』のヴィテクの政治的な無節操と似ていないでしょうか。18〜19世紀の小説の意義を理解するために、あえて、それより後の20世紀後半の映画を参照してきました。この方法をもう少し活用してみましょう。キエシロフスキの映画は、人生の偶有性の感覚に取り憑かれています。つまり彼の映画は、ありえたかもしれない他なる人生、他なるリアリティが、現実の人生の筋とともに潜在しており、何らかのかたちで現実に関係している、という観念をもとにしています。この観念をさらに強調して表現しているのが、ロバート・アルトマン監督の『ショート・カッツ』（1993）という映画です。

＊

この映画の舞台となっているのは、アメリカのごく平均的なコミュニティです。物語の展開の場となっている空間は非常に狭く、時間的なスパンもごく短い。この映画には、一本の明確な筋もなく、また主人公が誰であるとも認めがたい。というのも、この映画は、レイモンド・カーヴァーの九つの短編とひとつの詩をつないで編集したものだからです。カーヴァーのこれらの作品のそれぞれは、さらに多数の短い断片（ショート・カット）に分けられ、映画の全体に散りばめられているのです。その上、10の物語は、それらの断片の中で、ときに出会ったり、交錯したり、干渉しあったりしている。つまり、ひとつの断片の中で、二つ（以上）の筋に関連する人物たちが遭遇したり、ある筋の中に組み込まれている断片の中で生じたことが別の筋の出来事に因果的な影響を与えたり、といったことが複雑に絡みあうように進行しているのです。

ここで、次のように考えてみたらどうでしょう。私たちは、出来事が偶然的なものとして体験されたり、記述されたりしているとき、現実の「この私」は、体験しているこれが「すべてではない」と感じ、自分は「他の様態でもありえた」「他のことを体験しえた」という思いを拭いがたくもっている。前節では、こうした事実に注目しました。ところで、「他の様態でもありえた私」とは、結局、「今のこの私」ではないのであって、ある意味では「他者」でしょう。医者のヴィテクにとって、反体制運動をしているヴィテクは、もはや「他者」であると言ってよいほどに疎遠です。とすると、今度は逆に、他者たちを、「この私」のありえたかもしれない様態の現実化・具体化として見なすことができるのではないでしょうか。たとえば、『ふたりのヴェロニカ』で、ポーランドのヴェロニカは、フランスのヴェロニカ（ヴェロニク）にとって他者でもありますが、しかし「私」のヴァリエーションでもあります。そうだとすれば、どの他者もすべてポーランドのヴェロニカであってもおかしくはないわけです。こうした感覚を作品化したら、『ショート・カッツ』が得られます。レイモンド・カーヴァーの、独立して書かれた10個の物語は、どの物語に内属している登場人物にとっても、「この私」の「他でもありえた様態」であると同時に、他者たちの体験でもあるのです。『ブヴァールとペキュシェ』を、『ショート・カッツ』の拡大版のように考えてみたらどうでしょうか。『ブヴァールとペキュシェ』を単一の物語として捉えると、プロットはあまりにも散乱しています。物語が次々と偏心し、逸脱し、思いも寄らぬ方向へと展開してしまうのです。しかし、これをひとつの物語と見てしまうのは、私たちが、主人公（たち）の一貫した同一性にこだわっているからであって、実は、『ショート・カッツ』のように、いくつもの物語の筋が組み込まれているのだとしたらどうでしょうか。そうだとすれば、物語の運動の偏心・逸脱・拡散は、当たり前のことになります。

どうして二人はあれほど失敗ばかりするのか、という疑問への答えはここにあります。第2節で、ミシェル・フーコーが、ブヴァールとペキュシェの失敗は、普通ではなく、あまりに法外なところがあると述べている、と紹介しました。どうして、彼らはそんな変な失敗をするのか。失敗が、ひとつの物語から他の物語への切り替わる通路になっているからです。ひとつの筋に内在すれば、相対的な成功と失敗とがあります。しかし、ひとつの可能世界から別の可能世界へとワープするような大きな転換のきっかけは、通常の「成功—失敗」の尺度の中におさまらない純粋な失敗、何か根本的にずれているとしか言いようのない失敗でなくてはなりません。

7-2 「流行語／問題」の二重性

こうした見方をしたとき、『紋切型辞典』はどう理解されるでしょうか。『ブヴァールとペキュシェ』の第2巻に組み込まれるべく予定されていたこの役立たずの辞典は、私たちの理論の中で、どのように説明されるのでしょうか。

第2節で、私たちは、『紋切型辞典』を、「流行語の言説の時代」から「問題の言説の時代」への転換という文脈に位置づける、蓮實重彦の『物語批判序説』の議論を概観しました。蓮實が言う流行語の（言説の）時代においては、物語は、知への従属から完全には脱していません。知っている人だけが語る権利がある、ということが厳格に守られていれば、流行語そのものが発生しませんから、流行語という現象が始まったときには、物語に対する知の支配は弱まっています。しかし、同時に、流行語を語ることが特権のように見えるのは、語っている人がそのことをよく知っていると見なされるからなので、物語に対する知の支配は、少なくとも外観としては残っているのです。

物語に対する知の支配が完全に無になったときに出現するのが、問題の言説です。つまり問題の（言説の）時代とは、物語の知への従属が失われ、しかるべき仕方で語りうるならば、「知っている」

という確信をもつことができる段階です。『紋切型辞典』は、問題の時代に突入したときに現れてきた兆候を極端化したときに得られる、理念的な書物です。それぞれの語について、この辞典にある通りに語ることができれば、「知っている」と見なされ、自分自身もそのような自己認知をもって安心することができるわけです。

蓮實の見立てでは、フランスの近代史においては、流行語の時代は七月王政期に、問題の時代は第二帝政の時期に、おおむね対応しています。しかし、私は、流行語の言説と問題の言説を固定的に特定の時代と結びつけるのは、よろしくない、ということを第2節で述べておきました。厳密には、「表象の時代」（フーコー）以降の言説は、ずっと「流行語／問題」の二重性を孕んでいると見なすべきです。

フーコーの言うエピステーメーが、「表象」を中心にできているときには、言説は、現実を写す鏡であろうとしている段階ですから、流行語以前であると見なすべきかもしれません。しかし、流行語なる現象が始まるや、「流行語から問題へ」という言説の移行が、不断に起きている、と考えるのが適当です。問題の言説は、流行語の言説が向かおうとしている極限を表しているのであって、問題の時代は、それ自体、未だに流行語の時代でもあります（流行語への感受性がなくては、問題の時代の紋切型は成立しない）。

7-3　二つの不安

さて、問題の言説の「問題」とは、他者の問題、他者の観点に現れる問題ということです。問題の時代において、人は他者の言葉を語ります。その「他者」に具体的なイメージを与えれば、それは国民だ、と第2節で述べました。しかし、「他者」が国民であることに、論理的な必然性があるわけではありません。経験的な事実に妥協せず、論理にだけ忠実に説明するならば、他者とは第三者の審級です。けれども、そうだとすると、言葉はすべて他者（第三者の審級）の言葉だという主張は、自明なことに思えてきます。ヴィトゲンシュタインが厳密に証明してみせたように、純粋な私的言語など存在しないからです。言語が純粋に私的であるということ自体が矛盾です。しかし、問題の言説、問題の時代についてのこの言明は、そんな一般的なことを主張しているわけではありません。

ここまでの私たちの探究を振り返れば、小説という文学のスタイルへと人を駆り立てた契機は、二種類の不安だった、ということになります。あらためて確認しておきましょう。

私は、小説の前史、小説的な文章が書かれるようになる1世紀ほど前から、特にカルヴァン派の間で定着していった告白的な日記を検討しました。この日記を書く者はある不安をもっています。何が不安なのか。神（第三者の審級）にとって私は何者なのか、それが私にはわからないということです。神は私のことを救済すると定めているのか、それとも呪うと定めているのか。神の視点から捉えたとき、私は救済に値する者なのだろうか。信者にとって、これは解消しえない本源的な不安として現れます。だからこそ、私（信者）は、告白を、日記による告白をせざるをえません。私は、私を精査しているのです。神にとって私が何であるかを、神の視点を媒介にしたときの私のアイデンティティを、です。結局、不可知のままに終わるにもかかわらず、なお追究せざるをえない。これが、第一の不安です。

しかし、この不安は、小説が成立するための必要条件ではあっても、十分条件ではありません。小説を書かざるをえなくする要因、小説を読まずにはいられなくする要因は、さらに深い不安だというのが、ここで提起している仮説です。第一の不安は、今述べたように、神（第三者の審級）は私について何かを確実に知っているのだが、私にはそれがわからない、という不安でした。第二の不安は、第一の不安においては前提になっている部分に差し向けられます。第三者の審級は、そもそも私について知っているのだろうか。私が何者かわかっているのだろうか。第三者の審級も知らないのではないか。このような不安です。もし私についての知を所有していることが、第三者の審級の条件であるとするならば、この不安は、そもそも第三者の審級が存在しているのか定かではない、という不信と懐疑でもあります。これと同じ不信・懐疑を最も強く感じていたのが、十字架の上のキリストです。小説は、この第二の不安に抗するようにして書かれている、というのが私たちの仮説でした。

小説という営みは、このような二種類の不安に由来しています。逆に言えば、一本の小説が書かれ得たとすれば、その小説に記された人生、そこで「固有名」で呼ばれているような主人公の人生に関して言えば、これら二種類の不安は払拭され、乗り越えられたことになります。その人物の人生が何であるかを知っている第三者の審級は確かに存在しているのです。その小説こそが、まさにその「何であるか」の記録です。第三者の審級に対応するのが、ときに「全知の」などと形容されることもある作者であり、読者は、その作者の視点に自らを同一化させて小説を読むでしょう。それゆえ、今や、小説の主人公は、こう言うことができるのです。私は、第三者の審級にとって私が何であるかをすべて知っているのだ、と。

7-4　小説はどこに向かっているのか

さてここで、小説の成立をめぐるこの仮説、小説への衝動の源泉には二種類の不安があるとする仮説を背景にして、問題の言説——『紋切型辞典』が属している説話論的磁場——を捉えると、どうなるでしょうか。このとき、次のように言うことができるはずです。この言説の編成のもとでは、二種類の不安が一般に——個別の人生ごとにではなく一般に——解消されていることになる、と。なぜならば、問題の言説が支配的である状況のもとでは、「私」は——任意の「私」は——、「他者」（第三者の審級）が、「私」や「私」が内属している現実について知っているということを、さらにその「他者」が何を知っているかについて「私」が完全に知っているということを前提にできるからです。

『紋切型辞典』は、その「他者」の知のリストです。この辞典を読むことで、私は、「他者」が何を知っているかを知ることができるのです。『ブヴァールとペキュシェ』の（実際には書かれなかった）第2巻において、写字生の二人は、『紋切型辞典』を含むあらゆる文書をひたすら書き写すことになっているのでした。彼らは、書物を含むあらゆる文書をそっくりそのまま書写することで、「他者」すなわち第三者の審級が何を知っているのかを確認しているのです。

二人が小説の結末で書き写すことが予定されていた文書が、まさに彼らが何者であるかを記した文書、彼らが医師から見て何であるかをしたためた書簡だったことは、とりわけ興味深いものがあります（第2節2参照）。医師は、この場合、権威ある他者、つまり第三者の審級を代表しています。

ブヴァールとペキュシェは、第三者の審級にとっては「無害な愚か者」である、というわけです。二人は、反故紙の山の中から見つけたその書簡を通じて、そのことを——第三者の審級にとって彼らが何であるかを——完全に知ったのです。

ただし、ほんとうは、純粋な「問題の言説」など存在しません。それは常に、「流行語の言説」と混合しているからです。「問題の言説」は、流行語の言説が向かっている——決して到達しえない——極限を理念型として抽象したものです。そして、『紋切型辞典』は、本来はありえない純粋な「問題の言説」に、戯画的なイメージを与えているのです。

いずれにせよ、小説というスタイルの文学を生み出し、刺激した二つの不安は、問題の言説のもとでは——もし真に完全な『紋切型辞典』のようなものがありえたとしたら、ですが——消え去っています。論理としては、このように言うことができます。

この点を踏まえて、仮説をねりなおし、再定式化しておきましょう。小説は、二つの不安が、一般に克服された極点を目指しており、そこに到達することを欲望しているのだ、と。

この仮説で言おうとしていることを解説しておく必要があるでしょう。最初に、言わずもがなのことを、誤解を避けるためにあえて言っておきますが、これは、小説を書いたり、読んだりしている人たちが意識している欲望ではありません。ここで言われていることは、小説という社会現象を支える無意識の欲望です。

今しがた述べたように、ひとつの小説が、まさに書かれ得たとすれば、そこに記された主人公の人生に関して、二つの不安を克服したことになるのは、自明です。しかし、ここで提起している仮説が含意していることは、それ以上のことです。個々の小説は、そこに単一の（虚構の）個人の人生やその個人が経験した出来事しか記されていない場合でも、なお、潜在的には、任意の個人の人生に関して、二つの不安が克服された状態を無意識裡に指向しているのではないか。もっと端的に言ってしまえば、こうなります。小説が無意識のうちに目指していることを、極限にまで延長させれば、そこには理想的な『紋切型辞典』がある、と。しかし、どうして、このように言うことができるのか。それには、さらなる説明が必要でしょう。

7-5 小説の極限としての『紋切型辞典』

小説にとって死活的に重要なことは、そこに記述されている出来事の具体性です。細部まで描かれた具体的な出来事は、「偶有性（偶然性）」という様相を帯びることになります。抽象的に一般化されて捉えられた事象ならば、法則的な連関の中に位置づけることができますが、具体的な出来事に関してはそうはいきません。まったく偶有的なものとして経験されているこの出来事に関して、それが何であるのか、その意味を知る第三者の審級はほんとうに存在するのでしょうか。たとえば、浜辺に忽然と現れたひとつだけの足跡は何なのか、その意味を知る神は存在するのでしょうか。この問いに（肯定的に）答えられるかどうかに、小説は賭けているわけです。となれば、出来事の偶有性を際立たせる具体性が、小説にはどうしても必要になります。

前節で述べたように、出来事の偶有性は、「抑圧されたものの回帰」の形式で、その出来事の「他でもありえた可能性」を呼び寄せます。現実の出来事に潜在的に随伴する、この「他でもありえた可能性」こそが、その出来事を偶有的なものとして構成する当のものだから、です。実際に過去に可能性の抑圧があったわけではないのですが、「他なる可能性」があたかもどこからか回帰してきたかのように現実の出来事に随伴することによって、「原初の抑圧」が遡及的に措定されているのです。

ここにさらに、前節の6で述べたような「否定の否定」の論理（ヘーゲル）が働けば、現実に経験された出来事よりも、その「他なる可能性」、つまり潜在性の方に、より一層の真実が宿っているように感じられるようになります。私は何者なのか、第三者の審級の視点に対して私は何者として現れているのか、ということが、現実性においてよりも、その現実性によって排除され抑圧されている潜在性の方に的確に示されている……そのように私に感じられるときがあるのです。たとえば私は、今、大病院の医者として、堅実に昇進しつつあるが、もしかすると、反体制の活動家だったかもしれず、こちらの方にこそ私のあるべき姿が――第三者の審級が私に求めていたことが――あったように思える、といった具合に。こうした感覚が、小説における「虚構性の勃興」をもたらします。小説の虚構としての自己充足性とそのリアリズムが、完全に両立し、むしろ互いに互いを強化しあうような関係にあるのはこのためです。

潜在性――現実の出来事に随伴する他なる可能性たち――の優位を導くこうした論理が全面的に展開したらどうなるでしょうか。つまり、現実よりも現実的な潜在性を、現実の領域へと移したらどうなるでしょうか。現実化された「他なる可能性」に、さらなる「他なる可能性」が接続され、これが、さらに「他なる可能性」に接木される……、といった物語が、つまりどこまでも逸脱と偏心を続ける物語が得られるはずです。それこそ、『ブヴァールとペキュシェ』ではないでしょうか。

二人の写字生は、農業を手がけ、化学の勉強に没頭し、医学や健康法に関心を移し、……政治家になろうとしたときもあれば、恋愛に夢中になり、……神学に凝って神父と論争したり、孤児の教育に挑戦したりする。そして、それらはすべて失敗する。この「失敗」が、ひとつの可能性から別の可能性への転換を促す機能を果たしている、ということは、先ほど述べた通りです。

すぐにわかることですが、ブヴァールとペキュシェの二人は、人生の可能な筋をすべて歩もうとしているのです。それぞれの筋を言語に刻めば、それぞれみな、ひとつの物語となります。『ブヴァールとペキュシェ』（の第1巻）は、可能な人生の展開を記した物語の集合です。そして、ただ彼らの「非カテゴリー的失敗」（フーコー）だけが、物語の共存を許すつなぎ目になっているわけです。つまり、「失敗」があるおかげで、共時的に並存するしかない物語を、通時的な過程に転換することができるのです。この小説で目指されているのは、物語として記述される生の内容の普遍性です。あらゆる人生の内容がそこに見出されるような小説――いや「メタ小説」と呼ぶべきでしょうか――が、目指されているのです。

ここまでの考察を一般化しながら述べておきたいことは、こういうことです。およそ小説なるものは、その成立の当初から、この（生の内容に関する）普遍性の極点への衝動を、それと自覚することなく胚胎させていたということ。このような主張をするのは、これまでの理路を振り返り整理しつつ述べたように、小説なるものを生み出した衝動のうちに孕まれていたモメントの論理的な可能性を全面的に展開すれば、『ブヴァールとペキュシェ』のような小説が導かれることになるからです。

とはいえ、当然のことながら、『ブヴァールとペキュシェ』でさえも、小説の原初的な欲望を完全に、妥協なく満足させるものではありません。どんなに逸脱と偏心を重ねても、ひとつの小説の中に可能なすべての人生の筋を含めることはできないのですから。それではどうしたらよいのか。可能な物語のすべてを、そして物語の構成要素となる可能なアイデアや語彙のすべてを、それらの間の有機的なつながりを無視してただ機械的に――たとえばアルファベット順に――並べること、これが答えになります。そう、これこそ『紋切型辞典』です。小説が無意識のうちに欲していたものを、あからさまに提示するならば、この辞典になるわけです。『紋切型辞典』は、小説がひそかに目指しつつも実際には絶対に到達することがない極限値です。

ついでに付け加えておくと、このような論理が作用しているということを支持する傍証として、バルザックの『人間喜劇』を考慮に入れてもよいかもしれません。「『ブヴァールとペキュシェ』→『紋切型辞典』」というラインのさらに手前に『人間喜劇』を置くのです。『人間喜劇』は、それこそ、可能な人生の記述の集合であるような物語群として構想されています。バルザックをこうした構想へと駆り立てたのは、個人の人生がそれぞれ、普遍的な人生へとつながる窓のようなものになっているという直観からです。『人間喜劇』のためにバルザックが用いたのが「人物再登場法」です。つまり、同じ人物が、複数の作品の中に登場する、という手法です。ある作品における主役が、別の作品では脇役として、というかたちで。

そしてその主役―脇役という連関を、同じ主人公の人生にすべて入れてしまえば、『ブヴァールとペキュシェ』になるわけです。さらに、人物の同一性そのものへのこだわりを消して、物語を機械的に羅列したらどうなるか。『紋切型辞典』になるのです。

7-6 小説と資本主義

ここまできて、ようやく、小説という言説を駆動しているメカニズムが、資本を駆動させていたメカニズムと同じものであるということを、説得的に明示できる地点に到達しました。第2章で論じたことを思い起こしてください。いかにして剰余価値が生まれるのか？ そのカラクリが何だったかを思い起こしてください。

諸資本は、価値体系を普遍化しようと競争しています。このような競争があるため、総資本は、市場を支配している価値体系を全体として次第に普遍化していく力として作用していることになります。この場合の普遍化とは、社会的な普遍化のことですから、価値体系の普遍化と相関して、「経験可能領域」が次第に包括化していきます。経験可能領域とは、社会規範によって可能なものとして許容されている経験の範囲のことでした。

より普遍的な価値体系を先取りしようとする資本の間の競争があるがために、市場には、二つの価値体系が共存することになります。まず、顕在的な――つまり現在の売買において実際に活用されている――価値体系があります。しかし、一部の資本、一部の企業は、より普遍化された未来の価値体系をすでに実現してしまっている。後者の、より普遍的な未来の価値体系の中で生産されている商品を、前者の、より限定された現在の価値体系の中で売る、そうすると剰余価値が発生するわけです。要するに、剰余価値は、現在の限定的な価値体系と、未来のより普遍的な価値体系の間の落差から生ずる、ということになります。

さて、私たちは、この章ではずっと、小説を生み出す衝動、小説を書きまた読みたいという衝動が、どのようなものなのか、根本から考えてきました。そして、その小説なるものを支えている無意識の衝動は、剰余価値を不断に生み出し続ける資本のメカニズムと類比的だということに気づいたことでしょう。小説は、それぞれに特異な個別の人生を具体的に物語っていきます。が、そこには、あらゆる人生を包摂するような普遍的な記述、物語の普遍的な集合に至ろうとする欲望が同時に働いているのです。個人の特異性への関心と普遍性への指向とが矛盾なく一体化しているところに小説の特徴があります。

いずれにせよ、ここで確認しておきたいことは次のことです。つまり、可能な人生を普遍的に包摂するような記述へと向かおうとする小説の指向は、経験可能領域をより包括的なものへと移行させようとする、資本を駆動させていた欲動と同じものだということ、このことです。

*

この章の最後に、もう一度、蓮實重彦の『物語批判序説』に立ち戻っておきます。資本主義と小説との関係を再確認するのに好都合だからです。

蓮實のこの本では、「流行語の時代」から「問題の時代」への転換ということが大きな主題となっていました。私は、「流行語から問題へ」という転換は、時代の変化というより、「表象の時代」のあとの言説に内在しているダイナミズムと読み替えた方がよい、と言ってきたわけですが、ともかく、この転換との関係で、フローベールの『紋切型辞典』のような異様な試みが説明されるわけです。

ところで、流行語という現象は、「知っている主体」の限定と包括化の葛藤の中で生ずるものです。語る権利が、「ことを知っている主体」に完全に限定されているときには、流行語なるものは生まれません。しかし、逆に、語る権利が完全に拡散し、誰にでも帰属しているのであれば、このときにもやはり流行語という現象はありえません。流行語は、まずは知と結びついた特権によって、語る権利が限定されている状態から始まります。特権意識と相即する限定化への力が働く中、それに抵抗するようなかたちで、物語を語る主体の範囲が拡大し、次第に包括的なものになっていく運動の中で、その物語が「流行語」と見なされるわけです。

　語る主体の範囲が完全に包括的なものになり、「知っているということ」を根拠にした限定化の枷（かせ）から自由になったとき、つまり語る主体の範囲が社会的に十分に普遍化されたとき、問題の言説の時代になるのでした。「～とは何か?」という問題に対して、誰もがどう答えればよいのかを知っている――と想定される――段階です。とはいえ、実際には、誰もが知っている（かのように語ることができる）わけではありません。「芸術art」という新奇な語を使って、誰もが気の利いた――かのように見せながらほんとうは陳腐な――コメントができるわけではないのです。しかし、それでも、「そんなことは誰でも知っている」という言い方が有意味になっている段階、これが「問題の時代」だということになります。つまり、現実にすべての人が知っている（かのように語ることができる）かどうかとは独立に、「すべての人が知っていることを知っている主体」の存在を想定できるとき、「問題の時代」なるものが到来していると見なすことが許されるのです。

　その想定された主体は、どの特定の個人とも同一視できません。その主体は、誰にとっても「他者」です。その「他者」は、誰もが知っていることを代表しているのです。その意味で、社会的に普遍化された主体です。その「他者」が知っていることを書物にしたらどうなるでしょうか。その書物こそ、『紋切型辞典』です。つまり『紋切型辞典』は、そのような意味での「他者」が語ることを集めたものです。

＊

さて、以上のことを踏まえておけば、次のように言うことができます。「流行語／問題」という言説の二重の様態を表現する、最も単純な社会モデルは、ケインズの名高い「美人投票ゲーム」である、と。ケインズは、株式市場における投資家の行動は、次のような美人投票に比せられる、と述べました。[*26] そのゲームの参加者は、100枚の写真から6人の最も美しい人を選びます。このゲームでは、参加者たちの平均的な嗜好に最も近い選択をした参加者に賞が与えられることになっています。たとえば、自分が選んだ1位から6位までの美人が、全体得票の1位から6位までと合致していれば、最も高額の賞がもらえるわけです。

このゲームに勝つためには、参加者は、自分が美しいと思うかどうかを基準にして投票していてはダメです。参加者は、誰を美しいと「他者」が判断するかを基準に投票しなくてはなりません。厳密には、「他者」が誰を美しいと判断するだろうか、ということについての推論は無限背進します。つまり、「他者」が「「他者」が誰を美しいと判断するか」について推論し、判断しなくてはならない、といった具合に、です。それゆえ結局、人は、「他者」を一般的に代表すると想定されているような、影響力ある者が誰に投票するかを推測し、投票することになるでしょう。いずれにせよ、今はうるさいことは言わないことにします。ここでの要点は、ケインズの美人投票で、参加者はみな、「他者」の判断を基準にし、いわば「他者」の言葉を語っている、ということです。この状況は、「問題の言説の時代」と同じです。

この美人投票ゲームが、株式市場の投資家の行動の適切なモデルになっていることはすぐにわかるでしょう。本来、株を売り買いする者は、自らが優良と判断する会社――経営状態が健全で需要が大きい商品を供給できる会社――の株を求める……とされています。が、株で儲けるためには、そのような判断で行動してはいけません。投資家は、自分自身ではなく、他者が、皆が、どの会社を優良と判断するか、ということを基準にして株を買わなくてはなりません。これは、ケインズの美人投票で、美についての自分の嗜好ではなく、美に関する他者たちの一般的な嗜好に基づいて判断しなくてはならなかったのと同様です。

しかし、実は、このケインズの美人投票は、株式市場の記述としてはまだ不完全で、第一次近似でしかありません。株式市場についての記述にするには、もう一歩の繊細化を要します。厳密には、すでに今、「他者」が優良と見なしている会社の株を買っても、利益を得ることはできません。株式市場で勝利するためには、これから「他者」が優良と見なすことになるはずの会社の株を買わなくてはならないのです。つまり、(直近の)未来において流行するはずの株を、現在買うことができれば、その投資家は成功するでしょう。その株がすでに流行してしまっているときには――あるいは「問題の時代」のごとく誰もがその株を求めるような段階に達してしまっているときには――、むしろ、その株を売った方がよいのです。そうすれば、この投資家は、その利益も原資にして、安く買って高く売ることができるのです。

ここで指摘しておきたいことは、株式市場は、問題の時代だけではなく、流行語の時代を記述するモデルとも見なしうる、ということです。なぜ、こんなことを指摘したのかというと、小説という現象と、資本主義との関係を最後にもう一度確認するためです。出版物としての小説が、資本主義的な市場で売られ、作家や出版社や印刷屋などに利益をもたらした、などという当たり前のこととはまったく別に、今指摘した事実は、つまり言説の二重の構成（流行語／問題）と株式市場（あるいは美人投票ゲーム）との間に類比が成り立つという事実は、次のことを示唆しています。すなわち、小説なるもの（書くこと・読むこと）へと人々を駆り立てている衝動は、資本主義的なものである、と。したがって、資本主義なるものを成り立たせている同じ社会的なダイナミズムが、言説の領域では、近代小説を生み出し、またその繁栄をもたらしているのではないか、と。狭義の資本主義、経済的な意味での資本主義と、言説的な現象としての小説は、どちらも「全体的社会的事実」（マルセル・モース）としての資本主義というダイナミズムに属しているのです。

＊1　イアン・ワット『小説の勃興』藤田永祐訳、南雲堂、1999年（原著1957年）、第一章。
＊2　武田将明「小説の機能（1）『ロビンソン・クルーソー』という名前」『群像』2014年9月、13

２頁。

＊３　以下、本項で述べることは主に以下に基づいている。イアン・ワット前掲書、第二章。

＊４　フローベール『紋切型辞典』小倉孝誠訳、岩波文庫、２０００年（原著１９１０年）、２７８頁。

＊５　同、84頁。

＊６　蓮實重彥『物語批判序説』中公文庫、１９９０年。

＊７　Michel Foucault, "Theatrum philosophicum", *Critique* no. 282, novembre 1970.

＊８　ベネディクト・アンダーソン『定本　想像の共同体』白石隆・白石さや訳、書籍工房早山、２００７年（原著２００６年）。大澤真幸『ナショナリズムの由来』講談社、２００７年。Homi K. Bhabha, "DissemiNation: time. Narrative, and the margin of the modern nation", *Nation & Narration*, London and New York: Routledge, 1990.

＊９　ワット、前掲書、１０３頁。

＊10　Perry Miller and Thomas H. Johnson, *The Puritan*, New York, 1938, p. 461.

＊11　ミシェル・フーコーほか『自己のテクノロジー』田村俶・雲和子訳、岩波書店、１９９０年（原著１９８８年）、１０７頁。

＊12　ジャン・スタロバンスキー『透明と障害――ルソーの世界』山路昭訳、みすず書房、２０１５年（原著１９５７年）。

＊13　ルートウィヒ・ウィトゲンシュタイン『論理哲学論考』中平浩司訳、ちくま学芸文庫、２００５年（原著１９２１年）。

＊14　以下の等式は、亘明志の議論を参考にして作った。亘明志「M・フーコーの権力分析と社会学的課題」『社会学評論』第31巻第1号、１９８０年。

＊15　武田将明の「小説の機能」は、18世紀のイギリス小説――つまり最も初期の小説――を論じた連作評

論である（『群像』２０１４年９月から２０１６年12月の期間に、断続的に全５回が掲載されている。第一回については前掲）。文学史の研究としても、また小説の読解としても非常にすぐれており、洞察に満ちている。私たちの探究は、武田のこの評論からいくつものヒントを得ており、このあとも、繰り返し引用し言及することになる。『パミラ』については、以下の回で論じられている。「小説の機能（３）『パミラ』あるいは報われた名前」『群像』２０１５年４月。

＊16　武田将明「小説の機能（１）『ロビンソン・クルーソー』という名前」前掲。

＊17　四つの福音書の中で最古であることがわかっている「マルコによる福音書」の最も重要な写本には、——天使と思しき人物（白い長衣をまとった若者）によるキリストの復活の宣言はあるが——、復活したキリストが人々の前に顕現し、そのあと昇天した話は入っていない。つまり「マルコ」では、死んだキリストがほんとうに復活したかどうかは確認されてはいない。現在、一般に読まれている新約聖書では、「マルコ」の最後に、復活者であるキリストの出現や昇天のエピソードが入っているが、それらは、他の福音書からとってきた断片をモザイク状に組み合わせてあとから付け加えたものだと考えられている。

＊18　John Mullan, *How Novels Work*, Oxford Univ. Pr., 2006.

＊19　武田将明「小説の機能（５）『トム・ジョウンズ』と僭名の時空」『群像』２０１６年12月。

＊20　伝統的には、フィールディングは、思慮分別を重視し、世界は必然的に善に向かうと信じていた、と解釈されてきた。しかし、武田によれば、近年では逆に、「偶然性」の概念が、フィールディングを読み解く鍵と見なされている。武田の評論もこのような研究の最新のトレンドの中にある。次のような著作が、このトレンドを構成している。Jess Molesworth, *Chance and the Eighteenth-Century Novel: Realism, Probability, Magic*, Cambridge Univ. Pr. 2010. Sarah Tincal Kareem, *Eighteenth-Century Fiction and the Reinvention of Wonder*, Oxford Univ. Pr. 2014.

＊21 しかし、アインシュタインがサイコロの比喩をもって量子論を拒否したことが含意していることは、量子論までも視野に収めたときには、このような科学観は維持できない、ということである。量子論を含めれば、神もまたサイコロ賭博をやっている（あるいは、サイコロ賭博でことを決定することが神の定義に反するならば、神はいないことになる）。だが、今は量子論の登場より前の——相対論までの——科学のことを考えればよい文脈である。量子論を含めた科学の言説については、以下を参照されたい。大澤真幸『量子の社会哲学』講談社、２０１０年。

＊22 ジェルジ・ルカーチ『小説の理論』原田義人・佐々木基一訳、ちくま学芸文庫、１９９４年（原著１９２０年）。

＊23 Catherine Gallagher, "The Rise of Fictionality", Franco Moretti ed. *The Novel* Vol. 1, Princeton University Press, 2006.

＊24 小説家は誰かが自分の生涯を綴った告白や日記の類の報告者を装う、というスタイルは、作品の文学的な意匠や物語におもしろみを加える工夫としては、後にも——今日でも——ときどき採用される。たとえば、20世紀の前半に属するサルトルの『嘔吐』（１９３８）は、「刊行者の緒言」によれば、アントワーヌ・ロカンタンの書類の中から発見されたノートが、まったく手を加えられずに公表されたものである。このような、個々の作品の個性として採用されている虚構的設定と、同時代のすべての作品を支配する当為としてのスタイルとは、言うまでもなく、まったく別のことである。

＊25 ミハイル・バフチン「叙事詩と小説」杉里直人訳、『ミハイル・バフチン全著作』第五巻、水声社、２００１年（原著１９４１年）。

＊26 ジョン・メイナード・ケインズ『雇用、利子、お金の一般理論』山形浩生訳、講談社学術文庫、２０１２年（原著１９３６年）、２２５—６頁。

第5章

〈その先〉へ

1　科学の言説と小説の言説——無限に対する二つの態度

1-1　絶対王政と資本主義

先立つ二つの章では、私たちは、資本主義というものをかなり独自の観点から見てきました。言説の構造に着目して、資本主義なるものを分析してきたのです。どうして言説に着目すると資本主義がわかるのか。この点については、第2章で、資本の本質であるところの「剰余価値」を、狭義の「経済」という枠組みから離れて広く捉え直す議論を通じて、示しておいたつもりです。資本主義を構成しているさまざまな要素の中から、たまたま言説だけを抽出して分析してみた、というわけではありません。言説に——とりわけ言説において——資本主義の中核的な特徴が現れるのです。

さて、この章は、ここまでとはいささか異なったことを考えてみようと思います。と言っても、第1章での問題提起とは呼応しています。第1章で、私は、資本主義というものが、自らの〈終わり〉という観念に取り憑かれている、と話しました。ですので、この章では、〈終わり〉の〈その先〉について考えてみたいのです。資本主義は終わるのか。いや、終わるとして、その先にどんな社会を見ることになるのか。

このように、この章では話題を大きく転換していきますが、その前に、前の二つの章の関係を見ておきます。つまり、二つの言説——科学の言説と小説の言説——の関係を、整理しておきます。というのも、そのことが、〈その先〉への探究のための戦端を開くことになるからです。

私は、資本主義における言説の構造を考えるにあたって、科学と小説をその代表としてとりあげたわけですが、両者の源泉は、同じところにあります。そのことに気づかれたでしょうか。それは、絶対王政の権力関係のモデルです。科学の「増殖する知」については、「剰余権力」の話題から入りました。剰余権力は、絶対王政の権力の延長線上に——厳密には絶対王政の権力からの転回として——生まれます。小説に関しては、告白の言説やそれをもたらしたパノプティコン的な権力が原点にある、と論じました。これもまた、絶対王政の権力からの展開・転回ということになります。だから、二つの言説の源流、両者が分かれる前の分水嶺のようなところに絶対王政のモデルがあるわけです。どうして、絶対王政なのか、社会学的に興味深いところがありますので、ごく簡単に説明しておきます。

世界中に王権や皇帝のようなものはありましたが、西洋の絶対王政は、ほかにはない特徴があります。絶対王政は、「絶対」となっていますが、王の権力は絶対的というほど強くはありません。ただ、ほかにはない特徴があるのです。この点に関して、私は、キリスト教と関係した「王の二つの身体」という政治神学について、かつて詳しく論じたことがあります[*1]が、ここでは、資本主義との関連が深い別のことを指摘しておきます。

もともと中世のヨーロッパの王は、非常に弱かった。封建領主たちの中の第一人者、少しだけ強い貴族という程度のものだったのです。そのような王がどうして、近世において、封建領主たちをはっきりと自分の臣下とするような優位を獲得することができたのか。それは、王が都市のブルジョワと結びつき、協力したからです。王が都市の特権を認め、保護する代わりに、都市の有力な商人や職人が王を資金的に援助したわけです。こういうことが起きるためには、もともと商人が、領主や国家から独立したアクターとして存在していなくてはなりません。ヨーロッパ以外の地域や文化で、王や皇帝が出てきて国家が発達したところでは、商人はたいてい、国家の管理下にありました。大規模な遠隔地交易のようなものは、皇帝自身が行った。しかし、ヨーロッパではそうではありませんでした。そのような素地があったために、王は都市のブルジョワと連携し、封建領主を配下に置くことができたのです。

こうして、世界中のどこにもなかったタイプの王権が西洋に実現しました。それは、王権や国家の原理に、市場経済が完全には服属しない、ということです。逆に、王権の方が、市場経済の方に従属し、その都合に応じるようになったのです。もちろん、そのことが、結果的には王権を豊かにもしました。つまり王権にとっても有利なことだったのですが、王権のもとで、市場経済が発達する条件が整ったわけです。このように絶対王政から資本主義が発達したことには、はっきりとした理由があります。[*2]

1-2 無限集合

では、絶対王政的な権力のモデルを原点にもつ二つの資本主義的な言説、つまり科学的な知と小説とはどのような関係にあるのか。私は、両者の関係を、数学の隠喩で説明できると思っています。数学といってもいろいろなジャンルがあるわけですが、その中でも最も基礎的なもの、集合論です。集合というのは、なんであれ対象の集まりのことを言います。集合論という領域を創ったのは、ゲオルク・カントールというドイツの数学者です。19世紀後半から20世紀の初めにかけて生きた人です。つまり20世紀への転換期に活躍した数学者で、第一次世界大戦の最中に亡くなりました。晩年、彼は精神に失調をきたす。それはおそらく、彼が「無限」に挑戦したからです。

カントールの功績は、「無限」というものをはじめて数学的に扱いうる対象にしたことにあります。[*3]つまり、要素が無限個ある集合、「無限集合」をきっちりと数学的に定式化したのです。この無限集合というものへのポジションの取り方の違いとのアナロジーで、小説の言説と科学的な知との相違を説明することができる、というのが私の考えです。別の言い方をすると、無限集合を媒介にすると、二つの言説にどのようなつながりがあるのか見えてくるのです。

無限集合とはどういうものなのか。確認しておきます。最も基本的な無限集合は、自然数の集合です。0, 1, 2, 3……という自然数の列には終わりがありません。0から始まって、任意の自然数に対して、「後続」があります。つまり、「+1」があって、それも自然数の集合の要素です。0に対しては1、1に対しては2、2に対しては3、……4783に対しては4784……と。これこそ、自然数の定義そのものです。どの自然数も、「もうこれ以上、後続はない」という限界にはなっていません。自然数のこのような性質に関して、次のように感じませんか。まるで、任意の自然数が、剰余を、「ここでは尽きない」という剰余を生み出している、と。このように数列の最後の要素に到達することができないということが、素朴な意味での無限で、これはまだカントール以前です。

ここで、この「後続に対していつまでも開かれている要素の集合」をそれ自体、閉じられた全体、閉じられた集合と見なしたらどうでしょうか。これこそ、カントールが導入した無限集合です。無限集合を独自の対象と見なして、たとえば——普通の数と同じように——、上位の集合の要素ともなりうる数のように扱ってみる。そうすると、無限というもののふしぎな性質が次々と発見されます。有限集合では考えられないような奇妙な性質が、です。

たとえば、無限集合は、要素の追加（つまり足し算）や、要素の削除（つまり引き算）に対して反応しません。ということは、どういうことか説明しましょう。簡単なことです。有限集合の場合、一個の要素を減らせば、当然、その分、集合が小さくなります。テクニカルタームを使えば、集合の濃度が低下する、ということになります。無限集合でも、要素をひとつ減らせば、濃度が低下するはずだと思うかもしれませんが、無限集合ではそうはならないのです。「自然数の集合」から、最初の0を抜き取ってしまう。すると「1以上の自然数の集合」が得られますね。後者は前者よりわずかに小さいと思いたくなりますが、両者の大きさ（濃度）は厳密に等しいのです。二つの集合で大きさが等しいというのは、集合の要素の間に、一対一の対応を付けられるということです。「自然数の集合」と「1以上の自然数の集合」の要素の間に、一対一の対応を付けることは、すごく簡単です。

自然数の集合　　1以上の自然数の集合

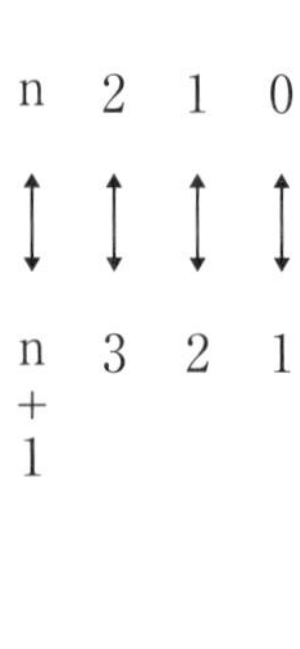

……と対応させていけばよいわけですから。

この例からもわかるように、無限集合のきわめて興味深い性質のひとつは、部分と全体が合致することです。有限集合の場合には部分——厳密には真部分集合——は必ず全体よりも小さい。しかし、無限集合ではそうはなりません。「偶数である自然数の集合」は、「自然数の集合」の部分です。前者は後者の半分の大きさだ……と言いたいところですが、そうではありません。両者の大きさは完全に等しい。「自然数の集合」の任意の要素nに対して、「偶数の集合」の要素2nを対応させれば、一対一の対応が成り立つからです。

1-3 無限に対する二つの態度

集合についての、どんな教科書にも書いてあるような解説はこのくらいにしましょう。このことが、資本主義を代表する二つの言説ということと、どう関係しているのか。

今、個々の自然数を、この世界で生起している出来事や現象のことだと解釈してみましょう。そうすると、科学的な言説は、言ってみれば、無限集合を対象にしていることになります。どうしてか。科学は、すべての現象にあてはまる、一般法則を発見しようとします。ということは、現象の、論理的には際限のない多様性や変異（ヴァリエーション）を、あたかも「自然数のすべて」を単一の無限集合と見なすのと似て、一般化して対象化していることになるからです。

たとえば、a＝F/m。ここでaは加速度、Fはその物体に作用する力、mはその物体の質量です。この式は、ニュートンの運動方程式と呼ばれているもので、これは、すべての運動にあてはまる。「可能なすべての運動」が、無限集合と同じように一括して扱われているわけです。

それに対して、小説はどうなのか。科学の言説が、自然数の全体を単一の集合として対象化しているのだとすれば、小説の言説の方は、その集合の中の個々の要素、0とか、1とか、467とかという個々の要素にこだわっている。科学の方は、集合レベルの一般性に関心をもっているのに対して、小説の言説は個別の要素の特殊性に関心をもっている。……というのが、これまであきるほど繰り返されてきた説明です。しかし、前章で私たちが展開してきたことは、こうした類比にはあてはまりません。

実のところ、小説もまた、――集合論の隠喩を用いるならば――やはり「無限」に関心を向けているのです。ただし、科学とは異なった仕方で、というところが重要です。先ほど、こんなふうに話しました。任意の個々の自然数に対して、「剰余（後続）」が――「ここでは尽きない」という剰余が――発生しているように感じられる、と。小説が執着しているのは、この「剰余」なのです。剰余を見出すためには、まずは個々の自然数を単一性において把握しなくてはなりません――自然数一般、などという把握の仕方をしてしまうと剰余は見えません。3とか、8とか、47とかという個々の自然数に着目したとき、それに対応して「＋1」という剰余が現れる。

前章で述べたことを思い起こしてください。この「＋1」という剰余こそ、偶有的な出来事に幽霊のように取り憑く「他でもありえた可能性」に見立てることができるわけです。出来事の具体性・個別性に注意を向ければ向けるほど、それが偶有的なものであったということが、したがってそれが「他でもありえた」ということが際立って見えてきます。同じように、個別の自然数に注目しなければ、それが後続に開かれているという事実は認識できません。自然数の全体を、閉じられた無限集合として把握してしまうと、この開放性は見失われます。

フローベールが想像した『紋切型辞典』。こうしたものが仮にあるとすれば、その辞典を制作する作業は、自然数の列を際限なく作る操作のようなものです。どこまでも後続「＋1」を付け加えていく。『紋切型辞典』の制作とは、そんな操作に似ています。

1－4　科学にも小説にも――〈その先〉への暗示がある

このように、資本主義を代表する二つの言説は、「無限」を概念化する二つの態度に喩えることができます。このことの含意を説明しておきます。科学にも、また小説のような文学にも、無限への指向のようなものがあります。科学は、論理的に可能な無限の現象を記述できるような法則を求めており、小説を駆り立てている衝動は、無限の人生のヴァリエーションへの篤い関心です。前章まで論じてきたことを、ここで〈無限〉という概念を用いて言い換えたことには理由があります。

私は、科学の言説や小説の言説が生産され、増殖し、享受されていくダイナミックなプロセスが、資本主義のメカニズムと同じものである、ということを論じてきました。すると、次のように思われるのではないでしょうか。近代科学も近代文学もともに、資本主義というシステムに完全に内在していて、その外に出ることはできないのだ、と。近代科学も近代文学も、結局、資本主義の円滑な作動に奉仕するのみである、と。

しかし、資本主義なるものをつき動かしている欲動を、一般的にはそれと結びつけられている経済的な利害のようなものから解放し、科学や文学のような観念的なものに結びつけられることを証明することを通じて、私が示したいことは、むしろ、それとはまったく逆のことなのです。近代科学や小説には、資本主義というシステムのメカニズムに還元できないものがあります。たとえば、科学の成果は、常に資本にとって有利なものとは限りません。あるいは、小説やそれに連なる文化的産物がもたらす人間類型は、資本や資本主義に従順なものとは限りません。けれども同時に、先立つ二つの章でていねいに論じてきたように、近代科学や小説を駆動している観念の運動は、資本主義と連動してもいます。

　ということはどういうことなのか。資本主義そのものの中に、資本主義を超えていく何かが孕まれている、ということなのです。科学も小説もともに、資本主義というシステムに内在しつつ、同時に、「それ以上のもの」でもある。それらは、資本主義と連動しているのに、資本主義に尽くされないものがある。

　この点をはっきりさせるために、この節では、「無限」という概念に訴えたわけです。資本主義は、「経験可能領域」を次第に普遍化していくダイナミズムだということを述べました。しかし、そのたびに実現される経験可能領域、つまり社会規範において許容される可能な経験の範囲は、もちろん、真の普遍性には到達してはいません。資本主義のもとで実現する経験可能領域は、どの段階をとっても、合理的な根拠のない恣意的な規範によって、特殊に限定されています。それゆえ、資本主義が許容する経験可能領域の（暫定的な）「普遍性」と、科学や小説が向かおうとしている真の〈普遍性〉——つまり無限性——との間には必ずギャップが生じます。このギャップが、科学や小説が資本主義から逸脱する部分であり、今述べた「それ以上のもの」というかたちで現れるわけです。

言い換えれば、近代科学や近代文学には、資本主義の〈その先〉への暗示があるのです。この点については、今述べたような抽象的な一般論としてではなく、もう少しだけ具体性を与えるかたちで、第3節で説明することにします。これらの言説がどのような意味で、〈その先〉を示唆しているのか、ということについて、です。

2 「資本主義の終焉」の話題でもちきり

2-1 致命的な持病をたくさんもつ病人

この章では、資本主義の〈その先〉について考えたいのですが、その前にやはり、問わざるをえません。そもそも、資本主義は終わるのでしょうか。第1章の冒頭で述べたように、資本主義の終わりを想像することは、世界の終わりを想像するよりも難しい。たとえばマーク・フィッシャーは、かつての「社会主義リアリズム」をもじった「資本主義リアリズム」なる語で、「資本主義が唯一の存続可能な政治・経済的制度であるのみならず、今やそれに対する論理一貫した代替物を想像することすら不可能だ、という意識が蔓延した」現状を指し示しています。前衛的とされているアートのようなものも含めて、「資本主義リアリズム」が「思考と行動を制約する見えざる結界」として働いているのを、私たちは実感しています。[*4] しかし、にもかかわらず、この十年ほどは――というかリーマンショック（2008）以降――、資本主義の破綻や終焉を直接的または間接的に主張する本が非常にたくさん出版され、広く読まれています。つまり、現在、私たちは、資本主義の終わりを具体的に思い描くことができないのに、しかし、その終わりへの予感のようなものに怯えてもいるのです。

たとえば、マルクス主義を地理学に応用したデヴィッド・ハーヴェイ――現在その本が最も読まれているマルクス主義者の一人だと思いますが――は、資本には17個もの致命的な矛盾が内在している、と論じています。[*5] ハーヴェイが論じているのは「資本」の矛盾であって、「資本主義」の矛盾ではないのですが、その矛盾が個々の資本を困難にするだけではなく、すべての資本、すべての企業活動を不可能なものにした場合には、結局、資本主義の破綻に結びつくわけですから、17の矛盾は、資本主義の終わりと無関係ではありえません。

17の矛盾は、資本に本質的に内在する基本的な矛盾（7個）、時の経過の中で変化する矛盾（7個）、そして資本をとりまく外部の環境の均衡を脅かす危険な矛盾（3個）の三つに分類されています。ここでいちいち列挙はしませんが、ひとつずつに関して言えば、それほど目新しくはありません。使用価値と交換価値の矛盾（基本的矛盾）、技術革新にともなう労働者の使い捨て（変化する矛盾）、労働者の働く意味からの疎外（危険な矛盾）等。いずれにせよ、17の中のどれひとつでも深刻化した場合には、資本主義の破綻へとつながりかねません。とすれば、ハーヴェイは、現代のグローバルな資本主義を、もう少し重篤化した場合には死んでもおかしくない持病を17個ももっている病人のようなものであると診断していることになります。

2-2　偽物資本主義＝本物資本主義

あるいは、トマ・ピケティの世界的なベストセラーになった『21世紀の資本（論）』[*6]。２０１４年に出版された本ですが、かなり大部で、一般向けに書かれているとはいえ、それほど易しくもないこの本がなぜ世界中で１００万をはるかに超える部数で売れたのか。それは、この本に、どこか黙示録的な含みが感じられたからではないでしょうか。

この本の圧倒的な長所は、所得や富の格差（各国別）の、非常に長期的な変化を示す、信頼できるデータにあります。多くのデータが、20世紀初頭から現在までのおよそ１００年間の推移を示していて、中には、18世紀の初めからの３００年間の経済の変化を示しているものさえあります。それによると、20世紀の中盤（大恐慌から70年くらいまで）だけが例外的な期間で格差が小さくなったのですが、それ以外の全期間を通じて、どの国でも、格差は拡大する傾向にあります。当然、現在も、格差は拡大する傾向のただ中にある、すでにアメリカ（とイギリス）はとてつもなく大きな――史上最大の――格差に達しています。

これを読むと――読者は自分の実感とも合致するので――、深く納得するとともに、さらにこう感じるのです。このまま格差が拡大していったら、それは私たちの耐えられる水準を超えてしまう、と。そして資本主義というシステムに格差を拡大させる傾向が本質的にあるのだとすれば、このシステムはいずれ自壊することになるのではないか、と。ピケティ自身は、『21世紀の資本』で資本主義の終わりを予言したつもりはないでしょう。冷戦が終わったときにまだ高校生だった自分は、資本主義以外の体制（社会主義）へのいかなる幻想ももっていないというようなことを序文で書いてもいます。さらに、彼は資本主義の枠内で格差を抑制したり、減らしたりするための税制度を提案しています。しかし、その税制度自体がほとんど社会主義的だったこともあり、ピケティのこの本は、本人の言葉とは裏腹に、むしろ資本主義そのものが破綻することを暗示しているかのように読まれたと思います。

実際、驚くべきことに、ピケティ自身が、2019年に出した『資本とイデオロギー』では、「資本主義の超克」ということを明言するようになります。そして、「飼い慣らされた資本主義」ではダメで、「参加型社会主義」でなくてはならない、と主張している。まるで、ピケティ自身が、自分の研究の黙示録的な意味を理解し始めたかのようです。[*7]

ところで、ピケティの『21世紀の資本』に対しては、経済学者のジョゼフ・E・スティグリッツが批判的なコメントを書いています。スティグリッツに言わせれば、私たちがいま目の当たりにしている、格差がどんどん拡大している状態は、"ersatz capitalism"です。"Ersatz"というのは、ドイツ語から来た語で、「代理」という意味です。スティグリッツのersatz capitalismとは、本来のものではない「偽物資本主義」ということです。スティグリッツの念頭にあるのは、市場に対する国家の不適切な介入のことです。たとえば、リーマンショックのときに、アメリカ政府は公的資金を使って大手金融機関の倒産を防いだりしたわけですが、それは、金持ちへの優遇策となり、格差の拡大につながった。スティグリッツによれば、制度を手直しすれば、たとえば資産の格差が世代的に継承され拡大するのを防ぐことができるように相続税の制度を改正したりすれば、偽物ではない本来の資本主義が帰ってくる。彼は、重要なのは民主主義、「21世紀の民主主義」である、と述べています。

スティグリッツのピケティへのこの反論に対して、スラヴォイ・ジジェクが再反論しています。私も、その再反論に説得力を感じています。そもそも、民主主義は必ずしも万能ではありません。民主主義はしばしば保守的で、必ずしも大きな変革への味方ではないからです。ときに、制度を現状のままにしている要因、制度の抜本的な改革を阻んでいる要因は、ある種の民主主義にある、と見なさざるをえません。実際、フランスの左翼系の哲学者アラン・バディウは、「究極の敵は民主主義それ自体だ」とまで言っています。

いずれにせよ、ersatz（偽物）ではない、本来のよい、進歩的な資本主義というものはあるのでしょうか。たとえば、リーマンショックのとき、倒産しかけた大手金融機関を公的資金で支えなかったら、もっとよかったのでしょうか。おそらく、そのときには、資本主義自体が失われたでしょう。つまり、ジジェクが述べているように、「偽物資本主義」こそ今日、資本主義そのものなのです。偽物資本主義とは別の、清く正しい資本主義などないのかもしれません。ピケティの研究が示唆したことも、そういうことではないかと思います。[*8]

2-3 「資本新世」の環境破壊

資本主義がこのままでは破局に至るとする議論の中で、今日、最も多いのは、資本主義を自然環境の破壊と結びつける議論です。資本の活動が、温室効果ガスの排出等を通じて、地球の自然環境を激変させている、と考えられています。そのため、今日では——「人新世（ひとしんせい） Anthropocene」という語すら不適切であってむしろ――「資本新世Capitalocene」と、現代の地質年代を名付けるべきだ、と主張する専門家すらいるくらいです。自然環境や生態系の激変は、多くの生物種を絶滅させます。極端な場合には、それは長期的には、ホモ・サピエンスという種の絶滅――あるいは少なくとも個体数の大幅な減少――にもつながりうることです。そうだとすると、資本主義は人類の集合的な自殺の過程である、ということにすらなるわけです。

環境破壊との関係で資本主義の終わりを論じている人はたくさんいます。先ほどその名をあげたデヴィッド・ハーヴェイも、資本の17の矛盾のひとつに――「危険な矛盾」という第三のカテゴリーのひとつに――、資本と自然の間の矛盾をあげています。そして、日本の専門家で、この問題を最も徹底的に、そして体系的に論じているのは、マルクス主義者の斎藤幸平でしょう。斎藤の考えは、『人新世の「資本論」』に、非常に明快に示されています。[*9]

斎藤が特に重視している問題は、「経済成長」です。私たちの社会システムは、持続的に経済成長することを必要とするシステムです。経済成長が長期的に止まった場合には、システムは破綻します。経済成長が、システムが正常であるための必要条件です。どうして、経済成長が不可欠かといえば、私たちのシステムが資本主義だからです。資本主義以前の経済は、定常状態を反復することで安定していました。しかし、資本主義は、常に成長していなくてはならない。言い換えれば、その中で人々が無限の資本蓄積を求めて競争しあっている資本主義というシステムが正常に作動していれば、結果として経済は成長するはずなのです。

資本主義を維持しつつ、気候変動に対抗するためには、つまり地球温暖化を克服するためには、経済成長と二酸化炭素排出量とのつながりをデカップリングしなくてはならない。しかも、絶対的にデカップリングしなくてはならない。普通は、経済成長と二酸化炭素排出量の間には、正の相関関係があります。つまり、経済成長すればするほど、二酸化炭素排出量も増える傾向がある。これが、両者がカップリングしている状態です。気候変動の問題を克服するためには、経済成長の伸び率に対して、二酸化炭素排出量の伸び率を相対的に低下させる――これを「相対的デカップリング」と呼びます――だけでは、不十分です。経済成長しながら、逆に二酸化炭素排出量を減らすことができなくてはならない。これが「絶対的デカップリング」です。

しかし、斎藤によれば、事実上、絶対的デカップリングは不可能です。この結論には、説得力があります。これまでの人間社会の「実績」、近い将来に実現しそうな技術、人類に残されている時間等を考慮に入れれば、絶対的デカップリングはきわめて困難で、不可能と結論してもよいでしょう。温暖化を抑制できる、多少は現実味のあるテクノロジーは考えられてはいますが、それらにしても、温暖化以上に深刻な副作用を引き起こす恐れがあり、実際には使えません。

したがって、温暖化を克服するためには、「脱成長」しかない。ところで、先ほど述べたように、成長は、資本主義の本質的な条件です。それゆえ、経済成長を必須の条件とはしない社会システムは、資本主義ではないシステムでなくてはならない。このように斎藤は論を進め、資本主義を指し示すために、忘れられていた名前をあえて呼び出しました。「コミュニズム」です。

したがって、『人新世の「資本論」』が提起した命題は、次のように要約できます。資本主義をそのまま持続させれば、気候変動による破局に至るだろう。破局を回避するためには、脱成長コミュニズムへと社会全体の体質を転換しなくてはならない。脱成長コミュニズムとは何であり、そこになおどのような克服すべき問題があるのか、については、私はかつて別のところで論じたので、ここでは再論しません。[*10]

2-4 抽象的・論理的なレベルでユートピア的ヴィジョンを

さて、資本主義が終焉を迎えようとしている、という含意をもつ議論を、いくつか紹介してきました。ここで私は、この問いに深入りするつもりはありません。ただ、現状のまま資本主義のシステムが作動していけば、何らかのかたちで破局を迎えることになるのではないか、という予想に関しては、かなりの専門家が共有しているように見えます。その上で、スティグリッツのように、資本主義の枠内での修正によって破局は回避できると考える人もいれば、資本主義から離脱するような変革が必要だと考える人もいます。私自身が、どちらにより説得力を感じているかということに関しては、先ほど示した、スティグリッツのピケティへのコメントへの反論からも明らかかと思います。

ここでは、資本主義がどのように破綻し、終わるかということについては深入りせず、資本主義の〈その先〉の社会について考えてみたいと思います。資本主義の向こう側に、資本主義を超えた、どのような社会が構想できるのか。破局への可能性を内在させた資本主義というシステムを超えたどのような社会のあり方を構想できるのか。

しかし、このように問いを立てたとき、思考というものの原理的な限界という難題にぶつかることになります。どういうことか、説明しましょう。私は、思考というものは、基本的にヘーゲルが述べたようなスタンスに制約されていると考えています。つまり、思考とは、ミネルヴァの梟の夕暮れの飛翔です。思考は、行動に対して本質的に遅れをとるものです。社会学や哲学がなしうることと、それゆえなすべきことは、現にあるもの、かつてあったものの構造や性質を分析し、概念的に把握することであって、来るべきものを認識することではないのです。

当面の課題を解決するためにプラクティカルな目標を設定したり、その目標を実現する手段を検討し選択する、といったことはもちろん思考の任務のひとつです。しかし、基本的な価値観や枠組みを変えるような未来に関して、具体的にそれが何であるべきかを理解することは、思考には向いていません。

「そんなことはない。未来社会について予想する本はたくさん書かれているし、それをフィクションのようなかたちで提示したものもいくらでもあるではないか」と反論したくなるかもしれません。しかし、そうしたものはすべて、私たちの現在の想像力が描いたことを、未来に投射しているだけです。どんなに斬新に見えても、それらは、私たちの「現在」に規定され、制約されています。そのため、未来のあるべき社会へと向かう地図のようなものがすでに与えられていると前提することは、たとえその地図が変革や革命のためのものであろうとも、逆にかえって反動的なものになります。[*11] 現在の常識や想像力が自明視している基本的なことだけは絶対に変えないために、他のさまざまなことを徹底的に変える、という本末転倒が生ずるのです。その悲惨な実例が、スターリン以降のかつての社会主義体制です。

しかし、同時に、未来へのヴィジョンなしに、私たちは、社会の基本的な枠組みを拒否するような断固とした行動を起こす勇気をもてません。私たちは、歴史的な過程の根源的な偶有性――「他でもありうる」ということ――を信じて、思い切った行動をとらなくてはならないのですが、そのためには、未来の社会へのポジティヴなヴィジョンが必要です。ポジティヴなヴィジョンなしに、とりあえず現状を否定するという方法は、新左翼のやり方ですが、それはいかなる実質的な変革ももたらさず、ただ自分自身をも否定して自滅しただけでした。

では、どうしたらよいのでしょうか。抽象的・論理的なレベルでのみ、可能な社会の構想を示すこと、これが私の方針です。資本主義という、現代社会の最も基本的な前提の外部に出ることが、少なくとも論理的には可能だということ、このことが示されれば、断固とした行動をとる上で必要な勇気と確信をもつことができます。個々の具体的な選択は、状況に応じて、プラグマティックに実行しなくてはなりません。しかし、そのプラグマティックな判断を最終的に規定する、ユートピア的なヴィジョンをもたなくては、劇的な変革は実現できない。抽象的・論理的なレベルでの社会構想が、そのユートピア的なヴィジョンにあたります。

まず、可能な社会構想の論理的な骨格を検討する前に、「階級」について論じておきます。なぜか。言うまでもありません。マルクスは、プロレタリアこそが、資本主義を超える解放的な革命の主体になると見ていたからです。しかし、今日、そのような意味でのプロレタリアートの概念は時代遅れにも思えます。検討しておく必要があります。

3　プロレタリアートとは何か

3-1　労働者＝消費者という矛盾

資本は剰余価値（≒利潤）を実現しなくてはなりません。産業資本の場合は、労働者の剰余労働を搾取することで剰余価値を生産します（第2章）。が、よく考えてみれば、生産過程においては、剰余価値はまだ実現されてはいません。剰余価値が実現されるためには、生産された商品が市場で買われなくてはならない。誰が買うのか。誰が消費者なのか。消費者とは、結局、生産過程においては労働者だった者です。したがって、剰余価値は、原理的には、総体としての労働者が、自分が生産したものを市場で買い戻すことによって実現しているのです。「総体としての」という限定が重要です。個々の労働者に関しては、自分が作ったものを買っているわけではありません。しかし、労働者を全体として見れば結局、自分で生産したものを自分で買っていることになります。この買い戻しにおいて、剰余価値が実現しているわけです。

この仕組みを重視しているのが、柄谷行人です。[*12] というのも、ここには資本にとっては悩ましい根本的な矛盾があるからです。デヴィッド・ハーヴェイも、資本の基本的な七つの矛盾の最後に、これをあげています。ハーヴェイは、複数の矛盾には「優劣」がないということを強調していますが、しかし、剰余価値が実現できなくては、資本は資本ではありえませんから、これから説明する矛盾は、資本にとって最も致命的な矛盾だと言ってよいのではないか、と思います。

どんな矛盾があるのか。むずかしいことではありません。個別の資本としては、より多くの利潤を得るためには、労働コストを最小化しようとします。言い換えれば、労働者をできるだけ搾取しようとするわけです。そうすると、労働者の購買力が低下します。しかし、労働生産物を労働者に買ってもらわなければ、剰余価値は実現できない。だから、労働者を搾取することは、結果的に、総体としての資本の自滅へとつながるわけです。労働者を搾取しなければ剰余価値は得られない。しかし同時に、労働者を搾取すると剰余価値は実現できない。究極のアンチノミーです。

しかし、そうすると疑問が出てきます。それならばどうして剰余価値が得られているのか。個別資本ではなく、総体としての資本の循環を通じて、剰余価値が発生しているのはどうしてなのか。まず、当面のこととしては、国家の介入が利いています。国家の福祉政策や教育政策が、労働者が過度に貧困化するのを防いでくれているので、資本は労働者を搾取できるわけです。が、原理的なことを言えば、国家の政策のための費用は税金でまかなわれていて、その税金は、労働者や企業（資本）から来るわけですから、国家の介入は最終的な解決にはなりません。

では、もう一度問いますが、どうして剰余価値が生まれているのか。

*

結論を言えば、資本主義が厳密には純粋ではないからです。純粋な資本主義は――それが「労働者が自分で生産したものを買い戻す」という形式である以上は――、構造的に不可能です。

一般には、資本主義は、（自由市場における）賃金労働者の搾取に基づいていると考えられてきました。しかし、今述べたように、搾取の源泉がここにしかないとすると、資本主義は、剰余価値が実現できなくなり、自滅してしまう。実は、資本主義以外の――あるいは資本主義以前の――搾取の様式が一緒に働いていていて、そのおかげで、資本主義が成り立っているのです。資本主義は本質的に不純だということになります。

具体的にはどんな非資本主義・前資本主義的な搾取の様式が働いているのか。それは、すでにいろいろな人が論じていて、私はそれをそのまま継承するかたちで紹介します。第一に、エコロジスト的なマルクス主義者がよく指摘しているのは、自然環境の破壊や自然の資源の獲得からくるものです。いわば自然そのものの搾取です。無料の、あるいは廉価で入手した自然からの獲得物を市場で売れば、利潤が出る。

第二に、――デヴィッド・グレイバーなどが強調していることですが[*13]――、資本主義以前の直接的な支配―服従関係、たとえば奴隷制的なものが、ときには丸ごと、ときには極端に安い賃金を補うかたちで残っていて、そこで搾取がなされているのです。この搾取が、いわゆるグローバルサウス（第三世界）でなされたり、あるいは先進国内の外国人労働者との関係で生じているときには、しばしば人種主義とセットになっています。資本主義を人種主義が補完していることになるわけです。

第三に――何十年も前からフェミニストが繰り返し強調してきたことですが――、女性の労働の搾取です。家事や再生産にかかわる女性の労働に対して、賃金が支払われていない。

さらに、第四に――これは現代的なものですが――、ショシャナ・ズボフが発見した、監視資本によるデジタル空間での行動剰余の搾取があります。[*14] この場合は、搾取されているのは労働者ではなく、消費者です（ただし先ほども述べたように、労働者と消費者は別人ではありません）。デジタル空間で行動すると、人は気づかぬうちに、行動履歴や個人情報を監視資本に奪われているのです。この奪われたデータは、非常に貴重で、利潤のもとになるわけですが、しかし（消費者への）対価は支払われていません。

以上は、搾取する側（資本）から事態を見たわけですが、搾取される側（労働者＝消費者）から捉えると、彼らは、貧困を甘受しているか、そうでなければ、資本主義的なそれとは異なる交換様式に頼って消費したい物を得ているわけです。たとえば、同居している人の再生産労働や家事労働に頼っているとすれば、贈与交換に依存して生活していることになります。

ともあれ、私が重視したいことは、資本主義は、完全には資本主義化が進捗してはいないがゆえに成り立つということです。資本主義のうちに完全には内部化されていない部分がある。そのような部分があるがゆえに、資本主義は剰余価値を生み出すことができているのです。

3-2　なぜ階級は二つなのか

形式的に言えば、資本家とは生産手段の所有者であり、労働者とは、労働力以外に売ることができる商品をもたない者のことです。しかし、このような形式的な定義だけでは、どうして階級なるものが生まれるのか、どうしてこの二つなのかが、理解できません。まずは、私たちのここまでの議論との関係で、階級なるものがどのように位置づけられるのかを説明します。

第2章で、産業資本の循環を通じて剰余価値が発生する仕組みについて説明しました。時間的に異なる二つの価値体系の間の交換を通じて剰余価値は生まれるのだ、と。このしき重要なのは、未来に属する――潜在的にはすでに未来を先取りしている――価値体系と、現在に属する価値体系とでは、それに対応している（主体の）「経験可能領域」の普遍性の度合いが異なっている、ということです。未来の価値体系の方がより普遍化している。

このような、より普遍化された潜在的な経験可能領域（未来）と、まだ限定されている顕在的な経験可能領域（現在）とが共存している。ということは、資本主義という社会システムの中に、二種類のエージェントが共存している、ということです。後者の現在的で限定的な経験可能領域の中にいるのが「労働者＝消費者」であり、前者の未来的で普遍化された経験可能領域を先取りしているのが「資本」です。

資本主義の中に二つの大きな階級が生まれることには、だから必然性があります。ここで論じていることを、前項で述べたことと関係づけておきます。資本主義は本質的に不純だと述べました。資本主義の中に資本主義以前の交換様式や搾取の様式が入り込んでおり、それがゆえに利潤（剰余価値）が生まれるのだ、と。資本主義以前の交換や搾取の様式が多く残存していればいるほど、それに対応する経験可能領域は特殊に限定されている、ということになります。資本主義のシステムの中には、資本主義以前の交換様式が未だに残り、浸透している部位と、そうした交換様式から解放され、より普遍的な経験可能領域を先取りしている部位とがある。この二つの部分の交換を通じて、剰余価値が生まれているわけです。

＊

「階級」という概念を導入したのは、マルクスです。もともとフランス語に〝classe〟という語があり、マルクスはそれを、〝Klasse〟（クラッセ）とドイツ語化して、階級を意味する語に仕立て上げました。マルクス以前にあったのは、〝Stand〟（シュタント）（身分）〟という語です。マルクスが「階級（Klasse）」と呼んだものを、彼以前の人は、Standと見なしたわけです。ヘーゲルも、〝Stand〟を使っています。どうしてマルクスは、〝Klasse〟という当時の人には耳慣れない語を使ったのでしょうか。ここには、社会に対する新しい洞察があります。

マルクスの考えでは、ブルジョワジーはクラッセ（階級）であって、シュタント（身分）ではありません。むしろ、シュタントの解体を表現しているのがブルジョワジーです。このように言うとき、マルクスの真意はどこにあるのでしょう。たとえば貴族は身分です。貴族は、生まれたときにすでに貴族であり、死ぬまで貴族だからです。平民もまた、生まれてから死ぬまで平民のままです。つまり身分は、個人に本来的に付着している属性です。階級は違います。個人の社会的所属を「階級」として把握することは、その個人と、彼の社会的な姿としての階級の間には、本来的なつながりがないということを意味しています。むしろ、個人と階級の間には分裂がある。貴族が貴族であることは必然ですが、ブルジョワがブルジョワジーに属していることは偶有的です。

つまり階級という概念が含意していることは、個人が、いったん「何者でもありうる」という普遍性へと解き放たれているという前提のもとで、ある階級の一員としてのアイデンティティを獲得する、ということです。これは、経験可能領域が普遍化していくという社会的なダイナミズムの中で、階級なるものが生まれるという、私たちの認識と対応しています。階級としての階級、階級らしさを体現する階級、典型的な階級は、ブルジョワジーです。ブルジョワは、「何者でもありうる」という資格のもとで、何ものかに投資する者としてアイデンティティを獲得し、資本主義の中に参入しています。

3-3 労働者の規律訓練

労働者の方は、資本家に雇われ、賃金を支払われることによって労働者になるわけですが、しかし、気をつけなくてはなりません。労働力しか売るものがない労働者というものは、自然と最初からそこにいるのではありません。労働者は、労働者として形成されなくてはならないのです。

労働者と似ているものとして、奴隷と職人がいます。しかし、アダム・スミスは、近代の労働者は奴隷や職人とは根本的に異なっている、と述べています。[*15] 奴隷は、主人が直接監視していなければ働きません。自発的に働く意思をもってはいない。職人は、何かを制作する洗練された技術をもっていますが、しかし、プライドもあって――これは身分的プライドに通ずるものです――、他のことはやろうとしません。近代の産業に必要な労働者は、「自由」であると同時に、「規律」に従うことができなくてはなりません。その点で、近代的な軍隊の兵士と同じです。

このような労働者は、自然に生まれてくるものではありません。育てなくてはならないのです。どのように育てられるのか。第4章で、小説の源泉を探る中で、ミシェル・フーコーが見出した、近代の規律訓練型の権力について述べました。ジェレミー・ベンサムが構想したパノプティコンがその隠喩になっているような権力です。この規律訓練型権力こそ、どのような労働にも適応できる労働力をもち、かつ規律に従うこともできる労働者を育成しました。規律訓練型権力は、犯罪者や浮浪者を取り締まる際に発動されたのはもちろんですが、何より学校教育の場に浸透しました。その結果、産業資本が必要とする労働者が大量に生み出されました。

この権力の最終的な担い手は、国家です。国家は、規律訓練型権力が作用するさまざまな装置を用意することで、産業資本の必要に応えたということができます。規律訓練型権力にこのような機能があること、この点をフーコーも論じていますが、それ以上に明確に、柄谷行人が説いています。[*16] ヴェーバーは、資本に適応する勤勉な労働者の出現を、プロテスタンティズムと関連づけて説明しました。それゆえ、産業資本にとって不可欠な労働力商品の出現を、ヴェーバーは「神の監視」から、フーコーは「国家の監視」から説明したことになる、と柄谷はまとめています。

この二つの監視は、同じ権力の二つの現れだと見るべきです。規律訓練型の権力と相関した告白的な反省が、監獄における囚人にも、また日記をつけるプロテスタントの日常にも現れたことを思い起こしてください。

3-4　Klasse と klēsis

ここまで、はっきりとは区別してきませんでしたが、マルクスが、「資本家階級／労働者階級」という語を使うときと、「ブルジョワジー／プロレタリアート」と言うときでは含みが異なっています。指示対象は同じですが、後者には宗教的な暗示が含まれているのです。そのプラスアルファの含みを考えると、ブルジョワジー／プロレタリアートをあらためて捉え直すことが可能になります。

そのためにはまず、マルクスの"Klasse"が、独特の宗教性を帯びていることを理解する必要があります。この点を少していねいに見ると、マルクスの議論とヴェーバーの議論との間に思わぬ連結を認めることもできて、興味深いものがあります。

先ほど、マルクスの"Klasse"は、フランス語の"classe"に由来する、と述べました。フランス語の"classe"は、さらにラテン語の"classis"から来ています。ラテン語の"classis"は、「市民の集合の中から、兵士として召喚された部分」を意味しています。つまり都市や帝国から呼び求められ、その都市・帝国の防衛の使命を帯びた人たちです。

ところで、マックス・ヴェーバーは、あの『プロテンタンティズムの倫理と資本主義の精神』の脚注で、ハリカルナッソスのディオニュシオスがこのラテン語の"classis"の語源について述べていることを紹介しているのです。[*17] ハリカルナッソスのディオニュシオスとは、帝政ローマ初期の歴史家です。この人物によると、ラテン語の"classis"は、ギリシア語の"klēsis"から来ています。クレーシス klēsis とは何か。クレーシスは、「召命」、つまり神から人間への呼びかけです。すると、ヴェーバーのこの有名な本を読んだことがある人はすぐに気づくでしょう。ルター訳（として普及した）聖書で、klēsis に対してドイツ語の"Beruf"があてられ、これがやがて近代的な意味での「職業」を意味するようになった。このことが、プロテスタントの勤勉、資本主義の精神に深く関係している、というのがヴェーバーの論点でした。

〝klēsis〟は、パウロによって使われているのですが、ヴェーバーによれば、パウロのコンテクストでは、今日で言うような世俗的な「職業」という意味はありませんでした。しかし、古代のギリシア語のテクストの中で、ハリカルナッソスのディオニュシオスの一節だけが、〝klēsis〟に「職業」に近い意味が込められている……ということで、ヴェーバーは、注で、この歴史家の説を紹介していたのです。そして、繰り返すと、Klasseの語源であるclassisは、さらに遡ると、ギリシア語のklēsis（召命）に由来する、というのが、ディオニュシオスの説です。

この説が正しいとすると、非常に美しい結果になります。ヴェーバーが注目した「職業Beruf」とマルクスの理論の中心にある「階級Klasse」とが、同じギリシア語の単語（klēsis）を原点にもつ、ということになるからです。が、残念なことに、この説は、今日の言語学の支持を得られないようです。しかし、それでも、この説は、私たちの考えを発火させるきっかけにはなります。というのも、Klasseの語源がラテン語のclassisであり、しかも、この語が、パウロと同時代の碩学に、klēsisを連想させたことは確かなのですから。

ディオニュシオスの説は、マルクスの概念の独自性に光をあてるきっかけとしての利用価値があると述べているのは、実は、イタリアの政治哲学者ジョルジョ・アガンベンです。[*18] アガンベンの誘いに乗るだけの価値はある、と私は考えます。

3-5 召命の二つの力——身分から階級へ

さて、パウロは「コリント人への第一の手紙」の中で次のように書いています。

主がおのおのに分け与えた分に応じ、神がおのおのを召されたときの状態のままに歩みなさい。これはすべての教会でわたしが命じていることです。（7章17節）

ここで、「召された klētós（クレートス）」は、のちにドイツ語で Beruf と訳されることになる klēsis に連なる語です。「クレーシス＝ベルーフ」という概念には、もちろん、救済論的な意味が含まれています。神に呼びかけられ、それに応じることは、救済されるための必要条件です。この引用の中の「すべての教会 ekklēsíais」という語も、klēsis と同族の語です。教会とは、救済へと差し向けられている者たちの共同体です。

パウロは、今引用した部分に続いて、次のような趣旨のことを書いています。もしあなたが割礼を受けている者として召されているのであれば、割礼の跡を消してはならず、もしあなたが割礼を受けていずに召されているのであれば、割礼を受けようとしてはならない。もしあなたが召されたときに奴隷であれば、自由の身になろうとしてはならず、もしあなたが自由な身分の者として召されたのであれば、奴隷になってはならない。……

と聞くと、パウロの言っていることはとても保守的だと思われることでしょう。奴隷は奴隷の身分のままでいなさい。誰もが、主が召されたときと同じ身分にとどまりなさい。……普通これは、終末論的無関心を示すものだと解釈されています。神の再臨の日が迫っているのだから、おのおの神に召命されたままの状態にとどまりそれを待つのがよい、という態度です。
ところが、パウロは、こう語ったすぐあとに、終末論的無関心とは正反対のことも語っているのです。実は、パウロはとても難解といいますか、不可解なことを書いています。そのまま、まずは引用してみましょう。

兄弟たちよ、わたしはこう言いたい。定められた時は迫っています。今からの残りの時は、妻のある者は妻のない者のように、泣く者は泣かない者のように、喜ぶ者は喜ばないように、物を買う者は物を買わない者のように、世の事にかかわっている者は、かかわりのない者のようにすべきです。この世の有様は過ぎ去るからです。あなた方が思い煩わないことを、わたしは望んでいる。(「コリント人への第一の手紙」7章29節〜32節)

ここでパウロの言っていることはたいへん奇妙です。クレーシスとは、「Xではない者のように」ふるまうことだ、というのです。しかもそのようにふるまうように言われているのは、まさに「X」として召命されている者です。ここで言われていることは、二律背反的です。一方で、パウロは、奴隷は奴隷に、つまり「おのおの自分がその中で召命された同じ召命の中に」(コリント1、7章20節)留まりなさい、と述べる。しかし、他方で、パウロは、Xは「Xではない者のように」あれとも説いているのです。つまり一切の与えられた具体的な召命を棄却して、何者でもないものになることこそが召命である、というわけです。

そうするとどうなるのか。パウロが言うところの「神の召命」には、背反する二つのベクトルによって記述できる二つの力が働いていることになります。召命されたことのうちに留まらせようとする力と、その召命からの離脱、その召命の廃棄へとつながる力です。神の呼びかけに応えるということは、私が今の私（の社会的身分）に留まることでありつつ、同時に、私が今の私ではなくなる――究極的には何ものでもなくなる――ことでもあります。

*

さて、このことが、「階級Klasse」とどう関係しているのか。私は、マルクスの階級概念に、パウロの召命の、今見てきたような両義的な意味が反響しているように思うのです。マルクスがパウロを意識して、この概念を使ったという意味ではありません。ただ概念に取り憑いたアウラのようなものが、マルクスにこの概念の使用を促したのです。

ここで、先ほど述べた、「階級（クラッセ）」と「身分（シュタント）」の違いを思い起こしてください。身分は、個人の本来的な属性であるのに対して、階級的な所属はそうではなく、個人そのものとの間にギャップがある、と。

繰り返せば、クレーシスには、二つの対立する力が属しています。人を召命された状態の中に留まらせようとする力と、召命を廃棄して変化させようとする力です。個人に対して前者の力だけが作用しているときに出現するのが「身分」です。それに対して、二つの力がともに個人に作用し、均衡しているときに出現するのが「階級」なのです。人は、いったん何ものでもないものになった上で、何ものかとして同定され、それに留まる。それが階級です。

と言いますか、ここは、もう少し繊細に言いたいところです。二つの力が均衡しているときに出現するのは、（二つの階級のうちの）ブルジョワジーの方です。「身分」の場合には、留まらせる力だけが作用しているのでした。それならば、逆に、何ものかとしての特定のアイデンティティから引き剝がす力、離脱させる力、「Xでない者のように」の方の力が優越しているというケースが論理的にありうるはずです。それこそが、プロレタリアートなのです。

いや、労働者だって、生産関係の中で特定の位置を与えられているのですから、やはり、「召命された状態の中に留まらせようとする力」の作用も受けていることになるのではないか。そのように反論されるでしょう。もちろんその通りで、この反論には一定の正しさがあります。ただここで、先ほど説明した「経験可能領域」を考慮する必要があります。階級の区別は、未来の普遍化した経験可能領域と現在の限定的な経験可能領域の区別に対応しています。前者は、来るべき経験可能領域で、後者は、もうじき捨て去られる経験可能領域です。

「来るべき経験可能領域」を基準にして見た場合にどうなるのか、考えてみてください。ブルジョワジーは、この経験可能領域の中に、はっきりと場所を与えられています。それに対して、プロレタリアートは、とり残され、未来の経験可能領域の中に場所を与えられていない。したがって、来るべき経験可能領域との関連では、プロレタリアートには、どこかに留まらせる力が働いていないことになります。[*19]

3-6 階級闘争――社会の「内部／外部」として

階級の間の差異には、つまりマルクスが「階級」という新しい概念によって記述しようとした葛藤には、宗教的な救済、特に終末論的な救済を連想させる含みがあるのです。終末論は、人間を、祝福され神の国へと入ることが許されるグループと、呪われ地獄へと送られるグループに分割します。階級の間の差異と葛藤は、この分割の、地上における反映のようなものです。召命に応じたしかるべきポジションをもつ者、したがって救済への約束を予感できる者たちが、ブルジョワジーです。それに対して、「召命の廃棄」以外の何も命じられていない者たち、召命に応じた積極的なポジションが何も指定されていない者たち、それゆえに救済への希望が直接には与えられていない者たちがプロレタリアートだということになります。

が、ここでマルクスの議論が終わるわけではありません。プロレタリアートに関して、マルクスは、『ヘーゲル法哲学批判』の中でこう述べています。それは、「市民社会のどんな階級でもないような市民社会の一階級」である、と。あるいは、それは、「あらゆるシュタントの解消でもあるような一シュタントである」と。ここまでは、私たちが論じてきたこととそのまま符合します。プロレタリアートは、市民社会(資本主義)の中では、何ものでもない、というわけですから。マルクスは、そこからさらに進みます。こうした状況に置かれているがゆえに、プロレタリアは、ただ自分を廃絶することによってのみ自分を解放することができるのだ、と。マルクスの構想では、あらゆる社会的身分が解体し、階級のない社会へと移行したあかつきには、プロレタリアートは解放されます。ブルジョワジーが、身分の否定によって定義される階級であるとすれば、プロレタリアートは、階級自体を否定する階級だ、ということになります。

マルクスは、階級なき社会への——ということは資本主義を超えた社会への——革命の担い手はプロレタリアートだと考えたわけですが、ここには、パウロ的なクレーシスとよく似たものが感知できます。パウロにとっては、エクレーシア（教会）は救済のための共同体です。マルクスにとっては、プロレタリアートは資本主義に対抗するエクレーシアです。革命がなければ、つまり常態のままなら、プロレタリアは、いわば呪われた者たちに終わります。しかし、革命が成功したあとで振り返ると逆に、プロレタリアートこそが救済される者たちの予備軍だったことが判明する、というわけです。プロレタリアートが革命の担い手だというのは、罪人こそが救済される、というキリストの言明と同じ逆説を指しているのです。

普通は、資本家階級と労働者階級は、生産手段の所有と非所有で区別されます。あるいは、経済的な格差を「階級」という語で指すこともあります。経済的資源だけではなく、広くアクセス可能な社会的資源の量や質における差異・差別を、この同じ語で意味することもあります。

しかし、客観的に観察可能な、この種の社会構造内でのポジションの特徴よりもっと重要なものがあるのです。少なくともマルクスの観点からは、もっと重要なものがある。それは、自らに配分された社会的な位置に対する主体的な応答です。自らの活動がそのまま、召命に対する応答になっているという幸せな確信をもてているのか、それとも「召命の廃棄」という形式で否定的に応じる以外には召命に応えることができないという意識をもつのか。前者がブルジョワジーで、後者がプロレタリアート。言い換えれば、このような主体的な意識をもつならば、いわゆる労働者であるかどうかとは別に、プロレタリアートの一員である、と言うことができるわけです。

＊

ここからさらにもう一歩、階級の間の差異、あるいはマルクス主義者が言うところの「階級闘争」ということに関して、さらに踏み込んだことを言うことができます。階級の差異とは、社会の内的な差異であると同時に、社会の内部と外部の区別、社会と非社会の区別でもあるのです。どうしてそのように言えるのでしょうか。資本主義のもとでは、原理的には、誰もが、いわば召命を受けています。自由でありなさい、身分の枠組みから自由でありなさい、と呼びかけられている。このように呼びかけられている個人の全体が、いわば社会を定義しています。しかし、同時に、その中の一部の者だけ（ブルジョワジー）が、自分に与えられたその位置に適合した活動がそのまま召命において肯定されていて、それゆえ、自分は救済へと方向づけられているという自己確信をもつことができるわけです。そうだとすると、このような者たちだけが、「召命（ベルーフ）」によって規定されている社会の自己同一性（アイデンティティ）を代表している、ということになりませんか。召命の廃棄にしか方向づけられていない者たちは、言わば見捨てられているのであって、社会の外部に放逐されているのです。[*20] というわけで、「ブルジョワジー／プロレタリアート」の区別は、社会の内的な差異であると同時に、社会の内部／外部の差異でもあります。

どんな人間社会も、内部と外部とを区別します。つまり、いかなる社会も、「われわれ」とは何者であるのか、「われわれ」と「彼ら」はどうちがうのか、ということについての表象をもっています。資本主義社会の特徴は――マルクスが階級闘争の概念を用いるときに見出していた特徴は――、その「内部／外部」の区別を、「内部」のうちに繰り込んでいることにあります。言い換えれば、資本主義社会というものは、内部と外部の差異を、自らの内部に不断に再生産することを通じて、自らを維持しているわけです。

この不断に再生産される内部と外部の差異は、経験可能領域の落差に対応している、ということは、ここまでの議論から理解されると思います。「内部」に対応しているのが、来るべき、普遍化された経験可能領域の中にすでに入っている者たちです。未来の経験可能領域の中で、承認され、ポジティヴに評価されている人たち。ということは、資本がその未来に先取りしようとするその「普遍性」は、普遍的であるというその規定とは正反対に、排除を前提にして成り立っているということになります。

それに対して、プロレタリアの革命が目指すもの、階級そのものの廃棄を目指す階級闘争は、真の〈普遍性〉の実現を目指すものとして、マルクスによって思い描かれています。『ヘーゲル法哲学批判序説』の有名なくだりを、一部省略しながら、引用します。このパセティックな調子の中に、終末論的なメシアニズムを感じないわけにはいきません。

> では、どこにドイツ解放の積極的な可能性はあるのか？
> 答え。それはラディカルな鎖につながれた一階級の形成のうちにある。市民社会のいかなる階級でもないような市民社会の一階級、（中略）その普遍的な苦難のゆえに普遍的な性格をも

ち、なにか特別の不正ではなく不正そのものを蒙っているがゆえにいかなる特別の権利をも要求しない一領域、もはや歴史的な権原ではなく、ただなお人間的な権原だけを拠点にすることができる一領域、（中略）一言でいえば、人間の完全な喪失であり、それゆえにただ人間の完全な再獲得によってのみ自分自身を獲得することができる一領域、このような一階級、一身分、一領域の形成のうちにあるのだ。社会のこうした解消が一つの特殊な身分として存在しているもの、それがプロレタリアートなのである。[*21]（傍点は原文）

過激な排除を前提にする資本の偽の「普遍性」に対して、人間の全面的な包摂を含意する真の〈普遍性〉を獲得すること。これが、プロレタリアートを主体とする革命に託されているわけです。そして、このような意味での〈普遍性〉こそが、資本主義のあと、資本主義の〈その先〉の社会において実現されるべきものです。ここでもう一度強調しておきましょう。プロレタリアートというのは、客観的な社会的な地位というよりも、資本主義社会に対する主体的な構えを表現しているものです。誰でも、プロレタリアでありうるし、また誰でも、そうではない可能性がある。

3-7 資本に包摂されきらない知

一般論的なことを抽象的に論じてきたので、現代社会に即して少し具体的なことを論じておきます。「革命」は、少なくとも今日の「先進的」な資本主義社会においては、かつてのフランス革命やロシア革命のような非合法的な物理的暴力の行使によって実現されるとは思えません。先進資本主義国で非合法的な暴力が大規模に行使されるとしたら、2021年初めのアメリカ合衆国の議事堂襲撃事件のように、むしろ「反革命」の運動となる可能性の方が高いと思います。では、資本主義の〈その先〉への「革命」はどのように進捗するのか。それは、結局、誰によっても設計されていない人々の「意識」の変化をともなう、合法的な――しかし思い切った――改革の試行錯誤の、意図せざる結果として生まれるのではないでしょうか。

ここでは、資本主義の〈その先〉への転換をともないうる「意識」の変化の可能性について、この節で見てきた「階級」との関係で見ておきましょう。そうすると、第3章、第4章で論じておいた資本主義的な知や言説が、どのようなポテンシャルをもちうるか、その大枠を検討することができるからです。資本主義のダイナミズムと連動していた知や言説が、どのように、資本主義を逸脱していくのでしょうか。

先ほど、労働者の規律訓練について述べました。産業資本が使用することができる労働力商品を労働市場にもたらすためには、教育が必要です。家庭や学校での教育です。とりわけ学校教育が重要です。そこでの教育によって、人は労働力商品の所有者として形成されます。その教育の最大の目的は、労働者を「従順な身体」にすることにあります。しかし、それだけではありません。コミュニケーションの能力、読み書きの能力、基礎的な計算の能力、いくつかの常識的な知識を獲得させること等々も目的です。それによって、人は、どこでも使用可能な標準的な労働力商品となります。大量の労働力商品が供給されなければ、産業化は不可能です。このことは、産業革命がどうして実現したのか、産業革命の直接的な原因を考えるとわかります。産業革命が起きたのは、簡単に言えば、機械と労働とを結合することで、たとえば紡績機や織機を導入し労働者に〈分業して〉使用させることで、労働の生産性が飛躍的にあがったからです。こうしたことが実現するためには、従順であるだけではなく、命令されたことを理解し実行できる基礎的な能力をもった標準的な労働者がたくさん必要になります。しかし、たとえば読み書きや基礎的なコミュニケーションの方法まで、工場で教えるわけにはいきません。

やがて労働力商品自体が投資の対象になります。つまり労働者自身が、商品としての自分の価値を高めようとするわけです。労働者は、自ら積極的に〈余分な〉教育を受け、標準的なレベルを超えた付加価値のある労働力商品になろうとする。特別な能力をもった労働力商品、特別な知識を有する労働力商品に、です。今日しばしばリスキリングと呼ばれている現象が、この種の「労働力商品への投資」のひとつの典型的な姿です。付加価値のある労働力商品は、理論的に言えば、生産手段〈の一部〉がはじめから付着している、ということになります。マルクス主義経済学のベーシックな考え方では、一方に、生産手段をもたない労働者がいて、他方に、生産手段を所有する資本家がいて、両者が賃金を媒介にして結合する、ということになります。しかし、生産に必要な能力や知識をあらかじめ身につけている労働者は、その能力や知識が、すでに生産手段でもあります。

こうして、知識や能力と結合した労働力が資本のもとに包摂されます。資本主義が発達すればするほど、労働力商品への投資が増えていきます。資本の側も、教育への——しばしば国家を媒介にした——投資を歓迎します。労働者の側も、積極的に教育を受け、自身の労働力商品としての価値を高めることに熱心です。

が、ここで注目したいことは、資本による包摂は完全ではない、ということです。少なからぬ――いやむしろきわめて大規模な――逸脱が生じてしまう。私は今、日々、みなさんが経験している非常に当たり前のことを指摘しているのです。

*

学校で教えられることの多くは――とりわけ大学等の高等教育の中で学ぶことの大半は――、資本にとっては役にたちません。つまり、私たちが学校で学ぶことの多くは、就職したとき、何の役にもたちません。大学は、たえず企業から批判されてきました。ビジネスに使えないことばかりを教えている、と。とりわけ人文系の知に対しては、経済界からの風当たりがつよい、ということを強調しておきましょう。「人文系の知」というのは、（第4章で見た）小説の言説の近くにある知、小説の言説と隣接した知です。

労働者になる予定の人間に対する教育は、資本の要請に応えたものです。それにもかかわらず、その教育によって、資本にとって有用ではない知識や能力が獲得されています。このことへの社会的批判は大きく、大学の改革がなされたりしています。あまりに役立たないことを教えている学科や学部は廃止されることもあるし、逆に、いかにも実用性のありそうな学科や学部が新設されることもあります。しかし、そんなことをいくら繰り返しても、資本のもとに包摂されきらないことがたくさん教育される、という事情は変わりません。

が、しかし、これは嘆かわしいことなのでしょうか。資本にとっては確かによくないことなのかもしれません。しかし、資本の蓄積に有用であるということが、知識や芸術の意味のすべてではない、ということを知るのは、むしろよいことではないでしょうか。知識や芸術は、それ自体を目的としているのであって、資本に奉仕するものではないと理解することは、資本や資本主義の存続を絶対視しない見地にたてば、非常によいことです。

人類学者のデヴィッド・グレーバーが「ブルシット・ジョブ（クソどうでもよい仕事）」と名付けた仕事が、現代社会に蔓延していることがわかっています。ブルシット・ジョブとは、被雇用者本人でさえも、「こんな仕事は無意味で不必要だ」と思っているような有償の雇用のことです。[*22] ブルシット・ジョブは、きつい仕事なのに、報酬が少ない仕事という意味ではありません（こちらは「シット・ジョブ」と呼ばれます）。ブルシット・ジョブは、自分の仕事に対する主観的な評価なので、あらゆる職種に拡がってはいますが、かなり報酬も高く、高学歴者が就くような仕事に多いことがわかっています。

ブルシット・ジョブを与えられた被雇用者は、非常な苦痛を味わいます。しかし、この仕事にかなり高額の報酬が支払われているのですから、企業にとってはやはり必要なのです。ブルシット・ジョブの増殖は、だから、資本の再生産に貢献するかどうかということとはまったく別のところに、仕事をすることの意味を見出す人が増えつつあることを示しています。あえて誇張して言えば、自分の仕事の「ブルシット性」に気づいた人は、先ほど定義したような意味でのプロレタリアの一歩手前にいます。彼らはプロレタリア予備軍です。自分の仕事がブルシット・ジョブであるとの自覚をもつ者が、その仕事を放棄して、あるいは仕事のやり方を根本から変えて、資本主義的な競争での評価や承認（高額な報酬や企業内での昇進等）とは別のところにあらたな仕事の喜びを見出そうとするならば、それは、すでにプロレタリアとしての「革命」の小さな一歩です。

ともあれ、ここでもう一度確認しておきたいことは、労働力を資本のもとに包摂するためになされている教育が、資本の必要という基準から逸脱する知識や価値観を拡散させている、という事実です。そのような知識や価値観は、資本の基準とは別のところにある自由を求めることになるでしょう。

3-8 科学――敵か味方か

近代的な自然科学と資本主義との関係についても論じておかなくてはなりません。まず、科学の特殊な使用（あるいは誤用）が、資本や権力の邪悪な――あるいは正義に反する――利益に貢献することがあります。たとえば学者が、ある企業の工場の活動が公害の原因であるとは必ずしも認められない、ということを「科学的」に証明する、というようなケースです。このような特殊な利害に奉仕するこの種の科学の使用（誤用）は、もちろん、批判されなくてはなりません。

しかし、近代科学と資本主義の関係についての批判としては、これだけでは不十分です。第3章で論じたことは、科学と資本主義との間には、本質的で内在的な関係がある、ということでした。ときに個別資本の目的と個別の科学的な知見との間で利害関係が合致するということは、その本質的・内在的な関係とは基本的には別のことです。

けれども、逆の極端に走る科学批判もまた、避けなくてはいけません。逆の極端とは、ディープなエコロジストにしばしば見られるもので、科学を全般的に敵視する批判です。近代科学は、自然を、そしてまた人間をも、ひとつの物的な対象と見なし、その上で、自然や人間を制御したり、搾取したりしようとしている、というわけです。この種の批判は、哲学的に洗練されたものから、素朴なものまで、非常にたくさんあります。たとえば、ハイデガーの技術批判もその一ヴァリエーションと見なすこともできます。[*23] あるいは、アドルノとホルクハイマーの『啓蒙の弁証法』で展開される道具的理性批判もその一種です。[*24] 道具的理性は、アドルノ等によれば、原初的な呪術においてすでに働いているのですが、その全面的な発展の産物こそが、近代的な科学技術だということになります。

このタイプの科学批判は、資本主義の全地球的な広がりとともに環境問題が深刻化してくると、ますます力を得ていきます。しかし、科学をこのようにすべて捨ててしまえば、資本主義の超克は絶対に不可能です。

*

近代科学と資本主義の関係はどうなっているのか。第3章で論じたことを思い起こしてください。階級の区分、つまり労働者と資本という区分との関係で見れば、科学は本質的に資本の側に結びついています。科学的な知の総体は、総資本と類比させることができます。総資本は剰余価値を生み出しながら、自らを増殖させていく。科学的な知も剰余知識をもたらしつつ、全体として増殖していくわけです。

総資本と近代科学との間の構造的なつながりは、現実の企業活動の中での科学の役割を考えても、納得がいくでしょう。企業の中に、実際に労働し生産する部門と、設計したり管理したりする部門があり、科学が直接に属しているのは後者です。科学がもたらす技術は、生産性を高め、剰余価値を増殖させることに貢献しています。

ただ、ここでちょっとした皮肉があることに気づきます。企業の中で、あるいは企業とともに研究開発に携わっている人も、基本的には、賃金労働者です。彼らは労働者でありながら、労働者を搾取する資本の側についているようにも見えます。客観的な立場としては資本家だとしても、あるいは富裕層に属していたとしても、プロレタリアートの側に加担する人もいます（たとえばエンゲルスがそうでした）。企業と結びついて研究している人には、これとは逆のねじれがしばしば生じていることになります。

が、いずれにせよ、ここで強調したいことは次のことです。だからといって、科学は本質的に資本の利益に奉仕することになる、と考えてはならない。この点です。どうしてそう断言できるのか、説明しましょう。科学の言説の根本的な特徴はどこにあるか、を考えてみてください。科学の言説には、主体的な関与（コミットメント）の痕跡がまったくないのです。言い換えれば、科学の言説は、誰が語っているのか、どの立場から語られているのか、ということと無関係に成り立ちます。たとえば一般相対性理論は、アインシュタインという人物にも、彼がどのような社会的なポジションにいたかということにも、まったく関係なく妥当な法則です。これと正反対なのが小説の言説で、語りが誰に、あるいはどの視点に属しているか、ということが解釈にとって不可欠の条件となります。[*25]

しかし、繰り返せば、科学の言説には、主体的な関与が、本質的な条件としては含まれてはいない。そうである以上、科学は、いくらでも、資本の利益、資本の欲望から切り離すことができるということになります。

逆に言えば、たとえば科学をプロレタリアートの利益のために活用するためには、「主体的な関与」という条件を、科学的言説に、外から追加してやらなくてはいけません。主体的な関与はあくまで、科学の外部から導入されるのです。資本主義を乗り越え、〈その先〉に行こうとする者は、科学を味方につけなくてはなりません。

グレタ・トゥーンベリさんは、「政治家は科学の言うことを聞きなさい」と主張しています。彼女は正しい戦略をとっていると思います。自然環境の破壊の原因（のひとつ）は、人類が活用してきた科学技術にあることはまちがいありませんが、科学を活用しなければ、環境破壊に対抗し、たとえば温暖化を抑制できません。それどころか、私たちは、科学のおかげで、環境が致命的に破壊されているという事実を認識できたのです。

科学は、本来、資本の側にあります。しかし、資本から独立させることができる。資本や資本主義と対抗するためには、科学は不可欠の武器になるでしょう。

4 交響圏とルール圏

4-1 交響するコミューン・の・自由な連合

さて、資本主義の〈その先〉の望ましい社会のあり方について、基本的な論理の枠組みとしてのみ、それを示しておきたい、と先ほど述べました。今やそのときです。

ここで私は、社会構想についてのひとつの理論を出発点にしたいと思います。それは、私の社会学の師である見田宗介の、望ましい社会は、その最も基本の骨格的な構造に関していえば、「交響圏とルール圏」という二層の構成になるとする理論です。[*26] ここで「望ましい社会」とは、「自由な社会」という意味です。すべての個人が平等な自由を享受している社会。そのような社会は、個人たちの単純な集合や連合によって成り立つわけではなく、いくつもの交響圏を基底にもち、それらをルール圏が包摂するという、二重の構造を基本的にはもつ、というのです。

私は、この理論を、いわばヴァージョンアップするというかたちで、自分の考えを示そうと思います。そのような戦略をとる理由は以下の通りです。これからすぐに説明しますが、「交響圏とルール圏」という構想は、細かく具体的な内容はない、非常にシンプルで形式的なものです。それだけに、一般性も高く、説得力もあります。つまり、この枠を外れたところに、望ましい社会構想などあるはずがない、と思わせる圧倒的な説得力があるのです。が、しかし、次項で述べるように、資本主義が直面している基本的な困難は、なお、この構想の範囲内では克服できません。ですので、この構想をどのように変更していけば、そうした困難を克服した社会を描くことができるのか、それを考えてみたいのです。

人は幸福になったり、不幸になったりしますが、どちらの原因も大半は、他者にあります。つまり私たち人間にとって、他者は両極的な意味をもちます。他者は、一方では、歓びと感動の源泉ですが、他方では、不幸と生の制約のほとんどの形態の源泉です。前者は、友としての他者であり、愛の対象としての他者です。後者は、（潜在的な）敵としての他者であり、――極論すれば――憎悪や敵意の対象ともなりうる他者です。見田の構想は、これら二種類の他者が、異なる社会的圏域に存在している、ということに注目したものです。

愛の対象としての他者の範囲は限定されています。人はすべての他者を同じように愛しているわけではありません。愛には排他性があります。「あなたの存在そのものが私にとっての歓びである」と言えるような他者は、任意の他者ではなく、誰にとってもその範囲はごく限定されています。このような他者との関係は、相乗的（互いに豊かにしあう）です。

それに対して、何らかの機能のために必要としている他者は、今日、全地球的な規模で広がっています。たとえば、私たちが日々使用したり消費したりする物のほとんどは、グローバルな分業の中で生産され、流通・販売されたものです。何らかの機能のために必要としている他者というのは、しかし、たまたま利害が一致しているがために協力しあっている他者です。言い換えれば、状況が変われば競争相手となるような他者、潜在的な敵でもあるような他者だということになります。このような他者は、不幸と制約の源泉となりうる他者ですが、その存在範囲は、必ず社会の全域に及びます。なぜなら、少なくとも論理的には、すべての他者が、希少な「価値ある物」をめぐる競争相手となりうるからです。つまり、このような他者との関係は相克的（競争的）です。

さて、ここで注意を促しておきたいことは、市場経済とか資本主義を通じて出会い、関係をむすぶ他者は、後者の方の他者だということです。このような他者が存在する空間的広がりが地球全体に及んでいるのは、資本主義が今日、グローバル化しているからです。

繰り返せば、誰にとっても、極端に対照的な意味をもった二種類の他者が存在しています。しかし、それぞれの他者が存在する領域が異なっている。この事実を考慮に入れると、結局、理想の社会の構想、つまり真の〈自由な社会〉は、次のような二重性をもたなくてはならない。これが見田の主張していることです。

① 関係のユートピア（コミューン）——交歓する他者たちとともにある共同体。交響圏。

② 関係のルール（自由な連合）——コミューン同士が、相互にその生き方の自由を尊重し侵さないために協定を結び、最小限度に必要な相互の制約のルールを明確化する。ルール圏。

自由な社会は、基本的には「コミューンたちの間の、関係のルールのもとでの自由な連合」という形態をとります。すなわち、「〈関係のユートピア〉・間・〈関係のルール〉」あるいは「交響するコミューン・の・自由な連合」という複層構造として、来るべき社会は構想されるというのが、見田の論です（図3）。

＊

今その「骨格の中の骨格」だけを示した、未来への構想は、社会についての事実認識によって下支えされています。見田によれば、どのような社会も、「ゲマインシャフト（共同態）・間・ゲゼルシャフト（社会態）」という、やはり複層の構成となっています。「ゲマインシャフト／ゲゼルシャフト」は、もちろん、（主として）社会学者テンニースに由来する概念ですが、ここでは、それぞれ内部の対他関係（他者との関係性）が、「非限定的diffused」か、それとも「限定的 specific」かという区別によって定義されています。たとえば、私たちは、友人とか恋人とか家族とかに対しては、相手の全人格に愛着をもっているのであって、その人の特定の限定された側面だけを気に入っているわけではありません。それに対して、取引相手や仕事のパートナーに対しては、その人の機能的に限定された側面だけに関心をもっています（ある有用な商品を提供できるとか、何か私に利益をもたらす能力があるとか）。

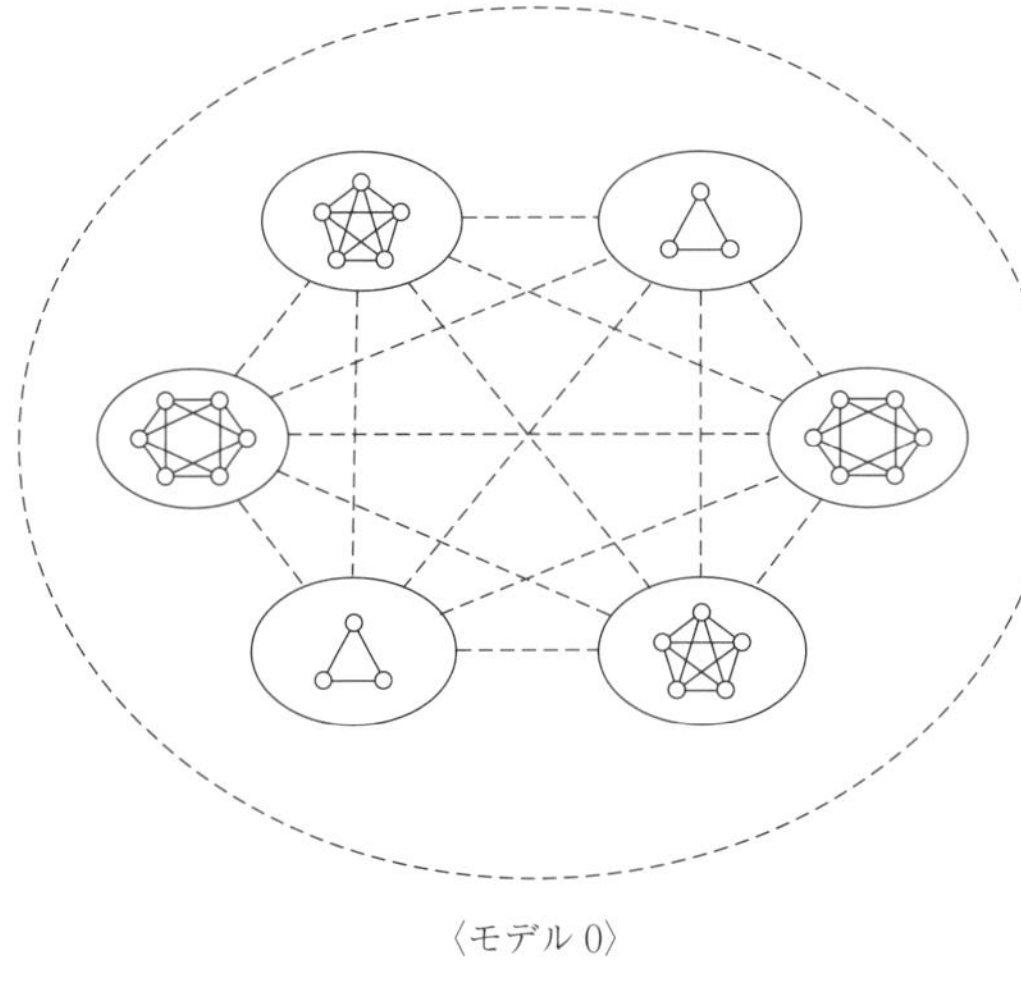
〈モデル 0〉

図３　〈関係のユートピア〉・間・〈関係のルール〉　見田宗介『社会学入門』（岩波書店，2006 年，178 頁）より

この「非限定的（人格的）―限定的（機能的）」という軸に、もうひとつ、関係が「即自的か、対自的か」という軸を加えてみます。すなわち、関係が、当事者たちの意思に先立って自然発生したもの（即自的）なのか、それとも当事者たちの自由で自覚的な選択の結果（対自的）なのか、という区別を考慮に入れてみるのです。そうすると、図4のような、四つの社会類型を導くことができます。

	意思以前		
社会圏	集列体	共同体	親密圏
	連合体	交響体	
	自由		

図4　四つの社会類型

この二つの軸を組み合わせることで、ゲマインシャフトに「共同体／交響体」、ゲゼルシャフトに「集列体／連合体」という区別がそれぞれ導入されたことになります。この類型を用いるならば、見田宗介の社会構想（交響するコミューン・の・自由な連合）とは、「共同体・の・集列体」を「交響体・の・連合体」へと転換することだ、と見なすことができます。

4-2　資本主義的な「普遍」の中で

これは基本的な枠組みですから、なんの問題もないように思われます。現在の最もリベラルな思想とも適合性が高い。リベラルな思想とは、多文化主義です。さまざまな文化や生活様式をもった人がいますが、それらの間には齟齬や矛盾が生じうる。そこで、このように交響圏とルール圏とのレベルを分ければ、多文化の間の平和的な共存が可能になる……そのように見えます。

しかし、「交響圏とルール圏」というこの非の打ちどころがないように見える構想にも、やはり疑問が残るのです。まず指摘しておきたいことは、ルール圏に関することです。コミューン同士が完全に互いに隔離され、交流がない場合は別として、コミューン同士で関係があるとき、すべてのコミューンに対して公平であるようなニュートラルなルールはあるのでしょうか。コミューン同士の関係は、定義上、基本的には相克的（競争的）であると想定されています。互いに相克的であるようなコミューンの集合を包摂するニュートラルなルールは存在するのでしょうか。「ニュートラル」であると自称するルールはあるでしょうが、客観的にニュートラルで公正であると認めうるルールは存在するのでしょうか。

これこそ、倫理学や政治哲学がまさに探し求めているものだと言ってもよいでしょう。そうした領域の知見も考慮に入れて結論を言うならば、そのようなルールは存在しないと私は考えます。どのルールも結局、バイアスがかかっており、特定の文化を意図しないかたちで優遇してしまう。どの文化に対しても等距離な公正なルールは定式化できない。つまりそのようなルールは存在しないのです。

しかし、にもかかわらず、現実の私たちの世界では、このような中立的なルールが存在しているという前提でことが行われているように思われます。中立的なルールとは、「近代」というものに属しているとされるさまざまな価値観に基づくルールや規範です。どうしてなのでしょうか。どうして、私たちは、存在しえない中立的なルールが存在し、実効性があるという幻想を生きているのか。その答えは、資本主義です。

第2章で、資本主義は、経験可能領域を包括化し、その中を生きる人間のアイデンティティを普遍化するダイナミックな過程である、と論じておきました。ルール圏にあたるものは、実質的には、資本主義が与える経験可能領域の「普遍性」に対応した社会的諸関係のネットワークです。もともと、ルール圏という概念のもとにあるゲゼルシャフトの原型となるイメージのひとつは、貨幣経済（市場）をベースにおいた市民社会です。[*27] このことを念頭におけば、ルール圏が資本主義が許容する「普遍性」に対応したネットワークになる、ということも理解しやすいでしょう。

するとそのルール圏の中に組み込まれたコミューンは、資本主義が許容する「普遍性」の範囲内の「特殊性」として、その存在が認められる、ということになります。コミューンは、資本主義の「普遍性」の中でニッチが得られる限りで、存在が許されることになります。

資本主義はかなり「寛容」なシステム、しかもその「寛容度」を高めていくシステムでもあります。しかし無限ではありません。資本主義の中での多様度の承認は、資本主義に内在する基本的な葛藤の否認でもあります。基本的な葛藤とは何か。それは、階級の間の葛藤です。もちろん、この場合、「階級」を、前節で論じたように広い意味で理解しなくてはなりません。

＊

もう少し、関連する問題について指摘しておきます。「交響圏とルール圏」という構成ですと、どうしても、人間にとって本質的に重要なことは交響圏に属することで、ルール圏は、派生的な葛藤を主に処理する場である、となりそうです。

しかし、今日、私たちが生きていく上で絶対的に不可欠な資源、インフラストラクチャー的なもののほとんどは、小さな交響圏では準備できません。エコロジストは「地産地消」を唱えており、それは非常に重要なことではありますが、すべてを地産地消ではまかなえません。私たちの生存に必要な資源の大半は、ルール圏を介して調達されます。インターネットも、ルール圏に含まれる通信環境のひとつです。ルール圏の中で最も重要なものは、今日では、言うまでもなく、グローバルな市場です。

法規範や制度の大半も、ルール圏のレベルで用意しなくてはなりません。この場合のルール圏は、国家の範囲が主流ですが、より大きな、つまりグローバルなルール圏において確立されなくてはならないという要請が、日に日に高まっているのは周知の通りです。いずれにせよ、コミューンの範囲で、すべての法規範や制度を用意することは不可能ですし、望ましくもありません。むしろ、コミューンは、それら法規範や制度では覆いきれない細かい取り決めに関与することになるでしょう。

ということは、コミューンのレベルに視点を据えたとき、「疎外」と見なされる外的なものを受け入れなくてはならないし、受け入れた方がよい、ということなのです。コミューンは、いわば疎外なき共同体であって、そのメンバーたちにとって、その内部での決定は、透明に見通すことができます。しかし、今述べたように、それぞれのコミューンは、それだけでは充足できず、自分たちが直接的には制御できない、ルール圏のレベルに属する決定を受け入れなくてはなりません。いわば、「よき疎外」を受け入れなくてはならないわけです。

つまり、疎外を「よきレベル」「許容できるレベル」であるかをチェックできるような、さらにそのようなレベルで疎外が働くよう制御できるような積極的な機能が、ルール圏には必要だ、ということなのです。コミューン（交響体）の間の関係を基本的には（潜在的な）相克性として前提にした上で、その相克性が、現実的な侵害のレベルになるのを抑制する、という「関係のルール」の方針は、あまりに消極的であると言わざるをえません。

＊

ではどうすればよいのでしょうか。ルール圏のレベルにおける、コミューンの間の関係を（潜在的に）相克的であると前提し、そして固定した上で、ルールについて考えれば、どうしても、それらにとってニュートラルなルールは何か、という方向で考えるほかなくなります。そして、その「ニュートラリティ（中立性）」は、述べたように、結局のところ、資本主義が許容する限りでの「普遍性」になるでしょう。

資本主義の〈その先〉に行くには、したがって、このルール圏の関係性そのものに働きかけること、その相克性をいかにして克服するのかということを考えないわけにはいきません。相克性を相乗性へと転換することは可能なのか。

4-3　標準性と共通性

見田宗介の「交響圏とルール圏」という議論をクリティカルに検討してきました。しかし、見田宗介が書いたものの全体をよく見ると――真木悠介という筆名で書いたものも含めてよく読むと――、すでにこの中に、交響圏／ルール圏（＝特殊性／普遍性）というシンプルな二重性を超えていく契機が孕まれていたことに気づきます。まずは、その考察を手掛かりにしてみます。

4－1で見た「交響圏とルール圏」よりもさらに10年くらい前に書かれた文章の中で、見田は、宮沢賢治に言及しながら、「標準性」と「共通性」の違いということを論じています。[*28] 実は、これは、「論壇時評」（その月に雑誌等で発表された論文や評論への論評）として書かれた文章の中で論じられていることなので、ごく短いアイデアの提示だけなのですが、見田の基本的な論点を紹介します。たとえば、土着語を標準語に転化することは、その土着語を使用していた共同体の固有性の抑圧を意味しています。しかし見田は、「共通語」は「標準語」とは違う、と指摘します。たとえば宮沢賢治は、岩手の土着語と、エスペラントや自然科学などの「普遍語（共通語）」とを方法としながら、国家を二つの方向から乗り越えようとしました。

そして、見田は、こう書きます。「〈共通のもの〉を〈標準のもの〉に転化することをとおして、〈土着のもの〉を解体し風化してきたのが「近代」市民社会（ゲゼルシャフト）である」と。ここで「近代」と呼ばれているのは、ブルジョワ社会（市民社会）、つまり資本主義のことだと考えて問題ありません。

この近代＝資本主義を批判して、〈共通のもの〉をもつまいとするのは、共同体（ゲマインシャフト）の閉鎖性に戻ることにしかなりません。それは「「近代」（資本主義）の普遍化する力のまえに必ず敗北する」。見田によれば、近代＝資本主義というものは、一方で、同等化する理念、均質化する力を通して、個別のものを解き放ちつつ、他方で、同じ理念、同じ力を通して、個別の異質性、固有性の実質を生み出す経験の根を解体し、風化してきました。つまり、資本主義は、個別のものを解放しつつ殺しているわけです。近代＝資本主義のこの両面を見なくてはなりません。結論として、次のように主張されます。ここでも、「近代」を「資本主義」に置き換えて読んでかまいません。

近代をこえるということは、文化と文化との間であれ、個人と個人との間であれ、人間と他の存在の形たちとの間であれ、各々に特異なものを決して還元し漂白することのない仕方で、いきわだたせ交響するという仕方で、共通の〈ことば〉を見いだすことができるかという課題に絞られてゆくように思う。[*29]（傍点は見田）

ここにあるのは、資本主義が実現する擬似的な普遍性、つまり「普遍性」（＝標準性）とは異なる、真の〈普遍性〉（＝共通性）がある、という洞察です。その〈普遍性〉においては、共同体と共同体の間の関係は、それ自体、交響的なものであって、相克的ではないと、考えられている。その〈普遍性〉とは何でしょうか。

4-4 関係の二重の様態——自己獲得的／自己疎外的

さらに15年前に、真木悠介の名で「コミューンと最適社会」という論文が書かれています。『人間解放の理論のために』と題された本の最終章に配されたこの論文、著者が33歳のときに書かれたこの論文は、その四半世紀後の「交響圏とルール圏」の原点となった論文です。[*30] タイトルにある

「コミューン」が交響圏に、「最適社会」がルール圏に対応しています。

したがって、「コミューンと最適社会」の骨格については、後の「交響圏とルール圏」の中に再現されています。ただ、「コミューンと最適社会」の終わりの方で、真木悠介は、人間の他なるものへの関係性について、とても繊細なことを論じています。[*31]「他なるもの」の中には、人間であるところの他者はもちろんのこと、モノも、また自己自身も含まれます。それらすべての関係に関して、二重の様態があるというのです。二重の様態とは、（a）弁証法的な自己獲得の可能性につながる様態と、（b）逆弁証法的な自己疎外の可能性につながる様態です。つまり、私がその「他なるもの」との関係において、豊かになる様態と、貧しくなる様態です。

たとえば、多数の他者たちとの、労働における関係ということを考えてみます。それは、「（a）自己自身の労働の意味が幾重にも倍音をともなって増幅され豊饒化される機会でありうると同時に、（b）自己自身の労働の意味が収奪され（「盗まれ」）て他義化する機会でもありうる」。多くの人と一緒に協力して働くと、成果が大きいというのはもちろんのこと、なおいっそう充実感があったり、達成感があったりすることがあります。ひとりで何かをやり遂げたときより、みんなでやったときの方が歓びが大きい。これが（a）のケースです。しかし、多くの人と分業していると、自分が小さなつまらない歯車に過ぎないと感じたり、あるいは、自分がやったことだと思っていたのに、他人の業績として評価されてしまって不快に思うこともある。これは（b）のケースです。

このように、すべての「他なるもの」との関係には、二つの様態があります。（a）自己獲得的な様態と（b）自己疎外的な様態です。しかも、これらの二様態のどちらがア・プリオリに本来的である、とも言えない、というのが真木悠介の考えです。

さて、そうだとすると、相克的な関係にも、疎外化的な相克性と弁証法的な相克性があります。競争しあう中で、相互に相手を軽蔑したり、貧しくしたり、物のように扱ったりすることもあります。これが疎外化的な相克性です。逆に、競争の中で、互いに相手への尊敬の度合いが増し、豊かにしあうこともあります。これが弁証法的な相克性です。

そして、個人間であれ、集団間であれ、相克性が、疎外化する様態から、弁証法的に豊富化する様態へと転化しうる。これが重要です。のちの論文で「ルール圏」と呼ぶことになる社会的な領域は、コミューンの間の関係が基本的に相克的だとされているわけですが、その相克性が、互いを貶めあうような貧しくするタイプから、互いに豊かにしあうタイプへと転化することがある、というのが若き日の真木悠介の直観です。

どんなときに、そうした転化が生ずるのか。相克性のエレメントが、それ自体として分離され、純化されているようなケースでは、そんな転化は生じません。しかし、相克性のエレメントが、相乗性の契機によって、「その意味を補足され再定位されるばあい」、豊富化するタイプの相克性への転化が起こりえます。どういうことでしょうか。たとえば友人たちが、激しく批判しあい論争しあっているとします。これは相克性のエレメントです。しかし、彼らが忌憚なく批判できるのは、互いが信頼しあっていたからだ、としましょう。論争の意味が、相乗性の契機（相互の信頼）に支えられている、とはこのような状態です。近年のインターネットやSNSでの論争では、弁証法的に豊富化しあうものをほとんど見かけませんが、少なくとも私の個人的な体験の中では、この種の論争はいくらでもあります。

つまり、（a）の様態が基軸となって、（b）の様態を意味づけているようなとき、その（b）の様態そのものが、弁証法的な豊富化の契機となりうるというわけです。この状態を、真木悠介は、A(a⊏b) と表記しています。ここで、x⊏y という記号は、x の方が基準的な前提となり、y の意味を変換する磁場のようなものになっている、という意味です。

ついでにいえば、まったく逆に B(b⊏a) というあり方も当然、存在します。たとえば、親切な奴隷主と奴隷の関係。奴隷は、自分の主人が親切なので、その人を敬愛し、一生懸命働きます（a の契機）。しかし、よく考えてみると、それは主人—奴隷の搾取関係（b の契機）のコンテクストの中でのことです[*32]。親切な資本家と賃金労働者の間でも同じことになります。労働者は、資本家の情にほだされて、会社のためにがんばろうなどと思うわけですが、搾取されていることに変わりはありません。

全体社会の基礎的な構造に関しても、同じことが言えます。豊饒化しあう弁証法的な関係性（A）をその社会の原理的な基軸としつつ、その上で疎外化的な関係性（B）があるのか A⊏B、それとも、逆なのか B⊏A。この記号を使うと、真木悠介によれば、解放された社会 Å のイメージは、次のようになります。

$$\mathring{A}=(A\sqsubset B)=\{(a\sqsubset b)\sqsubset(b\sqsubset a)\}$$

ここには、「交響圏とルール圏」という後の論文からは消えてしまった契機——少なくともそこには現れていない契機——が、明示されています。ルール圏を支配する相克的な関係性 B が、全体として、相乗的な関係性の磁場Aによって支えられるということも、ありうるというわけです。それに対して、現実に存在する社会、つまり資本主義の現実$\mathring{B}$は、次のような等式になるわけです。

$$\mathring{B}=(B\sqsubset A)=\{(b\sqsubset a)\sqsubset(a\sqsubset b)\}$$

ただ、ここではまだ説明されていないことがあります。いかにして、相克的な関係をベースにした社会構造B⊏Aから、相乗的な関係をベースにした社会構造A⊏Bへの反転が生ずるのでしょうか。先ほど、相克的な関係が、疎外化する様態から、弁証法的に豊饒化する様態へと転換するのは、相克性のエレメントが相乗性の契機によって再捕捉されている場合だと、真木悠介の説明にしたがって論じました。しかしこの説明は、よく考えてみると、論点先取になっています。相乗性の契機による再捕捉という前提が、いかにして可能なのか。この部分が説明されなくてはなりません。

5 「普遍性」から〈普遍性〉へ

5-1 究極の実例――中村哲とペシャワール会

鍵は、共同体（コミューン）と共同体（コミューン）の間で何が起きるのか、何が起きうるのか、ということにあります。「コミューンとコミューンたちの間の、関係のルールのもとでの自由な連合」という二層の構造では、資本主義を乗り越えることはできません。むしろ、それは、資本主義にきれいに嵌（はま）ってしまいます。もし資本主義の〈その先〉に行くことができるとすれば、前節で述べたように、それは、コミューンたちの間に、単純な相克性には還元できない、それ以上の関係を生み出すことができる場合に限られます。見田宗介＝真木悠介の思索は、実際、そのような転換をもたらす契機、相克性をそれ以上の関係へと転換する契機を求めていました。

ここで、探究をさらに前に進めるために、ひとつの究極の実例を参照してみようと思います。本章ではここまで、抽象的・一般的にだけ議論してきましたが、ここでひとつだけ、具体的な事例を見ておきたいのです。それは、中村哲さんとペシャワール会の活動です。[*33] なぜ中村さんたちに注目するのか。それは、中村さんたちの活動が、まさに「共同体と共同体の間で生起したこと」と見なすことができるからです。どの共同体とどの共同体か。それはもちろん、日本とアフガニスタンです。ペシャワール会は日本政府から派遣されたわけでもありませんし、日本国民を代表しているわけでもありませんが、しかし、中村さん（たち）は、日本人としての自己意識をもち、アフガニスタンの人々からは、日本からの外来者として迎え入れられました。

復興支援のためにアフガニスタンに関わってきた外国の組織やグループは非常にたくさんあります。国連関連のいくつもの組織が、また世界各地のNGOが、アフガニスタンの人々を助けようと、この国にやってきました。アフガニスタンに外国からやってきて長く滞在した組織の中で、最大規模のものは、言うまでもありません。アメリカ軍です。

しかし、これら外国からの多数の組織やグループは、十分な成果を上げたとは言い難い。アフガニスタンの現地の人たちからの支持も、必ずしも高くはありませんでした。とりわけひどかったのは、アメリカ軍です。９・11テロへの反撃としてなされた軍事侵攻以来、２０２１年夏まで、20年もアフガニスタンに駐留していたのに、ポジティヴな結果を、ほんのわずかも残すことができませんでした。駐留の最初の目的は、アメリカに対するテロの脅威を根絶することにあったわけですが、やがてそこから、政府軍や警察の育成、民主的な国づくりの支援などへと狙いが拡大していきました。けっこうなことをやっているように思われるでしょうが――そして実際アメリカとしてはそのつもりだったでしょうが――、アフガニスタンでのアメリカの人気は非常に低かった。要するに、アメリカは現地では歓迎されていなかったのです。ならば、アメリカ軍が去ると、アフガンの人々は解放され、幸せになったのか。しかし、そうはならず、もっと悪くなりました。結局タリバン政権が、ひどく抑圧的な体制が帰ってきたのです。20年間の成果はゼロだった、ということになります。

これとまったく対照的なのが、中村哲さんとペシャワール会です。中村さんたちほど広く現地の人々に慕われ、実際に多数の人々を救いえたグループはほかにありません。いや、アフガニスタンの国民にほとんど全員一致に近いかたちで喜ばれ、実質的に効果がある支援をなしえたのは、中村さんたちだけだったと言い切っても過言ではありません。すると、ひとつのことが疑問となります。中村さんたちだけが、アフガニスタンで真に歓迎され、大きな成果をあげることができたのでしょうか。アメリカが20年間、総力をあげて「援助」しても、いささかの結果も残すことができなかったその場所で、中村さんが成功できたのは、どうしてなのでしょうか。

中村さんたちは、現地の人々と一緒になって、アフガニスタンの各地で多数の井戸を掘り、そして用水路を造りました。中村さんのもともとの仕事は医者です。ですから、最初は、中村さんも、医療によって現地の人たちを支援しました。そしてペシャワール会としては、以降もずっと、医療を活動の基軸のひとつとしています。しかし、中村さんとペシャワール会は、医療活動だけを行ったわけではありません。中村さん自身の言葉を使えば、「薬では飢えや渇きは治せない」からです。医療というのは、いわば、人生の非常事態（病）への対処です。中村さんはそれ以前に、日常の生活の基盤を、つまり「毎日、仕事（農業）をして、仲間と一緒に食事をとること」という基盤をたて直すことを優先したのです。アフガニスタンでは、その日常が全体として非常事態へと転じてしまっていたからです。

さて、もう一度、疑問を言います。どうして中村哲さん（たち）だけが、アフガニスタンで成功したのか。

5-2 徹底した現地主義、しかしふしぎなことに……

活動にあたって、中村さんを導いた、非常に強い基本的な方針があります。それは、徹底した現地主義です。中村さんたちペシャワール会の人たちは、現場にたち、現地の人々と一緒に活動しました。現地の人々を巻き込み、それ以上に現地の人々に巻き込まれながら、です。中村さんは、ペシャワール会に関して、ときに「日本人の青年が現地の人々を率いて井戸を掘った」といった論調で日本の新聞等が紹介することを嫌いました。もともとシャベルの使い方すら知らなかった日本の青年の方こそ、現地の人々に教えられ、率いられていたからです。

現地主義ということは、もちろん、現地の価値観や習慣を尊重し、前提にする、ということを含意しています。しかしそれだけではありません。もっと重要なことは、現地の技術、あるいは現地で実現可能な技術だけを用いる、ということです。井戸や用水路は、「先進国」の最新の掘削機やポンプを使えば、早く造ることができます。実際、中村さんたちとは異なるＮＧＯ、欧米からのＮＧＯはすべて、そうやって井戸を掘りました。そして、その井戸は、最新のポンプで水を汲み上げるようになっています。しかし、中村さんたちは、現地でも実現しうる伝統的な工法を用いました。なぜそうするのか。最新の装置や機械を必要とする井戸や用水路はすぐに使えなくなってしまうのです。たとえば、井戸のポンプにちょっとした不具合が出たとします。最新の機器には、当然、最新のレアな部品が使われています。不具合を修繕するために必要な部品が、現地で入手できなければ、もうおしまいで、その井戸は使われなくなるのです。

井戸でも用水路でも長く維持するためには、現地で調達可能な技術や道具だけを用いて造らねばならない。その極限的なケースが、アフガニスタンの用水路に、日本の江戸時代に使われていた「傾斜堰床式石張堰（けいしゃせきとこしきいしばりぜき）」の構造を応用したことです。そもそも医者である中村さんが、用水路を造ろうと思うだけでも驚きなのですが、中村さんは、現地でも使いうる道具や機械や工法として何があるかに悩みます。用水路を現地の人たち自身の手によって造り、維持しなくてはならないからです。そして、中村さんは、自身の故郷である九州に、江戸時代に造られ、今でもそのまま使われている用水路があるのに気づく。その用水路が、どのような仕組み、どのような構造になっているのか、中村さんは研究しました。用水路が、傾斜堰床式石張堰と呼ばれる構造をもっていることを知り、それをアフガニスタンで応用するわけです。江戸時代の日本でなし得たとすれば、アフガニスタンのような農業社会でも実現できるはずだからです。

傾斜堰床式石張堰は、アフガニスタンの伝統の中にあったものではありません。その意味で、土着のものではありません。それは、遠く日本から導入したものです。しかし、肝心なことは、今述べたように、技術的に現地で実現可能だということです。

要するに、中村さんはひとりのアフガンとして活動したのです。もう少し含みのある表現で言い換えれば、中村さんは、現地の人たちとともに同じ困難の中に立ち、一緒に苦しんだ。しかし、そうだとすると、とてもふしぎなことが起きていたことに気づくはずです。

＊

中村さん自身が現地の人々の中に溶け込んでいるのだとすれば――ある意味で中村さんもひとりのアフガンとしてそこにいるのなら――どうして、現地の人々だけで困難を乗り越えることができなかったのでしょうか。現地で実現可能な技術だけが用いられているのであれば、どうして、現地の人々だけで自発的に問題が解決されなかったのでしょうか。どうして、中村さんが必要だったのでしょうか。

疑問の中の疑問、疑問の中心には、紛争処理の問題があります。アフガニスタンでは誰が味方であるとも、誰が敵であるとも確定できない錯綜した紛争がずっと続いているのです。そこは紛争地域なのです。見田宗介＝真木悠介の術語を用いれば、アフガニスタンの現地の人々の間の関係は、剝き出しの相克性です。それだけではありません。たとえば、一本の用水路は多くの現地人に恩恵をもたらしますが、その恩恵は全員に平等にゆきわたるわけではありません。井戸も用水路もまた紛争の原因になりえます。つまりそれらは、現地の人々の間にもともとあった相克的な関係をより強化するように作用しうる。

それにもかかわらず、どうして中村さんはこうした紛争を圧倒的に緩和することができたのでしょうか。少し前まで戦っていた人たちが、協力して用水路の建設にあたるようになる。つまり、中村さんという触媒が入ることで、相克的な関係が相乗的な関係へと、あるいは疎外化的な様態が弁証法的に豊饒化する様態へと転化する。どうしてそんなことが可能だったのか。ときに表沙汰になり、ときに潜在的な火種にとどまった多くの紛争のほとんどを中村さんは解消し、現地の大半の人を満足させ、納得させています。こうしたことは、現地の人々だけでは、ほんのわずかも前進させることができなかったことです。どうして中村さんにはそれができたのでしょうか。

中村さんが立派だったから（それは事実ですが、ただの同語反復（トートロジー）です）とか、現地の人が愚かだったから（欧米の援助者の多くが密かにそう思っているのですが、中村さんが書いていることから明らかなように、事実にまったく反します）とか、というのでは答えにはなりません。

5-3 内在する外来者

中村さんが現地の人にとって、圧倒的な両極性を帯びていた、ということに答えの鍵があると考えざるをえません。その両極性は、二律背反的な次の二つの命題によって表現されます。

① 中村哲は現地の人である

② 中村哲は外来者である

強調してきたように、中村さんは、ある意味ですでにまったきアフガンであり、現地にあって、現地の人たちとともに苦しむ者です。単に想像力の中で同情したり、共苦したりしているのではなく、実際に行動していること、苦闘していることが重要です。

しかし同時に、中村さんは、アフガンから見ると、まったき異邦人であり、外来者です。現地の人たちがいくら努力してもなしえなかったこと——たとえば長年の葛藤の解消——を中村さんだけがなしえたとき、やはりここに中村さんが外部からやってきた人だという事実が利いていたと考えないわけにはいきません。実際、中村さんは、アフガンの中に溶け込みつつ同時に日本人であるというアイデンティティを手放しませんでした。私は何度か中村さんに会い、自分が主宰する雑誌で対談もしました。[*34] そのとき、中村さんが「日本人の沽券」「日本人としての信義」といった語を好んで用いていたことが印象的です。江戸時代の用水路の工法に注目したのも、中村さんが「日本」に深く根をもっていたからでしょう。

ゆえに、中村哲は①現地の共同体に内在し、かつ②外在する、ということになります。この二律背反がどのような効果をもたらしたのか。それをまずここでは、純粋に形式的に、数学を用いて——第1節で二つの言説の関係を記述するのに用いたあの「集合論」をここでも用いて——、記述してみます。次のようになるでしょう。

端緒の現地の状態は、

$\{p, q, r, \ldots, x\}$ ……①

という集合で表すことができます。ここで、p、q、…は相克的な関係をもっている、現地のグループや個人であると考えてください。そして、xは中村哲（とペシャワール会）です。中村さんxもまた、現地の他のグループとともに、ひとつの要素として、現地の社会の状態を表現する集合の中に入っています。これは、先の①の命題の、集合論的な表現になっています。

中村さんxは外来者でもあります。そのことが原因となって、現地の分裂し葛藤していたグループや個人たちをつなぐ媒介のような役割を果たすようになりました。この意味で、中村哲（あるいはペシャワール会）という個人（あるいは単一のグループ）は、現地の社会状態を意味する集合の全体を具現している、と見なすことができます。それを集合で表せば、次のような等式になります。

{p, q, r, …x} ＝ x ……②′

この②′の等式のポイントは、xが集合の要素でありかつ、集合そのものでもある、ということです。p、q等は要素でしかありませんが、xは要素であるのみならず、集合の全体でもある。p、q等は、集合にとっての実例のようなものです。実例は、それによって例示される集合との関係で、いわば不十分であり、不完全なものです。たとえば、2や5は自然数の集合の要素であり、自然数の実例ですが、「自然数そのもの」を全体として表現するものではありません。2だけが自然数、5だけが自然数というわけではないのですから。

ところが要素xは、実例であると同時に、集合の全体でもあります。いわば、自然数の集合の要素として、自然数そのものが入っているようなものなのです。このような状態を、ヘーゲルだったら、次のように言うでしょう。要素xは、概念（＝集合）の現実化である、と。

さて、しかし、実は②′のようなタイプの集合は、集合論では禁止されているのです。つまり「自分自身を要素として含む集合」は、数学的には作ってはならない集合ということになっています。この禁止は数学に内在する必然性がないのですが、つまりそのような集合を考えることはいくらでも可能なのですが、しかし、「自分自身を要素に含む集合」を認めると矛盾（ラッセルの逆説）が生じてしまうことがわかっている。この禁止を導入したバートランド・ラッセル自身が、恣意的で気持ちの悪い禁止だと言っています。いわば、きちんと正しい道をたどってきたはずなのに、行き止まりの壁に到着してしまったので、遡ってこの道の入り口に「立ち入り禁止」の札を立てたわけです。しかし、常に正しい選択をしてきたはずなのに結果的に行き詰まってしまっていることに、数学者も釈然としないものを感じているのです。

しかし、これは数学の話です。むしろ私たちとしては、この矛盾を積極的に意味あるものとして解釈することができるのではないでしょうか。②′のような「自分自身を要素として含む集合」を認めてしまうと、その集合のアイデンティティが決められなくなってしまう。それは、〃x〃なのか、それとも〃xならざるもの（y）〃なのか。どちらとも定められなくなる。[*35] そこで、「自分自身を要素として含む集合x」のようなものはそもそも認めない、というのが、今述べた数学（階型理論と呼ばれる改訂版の集合論）の考え方なのですが、私たちとしては、むしろこれを積極的に捉え直し、集合xが根本的に自らを変容させ、集合yへと転換する、と解釈するのです。すなわち、②′とともに、次の矢印で示したような変容が生ずる、と。

x → y ……③

先の②′とこの③を合わせると、次のように言っていることになります。「要素pやq…は、（不十分に）xである。要素xのみが十全にxであるがゆえに、xならざるyになる」。もう一度、ヘーゲルに訴えれば、xは概念の完全な現実化であるがゆえに、別の概念へと転化している、ということになります。

数学を用いて抽象的に記述してきましたが、これは、中村哲さんがアフガニスタンに行ったことの論理的な骨格の説明にもなっているのです。先の①と②の二律背反的な命題がともに真実であるとき、②′の等式が成り立ちます。そのとき、③の変換が生ずる。つまり、中村さんが外からその内へと参入したアフガニスタンの共同体の、基本的な性質が変容するのです。

どのように変容したのか。相克性を基底に置いた関係の様態x（戦闘）から、相乗性を基底に置いた関係の様態y（たとえば用水路を建設するための協働）へと、です。前節4で紹介した真木悠介の言葉を使えば、（b）疎外化的な相克性を基軸とした関係の様態から、（a）弁証法的に豊饒化しあう相乗性を基軸にした関係の様態へと、変化しています。真木が導入した記号$\sqcap$をもちいれば、③の変換は、次のように詳しく書き換えることができます。再確認しておけば、$b\sqcap a$は、bの方が基本的な磁場のようなものになっていて、aはその上で意味づけられている、ということを指しています。

$$x=b\sqcap a \quad\rightarrow\quad y=a\sqcap b \quad\cdots\cdots③'$$

5-4 三位一体論、そして「斜めから見返される」体験

中村哲はアフガニスタンの共同体にとって内在的でありかつ外在的である。そうであるがゆえに、中村哲は、その共同体の「概念」を自らのうちに具現し、そして変容させた。相克性から相乗性へ、と。

まとめればこのようになるわけですが、これは、集合論で表現すると「逆説」としか言いようのないふしぎな論理です。が、私の考えでは、この論理は、この世界のさまざまな局面で作用しています。中でも最も重要な局面は、西洋の哲学・神学の歴史の中で最もタフな難問にかかわっています。タフな問題とは、キリスト教の三位一体論です。

三位一体とは、「父なる神」と「子なるキリスト」と「聖霊」の三つの位格が同一の実体である、とする教義です。ちょっと聞いただけでは、何を言っているのかさっぱりわかりません。なぜ三つなのに一つなのか。しかし、宗教の教義にはしばしば「合理的な核」のようなものが含まれています。宗教を信ずる必要はないし、信ずることも難しいのですが、そして私自身、いずれかの宗教を信じているわけでもなく、無神論者ですが、そうした合理的な核は現代人にとっても価値があり、教訓的です。三位一体も、そうした合理的な核のひとつだと私は考えています。

三位一体論は、熱心なクリスチャンにとってだけ重要な、煩瑣な神学的問題だと思うかもしれません。しかし、意外だと思われるでしょうが、三位一体論は、中村さんの活動に即して述べてきた論理によって説明できるのです。つまり、中村さんの活動は、三位一体論が妥当性をもつのと同じ理由によって、アフガニスタンで成功していたのです。

三位一体と言いますが、この教義を難しくしているのは、実は「子なるキリスト」です。神と聖霊の二つだけであれば、理論的な困難はほとんどありません。聖霊というのは、信者たちの共同体のことだと考えればよいでしょう。その共同体の連帯は、信者たちが共通に信じている神において表現されている。そう考えれば、聖霊と神は同じことの二つの側面だということはすぐにわかります。

しかし、そうだとすると、「子なるキリスト」はどうして必要なのでしょうか。私は、ここにはある洞察が込められていると考えています。信者の共同体が真に普遍的なものになるためには、つまり共同体が誰をも迎え入れうるような無限の包摂性をもつようになるためには、子なるキリストが導入されなくてはならない、と。一方で、キリストは、私たちと変わらないひとりの人間です。福音書は、キリストが人間たちの中に入り、ともに苦しんだことの記録です。他方で、キリストは神でもあります。十字架の上で亡くなったのは、ほかならぬ神だった、と見なくてはなりません。キリストは、まったき人間にしてまったき神である、という不可能な二重性です。この二重性を、中村さんがアフガニスタンの人々にとってもった二重性と重ね合わせて考えることができます。まったきアフガンにして、まったき異邦人としての中村哲。あるいは、先の②′式の集合を、人間の集合であると見なせば、②′式は、キリストの二重性の表現にもなっています。キリストは、人間の集合の一要素であると同時に、人間の全体を代表する神でもあるからです。キリスト（神の受肉）は、共同体の範囲を普遍化する効果をもちました。同様に、中村さんの活動は、現地の相克的な敵対関係を相対化し、相乗的な関係を基底にもつ共同性——「私たち」と見なす仲間——の範囲を区切り直す効果をもったのです。

＊

中村哲さんは、現地の人とともにその苦境の中に立ち、それを乗り越えようと行動するとともに、日本人であることも手放しませんでした。その両極性がどのようなメカニズムにつながっているのか、キリスト教の三位一体の論理で説明できる。そのように論じてきました。さらに、私は、独特の視線の効果のようなものに喩えられると考えています。「斜めから見返されたときの効果」に、です。[*36]

鏡を覗いてみましょう。鏡の中のあなたは、あなたを正面から見つめ返しているはずです。しかし、もし鏡の中のあなたの視線が、あなた自身に向かってはおらず、別の方向を向いていたらどうでしょう。あるいは、もし鏡の中のあなたが、あなたを正面からではなく、別の斜めの角度からあなたを見つめているとしたらどうでしょう。あなたは、世界の根底が揺るがされるくらい驚くでしょう。中村さんは、アフガンの人々にとって、この奇妙な鏡の中のまなざしのような効果をもった、というのが私の仮説です。

人は普通、二種類の視線を前提に生きています。まずは見つめ合う——承認しあう——視線。このとき私は相手に私の似姿を、私の鏡像を見ているのです。つまり相手は仲間、「私たち」です。交響圏におけるまなざしの対称的な交換が、この視線に属します。

もうひとつ、人は、「私たち」を外から客観的に捉える視線があることを知っています。私たちは、その視線に自分たちがどう映るかわかっていますが、それは、私たちの苦しみをほんとうにはともにしていない者の見方だ、と感じるのです。率直に言えば、アメリカ軍を含む、海外からのほとんどの支援者は、アフガンにとって、この第二の視線の担い手です。アフガニスタンまで実際にやってきたとしても、事情は変わりません。簡単に言えば、彼らは、上から目線の「指導する」という態度をとってしまう。そして、付け加えておけば、超越的な神の視線は、当然、この第二の視線の極限的なケースです。

　中村さんのアフガンへの視線は、これらのどちらとも異なります。現地で苦しみを共有する中村さんの視線は、アフガンにとってまぎれもなく「私たち」のそれです。それなのに中村さんはただ見つめ返すのではなく、異邦人のように「私たち」を斜めから見る。斜めから見つめ返す視線は、つい先ほど述べたように、「私たち」の土台、「私たち」の自明の前提を揺るがし、相対化してしまうようなインパクトがあります。だから、上から目線の、指導者然とした態度から発せられたときには、何の説得力もなかった言葉に、「私たち」を動かす圧倒的な力が宿ることになります。「あなたは今あいつとの戦いが死活的に重要だというが、水があって農業ができれば争う必要はないではないか」[*37]と。

　私たちに属する視線が、私たちを――正面からではなく――斜めから見る。この視線は、相克的な敵対関係を相対化し、相乗的な共同性（私たち）の範囲を区切り直す効果をもちます。普通は、「私たち」を斜めから見つめる視線は、敵の視線です。ところが、中村さんの視線は、私たちが見つめ合う視線と同じタイプの視線なのに――鏡像の見返す視線なのに――、斜めからやってくる。このとき、視線に圧倒的な効果が宿るわけです。

5-5 「普遍性」を超えて

さて、この節の3〜4の展開の中で潜在的に含意されていたのだけれども、明示的には論じていない主題を、ここであらためて取り出しておく必要があります。それは、普遍性とは何か、という主題です。先ほど「三位一体」について説明する中で、この概念に言及しました。規範や倫理における普遍的妥当性というものを、どこに見定めるべきなのか。

すでに、私たちは、「交響圏とルール圏」について検討する中で、すべての共同体、すべてのコミューンに対して公平であるような中立性という意味での「普遍性」に対して、疑問を提示してきました。すべての特殊な共同体がその中で公平に共存することができる容器のような「普遍性」。そのような「普遍性」は存在しない、と。「普遍的」だとして設定されるルールは、実際には、必ず特殊なバイアスがかかっています。したがって、その「普遍性」は、ある共同体にとっては、自らの文化や価値観との整合性が高いために有利で、別の共同体にとっては不利になります。

こうしたことは、前節の3で言及した「標準語」のことを思うと、すぐに理解できるでしょう。標準語は、決して、すべての土着語、すべての方言に対して中立的ではありません。標準語は、政治・経済的な中心地の土着語であって、それは決して普遍的なものではない。標準語は、むしろ一つの特殊性です。

私たちが、「普遍的」なものとして設定するルールは、実際のところ、資本がそのときどきの段階で許容し、（暫定的に）固定する経験可能領域の規範です。その経験可能領域において、ポジティヴに承認されない生活様式や文化は排除されたり、差別されたりすることになります。この資本の「普遍」の限界は、昔から繰り返し言われてきた、キリスト教の普遍主義への批判を思い起こさせます。

ユダヤ人だけを神によって選ばれた民だとするユダヤ教の偏狭性を、キリスト教は乗り越えたとされています。パウロは、「ユダヤ人もギリシア人もなく、奴隷も自由な身分もなく、男も女もない」（「ガラテヤ人への手紙」3章28節）と言っています。しかし実際には、キリスト教も決して、すべての人を包摂するわけではありません。むしろ、キリスト教が自称する「普遍性」は、異教徒の排除を前提にして成り立っています。キリスト教の普遍主義は、偽善的だとして、しばしば批判されてきました。

*

しかし、中村哲さんの活動を主な素材として展開してきた本節の考察の中で、私たちはすでに、こうした「普遍性」とはまったく異なる、〈普遍性〉の概念を提起してきているのです。どこに〈普遍性〉があったのでしょうか。②の式とセットになっている③の式が表現する、ダイナミックなプロセスの内に、です。

②′の条件に触発されるようにして、③のような転換が生じます。もともと、p、q等の要素によって表現されている特殊なものたちの間の葛藤（相克性）があった（①）。しかし、③式の過程を通じて、その特殊性の間の葛藤が克服されます。つまり③′式にあるように、（b）を基軸とした状態

$x=b\sqcap a$から、（a）を基軸とした状態$y=a\sqcap b$へと変化する。〈普遍性〉とは、この変化の運動そのものを指すのです。この運動とは別にどこかに、固定されたルールや条件のようなかたちで〈普遍的なもの〉が存在しているわけではありません。

　この運動から切り離して固定された状態として見るならば、私たちは常に、偽の普遍性、つまり「普遍性」を得るのみです。繰り返しますが、〈普遍性〉とは、②に規定された③の運動です。この運動から切り離したxそのもの、yそのものは、いずれも〈普遍〉ではありません。

5-6 「答え」を知らない者として

　この〈普遍性〉の概念をもう少し練り上げておく必要があります。そのために、もうひとつ、中村さんとペシャワール会の実例に関して、確認しておきたいことがあります。

　繰り返し述べてきたように、中村さんがアフガニスタンで驚くべき結果を出すことができたのは、現地の人々とともに苦しみ、行動したからです。すると、さらに問いたくなります。どうして、中村さんたちにはそれができたのか？　ほかの多くの組織やアメリカ軍だって、「そのつもり」でやったはずなのに、実質的にはそうはならなかった。何が違っていたのでしょうか？

「先進国」のNGOや政府関係者や軍が、「第三世界」の貧困地域や紛争地帯に援助に行くとき、「先進国」の人々は、自分たちの社会や共同体はすでに自力で「問題」を克服している、自分たちにはすでに「問題」は存在しない、という立場で、「第三世界」の人々に関わります。だから、自分たちのやり方を教えてやろう、ということになるわけです。たとえば、自分たちはすでに民主主義を確立しており、その正しい運用の仕方を知っている。だから国内に深刻な武力衝突などはない。ゆえに、紛争地域の人々に、民主主義の方法を教えます、と。

基本の構図は次のようになります。一方に、問題をすでに解決した共同体（先進国）があり、他方に、問題を解決できずに分裂している共同体（第三世界）がある。前者からやってきた者が、後者の人々に解決法を教示する。

しかし、中村さんの場合は、これとは根本的に態度が異なります。中村さんは、自分たち自身も自国において問題を解決し終えているわけではなく、それゆえ解決の仕方を最初から知っているわけではない、という立場でアフガニスタンの共同体に関係しているように見えます。たとえば、先に述べたように、中村さんは、ペシャワール会の活動に関して、「日本の若者が現地の人々を率いて井戸を掘った」といったかたちで報道されるのを嫌いました。なぜなら、日本の若者は、誰のことも率いてはいないし、井戸の掘り方すら知らなかったからです。すでに自国で問題を解決している人が、アフガニスタンでその解決法を伝授しているわけではないのです。

では、あの用水路の場合はどうでしょうか。中村さんは、自国の先人の伝統的な工法を、アフガニスタンの人たちに教えてあげた、ということではないのでしょうか。違います。結果的に起きたことを要約すれば、そのような言い方になるのかもしれませんが、これでは、起こっていたことの最も肝心な部分が見失われます。むしろ、この事実――中村さんが江戸時代の日本の工法を現地に導入したというこの事実――こそ、ペシャワール会の人たちが、むしろ自国においても「問題」と格闘している者として、アフガニスタンの人々に関わっていたことを示す証拠なのです。

このことは、次のように問うてみると気づきます。医療を専門とする人物が、砂漠化したアフガニスタンに用水路を建設しようと思い立つだけでも驚くべき発想ではありますが、その上で、江戸時代の工法をそこに導入してみようなどという奇抜なことを、どうして思いついたのでしょうか。それは、中村さん自身が、想像的に江戸時代の九州に身をおき、農業用水の調達に苦労していたからです。中村さんは、はじめから「答え」を知っていたわけではありません。自らも、困難と対決し、工法についても研究し、現地の人々とともにそれを習得したのです。

5-7 〈普遍性〉

さて、こうした事実を考慮に入れて、「交響するコミューン・の・自由な連合」「コミューンたちの間の、関係のルールのもとでの自由な連合」という構図に修正を加えます。この構図においては、個々のコミューン（共同体）は内的な調和をもち、それぞれ固有で特殊なアイデンティティを確立している、ということを前提にしています。しかし、純粋な理念型としてでさえも、そのような前提で考えてよいのでしょうか。

アフガニスタンの共同体は内的に分裂し、抗争状態の中にありました。中村哲さんたちは、そのような問題をもたない調和的で平和な共同体から、分裂するアフガニスタンに助けにやってきた、……というわけではありません。今述べたように、中村さんたちの活動が驚くべき効果を発揮したのは、中村さんたち自身もやはり問題や困難を抱え、少なからぬ破綻の危機を孕んだ共同体に根をもっている、という立場から関わったからです。要するに、どちらの共同体にも不調和や亀裂が走っているのです。そして、二つの共同体が干渉したところで、先の③式に表現したようなダイナミズムが生じた。

ここで、たまたまアフガニスタンや日本が、失敗した共同体、破綻したコミューンだった、ということなのでしょうか。普通のコミューンは調和し、統一され、明確なアイデンティティをもっている、と考えるべきなのでしょうか。少なくとも――事実問題としてはともかく――、理念型的なモデルにおいては、そのような調和的で同一的なコミューンが存在している、存在しうるということを、前提にしてよいのか――前提にすべきなのか。

私は、そうは思いません。自らを閉じようとする任意の共同体は、逆にかえって、内的な分裂、内的な葛藤を抱えることになるのではないか。これは、本源的・原理的な事実ではないか。私はそのように考えます。どうしてなのか。ひとつの共同体として成立するためには、人間の集合が特殊で固有な規範をもたなくてはなりません。その共同体の内側と外側とを定義する――あるいはその共同体のメンバーシップを含意するような――、明示的な、あるいは暗黙の特殊な規範があって、共同体は成立します。そして、規範は必然的に、抑圧や排除を含意します。そうであるがゆえに、規範は、必然的に共同体に内的な分裂をもたらすのです。

どのような分裂か。規範とそれに対する逸脱の分裂……ではありません。そうではなく、一方に、規範と（逸脱に対する）罪の意識の循環があり、他方で、その循環を逃れた自由な行為や関係性への欲動がある。この分裂は不可避です。分裂が、共同体の中の分派の抗争というかたちをとることもありますが、それ以前に、個々のメンバーの心的世界に内在する思いや衝動の分裂というかたちをとるでしょう。[*38]

したがって、どのような共同体も、そのアイデンティティの内側に分裂を孕んでいるのです。もちろん、事実の問題としては、互いが親密で、よくまとまったコミューンはいくらでもあります。コミューンの規範や慣習や取り決めが、メンバーたちすべてに支持され、積極的に遵守され、「それらは自分たちが欲していることに合致している」とメンバーたち自身によって主張される場合もたくさんあります。ミニマムなコミューン、たとえば、ごく小規模な家族とか夫婦であれば、ますます、親密で調和のとれた関係が見られる確率は高まるでしょう。しかし、それでもなお、論理的・原理的には、いかなる共同体も内的な分裂、内的な差異を刻印されていると見なさねばなりません。交響するコミューンには、必ず不協和が混じっているのです。

＊

〈普遍性〉とは何か。それは、共同体についての以上の事実をもとに考えねばなりません。

通常は、共同体の規範や慣習を超える普遍的なルールや価値ということに関しては、次のように考えられています。それぞれの特殊な共同体が何であるか、そのアイデンティティを規定するさまざまな性質――それぞれの共同体が遵守しようとする規範や、奉じている価値などによって記述することができる、さまざまな性質――がまずあり、それらの間の公約数的な共通成分こそが、「普遍性」である、と。

共同体A、B、C……について、それぞれのアイデンティティが次のような命題によって記述されているとします。

Aはaである

Bはbである

Cはcである

……

述語a、b、c、……は、それぞれの共同体の内部と外部を規定している規範を実質的な内容としています。ですから、それは、実際には非常に長いものになるでしょう。これらの述語a、b、c、……の共通成分、重なり合う合意こそが「普遍」ということである……これが常識的な見解です。

しかし、共同体の多数性・多様性が高まるにつれて、述語の共通部分は空集合に近づいていきます。そうなると、結局、それぞれの共同体はそれぞれの価値観や規範を有するのみであって、「普遍性」など存在しない、とも主張されることでしょう。コミュニタリアンは、それに近いことを言っています。

＊

しかし、〈普遍性〉は存在します。どこに、でしょうか。

まず、それぞれの共同体の特殊なアイデンティティに関して、たとえば「Cはcである」といったかたちで一義的に同定できる、ということに根本的な誤りがあります。先ほどから述べてきたこと、共同体の同一性そのもののうちに分裂が孕まれる、という論点は、このことに関わっています。共同体Cはcである、と言明したとたんに、Cにはcに還元できないものがある、それ以上の何かがある、と思わざるをえない。共同体C（のメンバー自身）が、です。「cである」という同一措定（アイデンティフィケーション）それ自身に、「それに尽きない」という余剰がともなってしまうのです。言い換えれば、共同体Cの同一性には「cであり、かつcだけではない」というギャップ、内的な差異が常に宿っています。

が、しかし、ここで気づくでしょう。すべての共同体の同一性（アイデンティティ）に内在しているこのギャップ、どの共同体をも貫通している、この「何である」とも言いえない差異こそが、〈普遍性〉でなくて何でしょう。〈普遍性〉は、同一性（の共通成分）にあるのではなく、差異にあるのです。

日本人である中村哲さんたちがアフガニスタンの現地の人々と関わり、協働したとき、そこで生成していたのは、〈普遍性〉としての差異です。差異や分裂が特殊な共同体の側にあるとき、それは、小集団の間の、あるいは個人の間の、そしてときには個人の中での、相克的な葛藤という様態をとります。しかし、差異が〈普遍性〉の側にあるときには、その様態は違ったものになります。二つの（複数の）差異が共鳴し、交響しあうことになるからです。このとき、差異が、二つの共同体を横断するメンバーたちの相乗的な関係性となるのです。実際、中村さんとペシャワール会がアフガニスタンで活動したとき、そのような関係の様態が出現したのは、ここまで見てきた通りです。

そして何より、〈普遍性〉は、資本が実現する経験可能領域の「普遍性」とは別のものであり、

「普遍性」を超えうるものです。

6　コミュニズムへ

6−1　プロレタリアの連帯

ここまでの考察を受け、結局、資本主義の〈その先〉の社会の骨格構造をどのように描けばよいのでしょうか。

「コミューンたちの間の、関係のルールのもとでの自由な連合」という二層構造は、資本主義の中に取り込まれてしまいます。この構造は、むしろ資本主義にとって適合的なのです。これをどのように修正していけば、資本主義の〈その先〉に出ることができるのか。ここで私ができること、またすべきことは、この章の第2節の終わりでも述べたように、ごく抽象的なレベルで論理的な可能性を示すことだけです。

端緒に認めるべき事実は、任意の共同体（ゲマインシャフト）に内的な差異、内的な葛藤が孕まれている、ということでした。共同体はその外部に敵をもつ前に、共同体それ自体の内部に敵対関係を内在させている。この敵対関係は、それぞれの共同体が、それぞれに固有の規範や慣習によって特殊な生活様式をもち、その生活様式を通じて自身のアイデンティティを打ちたてていることの不可避の帰結です。

私たちが前節で中村哲さんとペシャワール会の実践の意義を分析しながら導いてきたことは、**どの共同体にも孕まれているこの内的な差異、内的な葛藤を媒介にした連帯がありうる**、ということです。その連帯は、資本主義が許容する「普遍性」を超えた〈普遍性〉の直接の現実化であると解釈することができます。

　内的な葛藤を媒介にした連帯とは、オールドファッションな左翼の表現を用いて言い換えれば、「抑圧に苦しむ者たちの間の連帯」ということです。したがって、この連帯は、結局、プロレタリアートたちの連帯なのです。ただし、ここでの「プロレタリアート」は、労働者階級という意味ではありません。この語を、第3節で述べたような意味で理解しておかなくてはなりません。つまり、与えられた社会的位置に対するある種の主体的な応答という意味で、です。

　しかし、万国のプロレタリアの連帯などということは、マルクス＝エンゲルスも、レーニンも言っていたことではありませんか。それなのに、結局、たいしたことは起こらなかった。万国のプロレタリアに団結を呼びかけたところで、真に、資本主義を震撼させるほどのムーヴメントはついに起こらなかったのです。むしろある時期から、労働者たちは、資本主義に積極的に加担し、それを支える側にまわりました。

　ということは、重要なのは、「連帯」という語で含意されている行動です。各国のプロレタリアたちが互いに互いの境遇に同情しあったり、資金的に援助しあったり、情報を交換したり、思想的に支援したり、などといったことだけではまったく足りません。中村さんの活動が劇的な効果をもったのは、彼が、アフガニスタンの共同体に対する外来者としての位格を維持しつつ、同時にその同じ共同体に徹底的に内在したからです。連帯の相手となる他なる共同体に対して外部的でありつつ、内部的でもあること。そのような二律背反的な両極性が維持されるかたちで他者に協力することが、ここでいう「連帯」です。この連帯の行動を、自らが属する共同体から他の共同体へと、こちらのプロレタリアから向こうのプロレタリアへと、一本の太い線を引くことに喩えておきましょう。

プロレタリアは、資本が実現する「普遍性」との関係では、召命を受けていない者、いわば神から呼びかけられていない者でした。彼らは、資本が規定する「普遍」からは排除されており、その中に自分の積極的な場所を見出すことができなかったのです。プロレタリアが、まさに自らも呼びかけられている、自分も召命を受けていると実感できるのは、「普遍性」を超える、あるいは「普遍性」とは異なる〈普遍性〉が見出されたときです。実際、私たちは前節で、〈普遍性〉が生成されうるということ示してきました。アフガンたちが、互いの間の争いをやめて、用水路の建設に立ち上がることになったのは、中村さんの呼びかけが、彼らにとって〈普遍性〉を帯びていたからです。それは、三位一体の原理におけるキリストの呼びかけに類比させることができるものでした。

6-2　ランダムな太い線

しかし、このように議論を進めてくると、絶望的な気分になる人もいるでしょう。資本主義の〈その先〉に行くことなど、とうてい不可能ではないか、と。中村哲さんたちの活動がその典型となるような「連帯」の行動など、実際には、誰もができることではありません。共同体と共同体の間にそんな「太い線」を引くことができる人は、そんなにいるはずはありません。

けれども心配する必要はありません。なぜかと言うと、太い線は、それほど多くは必要がないからです。すべての人が中村哲さんのように活動しなくてはならないとするならば、そんなことはとうていできそうもない、と思うのは当然のことです。もっとも――付け加えておけば――、第3節の7、8で述べたように、人文知や自然科学は、私たちの意識の中に、資本に包摂されない余剰を生み出し、私たちをプロレタリア的な主体性の方へと近づけているのです。が、いずれにせよ、そうだとしても、なおすべての人がペシャワール会のような実践にコミットしなくてはならないとすれば、それは現実味のまったくない目標だということになるでしょう。しかし、太い線は思いのほか少なくても、十分に大きな効果を期待できます。そのような希望的な観測をもちうる、理論的な根拠があります。

もちろん、太い線は多ければ多いほどよく、そして現状においては、あまりにも少ない。しかし、意外に少なくともよいのです。正確に何本、どの程度の太さのものが必要かなどということは言えませんが、しかし、繰り返せば、地球の人口の割には少なくてもよいのです。そう考える理論的な根拠は、数学の一分野、グラフ理論（ネットワーク科学）から得ることができます。ダンカン・ワッツとスティーヴン・ストロガッツが前世紀の末に唱えた「小さな世界（スモール・ワールド）」の理論が、それです[*39]。

この理論の含意をスローガン的に表現しているのが、「六次の隔たり」という語です。「六次の隔たり」とは次のような事実を指します。今、多数の人間からなる集合があったとして、その中の任意の2人を取り出します。一方の人物からスタートして、その友人の、そのまた友人の……という方法で関係をたどり、他方の人物へと何段階で到達することができるのか。それが、2人の人物の間の隔たりの次数です。アメリカは3億人もの人口を抱えています。その中の任意の2人の間の隔たりの次数は非常に大きくなる……と思いたくなりますが、平均で六次しか離れていないのです。アメリカ人であれば、別のまったく交流のない同国人に、だいたい6人くらいの知人を挟めば、到達することができる。どうして、これほど低い次数ですむのか。「小さな世界」の理論はこれを数学的に説明したものです。

今、多数の点が円周上に並んでいるとします。点のひとつずつが個人だと思ってください。地球全体の人口を考えたければ、円周が80億個の点で構成されていると思えばよいのです。ある個人と個人が直接の知り合いであるとき、それぞれの対応する点を線で結ぶことにします。

もしすべての点が、すべての他の点につながっているとすれば、つまりすべての個人が、地球上のすべての他者と直接の関係をもっているとすれば、当然、平均的な隔たりの次数は1になります。しかし、80億もの人間が全員、互いに友人であるなどということは、まったく非現実的な想定です。では、それと真逆の場合はどうでしょうか。各点が、自分の近くにあるいくつかの点とのみつながっているとします。誰もが身近な他人とだけ友人であったり、関係しあったりしている状態です。これは、私たちの現実に近づいているように思えます。たとえば、円周の上の点を1000とし、各点が、直近の10個とだけつながっているようにすると、隔たりの次数の平均は50です。3億人のアメリカですら、平均次数は6だったことを思うと、このモデルは現実とは何かが違うのです。ともかく、各点が直近の点とだけつながっているような場合、点の集合のまとまりの度合いを示す指数、「クラスター化指数」がたいへん高くなります。それぞれの点が直近の10個と結びついている例では、この指数は2／3。これは非常に高い値です。[*40]

この地球社会の全体が、内的に深く結びついた小さなコミューンに分かれている、とします。そうだとすると、クラスター化指数も、隔たりの次数も高くなります。80億人からなる円で、誰もが直近の150人とつながっているようなケースだと、隔たりの次数の平均は、数千万程度になるでしょう。しかし、実際の平均の隔たりの次数は、6とか、それをわずかに超える程度です。とすると、このモデルは、私たちの現実とはかけ離れているのです。

モデルをどのように変えれば、現実に近づけることができるのか。ワッツとストロガッツの研究の主題がこれです。彼らは、もとのモデル（クラスター化指数が高く、隔たりの次数も高いモデル）に、ランダムな線を入れてみました。どの点とどの点とをつないでもかまわない、という趣旨です。当然ながら、基本的には遠い点同士が結びつくことになります。驚くべきことに、ランダムな線をほんのわずかに入れただけで、隔たりの次数は劇的に下がったのです。その上、クラスター化指数は、つまり点の群れのまとまりのよさは、ほとんど影響を受けません。[*41] 80億人分の点からなる例であれば、1万本のリンクに対して2本程度の比率でランダムなリンクを挿入すれば、隔たりの次数の平均は、（ランダムなリンクなしのときの数千万から）一挙に10未満にまで低下させることができます。

おそらく、このモデルこそ、私たちの社会の実態に近いのです。私たちの多くは、主として、身近な者と、つまり何らかの意味で近い者とつながりをもっています。しかし、その知人の中の何人かは、遠くに、思いがけないところに友人をもっているのです。このとき、人と人との間の隔たりの程度は、非常に小さくなり、億をはるかに超える人間たちの集合においても、十分に見通せて、想像できる程度のステップを踏むだけで、互いに結びつくことができるようになります。

＊

この理論は、私たちのここでの探究に、どのような教訓を与えるのでしょうか。私たちは、すでにランダムな線をいくつももつ社会に生きています。インターネットやSNSのことを考慮に入れると、ランダムな線の数は、急激に増えつつあるに違いありません。ただ、この場合には、線（つながり）の質は問題にされていません。

私たちが必要としているのは、太いランダムな線です。ランダムな線なら何でもよい、というわけではありません。が、いずれにせよ、今紹介したグラフ理論は、そのような線は、たくさんは必要ない、ということを含意しているでしょう。ランダムな線がわずかに導入されるだけで、すべての人にとって――ランダムな線の担い手だけではなくすべての人にとって――、世界は小さくコンパクトなものとして実感されるようになるのです。

私たちの多くは、主として、自らが属するコミューンでの活動に従事することになるでしょう。そのコミューンは、家族や親族かもしれないし、会社かもしれないし、学校やサークル活動かもしれないし、さまざまです。加えて、この世界に、ランダムな線にあたる実践が、いくつか挿入されていたらどうでしょう。しかもそれが十分に太かったら。このとき、私たちは、何十億人もの人口によって構成される地球社会を、自らの想像力の中で把握し、実感できるようになるはずです。つまり、地球規模の連帯ということを、単に抽象的な理念としてではなく、具体的に体感できる共同性として思い描くことが可能になるのです。

太いランダムな線は、まだ少なすぎます。が、繰り返しますが、想像を絶するほどたくさんの太いランダムな線を引く必要はない。とすれば、私たちは希望をもってよい。

6-3 ルール圏をともなうコミュニズム

したがって、資本主義の〈その先〉についての、最単純の抽象的なモデルは、互いの間をつなぐ太い線をもったコミューンたちの集合という形態をとることになります。コミューンたちがそれ自体として単体で、交響体として自立していて、それらの間を「ランダムな線」がつないでいるわけではありません。コミューンの内的な関係性が、相乗的・交響的なものとして現実化するためにも、外部のコミューンから入ってくる「太い線」を必要とするのです。その太い線が、コミューンを交響体として完成させると同時に、〈普遍性〉の空間へと開くことにもなります。

このような社会を、私たちは「コミュニズム」と呼ぶことにしましょう。今、述べたのは、その原型のあり方です。しかし、このままの形態では現実には機能しないでしょう。現実に適用するには、リアリズムの要請に応じたヴァージョンアップが必要になります。

＊

ここでは、抽象的な骨格構造を提示することだけを目的としていますから、ヴァージョンアップの詳細については述べません。ただひとつだけ、この原型に、決定的に重要な要素を付け加えておきます。それは、「ルール圏」です。

私たちは、見田宗介の「コミューン・の・自由な連合」という二層構造をクリティカルに検討するかたちで考察を進めてきました。その考察において起点となったのは、「自由な連合」のレベルを律する「ルール」には、どうしても限界があるということでした。しかし、だからといって、コミュニズムにおいて、コミューンたちのすべてが従うルールがなくなるわけではありません。ルール圏は残るし、必要です。たとえば、コミュニズムのもとでも貨幣経済は続くでしょう。[*42] 貨幣による商品交換ほど、効率的に資源を分配する方法は、ほかにありません。そうであるとすれば、貨幣経済の公正性を担保するルールが必要になります。

先に結論を述べておきましょう。ルール圏の「ルール」には、先に指摘したような問題が生じえます（第4節2）。たとえルールが、コミューンの代表者たちの間の協定や合意に基づいて設定されたとしても、です。しかし、ここまで述べてきたような論理によって〈普遍性〉の保証が与えられれば、ルールに随伴していた問題は、少なくとも原理的には克服可能になります。どのような趣旨なのか、順を追って説明しましょう。

＊

マルクス主義者は、ヘーゲルに由来する「疎外」という概念を、一般に、社会批判のための道具として用いてきました。しかし、「疎外」という語で、異なる二つの事態が指し示されているのです。両者が同じく「疎外」と呼ばれたことには、理由がなくはないのですが、しかし、区別しておく必要があります。

ひとつは、資本主義的な生産関係における労働者の疎外です。これは、労働者が、自ら生み出した価値を資本家によって収奪されている状態を指します。もうひとつは、主体が、社会規範や法や制度といった社会的な構築物のうちに疎外されている状態です。規範等は、人間主体が自らの営みを通じて作ったものですが、いわば主客関係が逆転し、主体自身が、それらに規定され、支配されるようになる。これを疎外と呼ぶわけです。しばしば初期のマルクスから後期のマルクスへの思想の転換に関して、「疎外論から物象化論へ」と言われますが、つまり初期には「疎外」という語で呼ばれていたことが後に「物象化」に置き換わっていくのですが、このような転換にかかわっているのは、後者の意味での疎外の方です。[*43] また、私が、「第三者の審級」という概念で論じていることも、後者の疎外に対応しています。

前者の疎外に関しては、批判されてしかるべきですが、後者の疎外については、両義的です。後者の疎外も、もちろん、ネガティヴな意味をもつこともあります。物象化した法や制度に、人の行動は拘束されます。物象化＝疎外は自由を制限するのです。が、しかし、同時に、自由は一定の物象化＝疎外を前提にしてこそ、可能になってもいます。私たちは、多くの規範、ルール、慣習、制度に関して、それらをいちいち検討し、反省することなく、妥当なものとして前提にできるがゆえに、自由にふるまうことができるのです。ある程度の物象化＝疎外は、人間が自由であるための必要条件です。[*44] したがって、物象化＝疎外がまったくないことも、逆に過剰であることも、ともに自由にとっては脅威になります。いわば適切なレベルの物象化＝疎外が必要です。物象化＝疎外の適切性は、どのようにして保証されるのでしょうか。

自由の敵にもなればその条件にもなる規範、ルール、制度の大半は、ルール圏で調達されます。[*45] 物象化＝疎外の適切性を無意識のうちに判断し、チェックするのが〈普遍性〉の感覚です。もし〈普遍性〉がなければ、物象化＝疎外のレベルを最終的に規定していたのは、本書で論じてきたような広義の資本の論理だったでしょう（資本が許容する経験可能領域）。しかし、コミュニズムの世界では、〈普遍性〉の感覚を頼りにすることができます。それは、資本の代わりに、「人民 People」を信頼することができる、と言っているに等しいことになります。資本の論理から自由な、人民のコモンセンスが、〈普遍的妥当性〉があると認定する水準の疎外は、受け入れられ許容されるでしょう。

6-4　国家

最後に、この純粋に抽象的で理念的なモデルと、現実の社会的実体との関係について、ごく基本的なことだけを見ておきます。

まず国家 state は、この図式のどこに位置づけられるのでしょうか。国家は、基本的には、ルール圏の供給者のひとつです。ただし、国民 nation は、ルール圏であると同時に、より包括的なルール圏の中のひとつの共同体でもあります。

いずれにせよ、今日、グローバルな資本主義が直面している危機を考えると、主権国家は、最終的には乗り越えられるべきものです。なぜなら、たとえば気候変動のような問題を考えるとすぐにわかるように、今日の主要な危機は、主権国家のレベルでは決して対抗できないからです。それどころか、主権をもった国家が自らの利益を追求すると、気候変動のようなタイプの問題はかえって深刻化してしまいます。ゆえに、国家に帰属する主権という概念は、乗り越えなくてはなりません。

しかし、主権国家の乗り越えを目指す二つのシンプルな方向は、その極限において考えると、いずれも不適切だと言わざるをえません。ひとつの極限は、国家の廃止、アナーキズムです。いくつかの危機は、それを乗り越えるために、人々の、長期にわたるコミットメントを要求します。ときには、コミットメントを強制しなくてはならない（たとえば、経済活動を停止させるとか、外出を制限するとか）。もし国家がなければ、何が、実効的な強制力を発動させることができるのでしょうか。

逆の極限は、世界政府の設立です。論理的に考えて、危機を乗り越えるためには、世界政府しかない、と唱える人はたくさんいます。しかし私は、もし仮に今、世界政府ができたとしても、それは、現状よりもっと悪いことになるだろう、と推測しています。その理由は、人類の多くは、「法の支配」が非常に苦手だからです。「法の支配」の反対物は「人の支配」です。「法の支配」は国際的に承認された規範ですが、現在の世界を見渡すと、実際にそれを実現できている国家の方が少ないのです。「人の支配」になっている国家の方がずっと多い。現実に存在している政府の中で、世界政府に最も近いのは、中国政府です。中国政府は、ずば抜けて大きな人口を支配し、かつ十分なまとまりと秩序を確保できているからです（たとえばインドも大きな人口を擁していますが、中国ほどの安定的な秩序を維持できてはおらず、単一の政府が実効的に支配できていない部分があります）。世界政府は、現在の中国政府の拡大版のようなものになる可能性が高い。世界政府は、とてつもなく大規模な腐敗を許容することになるでしょう。[*46] しかし、世界政府は、地球規模のルール圏の擁護者でなくてはなりません。もし世界政府が「法の支配」を実現できないとすると、それは、ルール圏にとって致命的なダメージとなります。少なくとも今はまだ、世界政府の樹立を直接に目指すべきときではありません。

したがって、主権国家の超克を目指す両端の極限は、どちらも現状よりも悪い結果に至ります。ではどうしたらよいのでしょうか。結局、国家間の緊密な協力、あるいはそうした協力を強いることができる国際機関を通じて、国家の主権を少しずつ相対化していくほかないのです。まずは主権国家が、国際的な協力関係にコミットすれば、結果として、主権を部分的に放棄したのと同じことになるからです。そして、私たちが見てきたような「太い線」を国民国家と国民国家の間に引くことこそ、そのような国家間の協調の最も有効な方法ではないでしょうか。

6-5 民主主義

もうひとつは民主主義、とりわけ代表民主主義。民主主義は、あらゆる問題を解決する万能薬のように思われていますが、代表民主主義が「資本主義の乗り越え」という課題にとって効果的とは限りません。というより、代表民主主義はたいてい、資本主義の乗り越えよりも、資本主義そのものに賛成するでしょう。代表民主主義は必ずしも、資本主義を乗り越えようとしている者の味方ではありません。資本主義を乗り越えようとする者は、人民については、これを全面的に信頼しなくてはなりませんが、代表民主主義をあてにすることは必ずしもできないでしょう。

では、直接民主主義はどうでしょうか。代表者を通じてではなく、人民が直接意見を発する民主主義だったらどうでしょうか。歴史的に言うと、代表民主主義は、もともとは西洋にだけあったもので（起源は12世紀のイベリア半島）、特殊な文化的伝統をその土壌としています。しかし直接民主主義は、古代より世界各地にありました（古代ギリシアのアテナイが直接民主主義の起源だったわけではありません）。このことから、直接民主主義は、人間の集団にとってかなり自然な意思決定の方法だということがわかります。しかし、直接民主主義には、よく知られた限界があります。小規模な共同体でしか、有効には使えないのです。したがって、小さなコミューンでは、直接民主主義的な方法を活用すればよい、と思います。

ところで現在では、インターネットがありますから、大規模な集団に対しても、人々の多種多様な意見を集計することができ、一種の直接民主主義が可能だとする見解が提起されています。そして、インターネットやＳＮＳを通じて表明された意見や欲求を、どのような手順、どのようなアルゴリズムによって集計するのか、そのテクニックについても、興味深い提案がなされています。しかし、私は、インターネットを活用した大規模な直接民主主義を、代表民主主義に代わる私たちの合意形成の主たる手段とすることには、二つの理由で反対です。

第一に、インターネットの言論の領域は、とりわけＳＮＳの言論の領域は、公共的空間にはなっていない、ということです。それは、公共的空間でも、私的空間でもないような第三の空間を形成しています。インターネットの言論の領域は、それこそグローバルにアクセス可能で、グローバルに発信可能だという意味では、未曾有の規模の公共的空間に見えますが、それは基本的には、私的なメッセージの交換に使われているのです。不特定多数にメッセージを送るときでも、あるいは誰か直接には知らない人からのメッセージを受け取るときでも、人は、私的なコミュニケーションのモードで——つまり私的コミュニケーションにおけるのと同じ態度で——、それらを行っています。

民主的に意思決定するためには、人は、公共的空間の参加者として自らの意見を表明しなくてはなりません。公共的空間の参加者として発言するとは、「私が何を欲するか」「私にとって何がよいか」を表明するのではなく、「みんなにとって何がよいか（についての私の判断）」をみんなに向けて表明することです。この「みんな」こそが、ここでずっと探究してきた普遍性に対応しています。インターネットが客観的につないでいるグローバルな規模のコミュニケーションの空間に対応した普遍性（みんな）を、個々のユーザーは実感できていません。[*47] そのため、結局、グローバルな規模のネットワークに向けて、人は、私的な会話のモードで、あるいは親密圏における態度で発信することになります。インターネットを活用した直接民主主義は、それこそ偽の「普遍性」を補強することになるでしょう。

インターネットを活用した直接民主主義に反対する第二の理由は、私的とも公共的ともつかないこの第三の空間において、人はほんとうには自由ではない、ということにあります。インターネットにおいて、人は、自由に発信し、多様な情報に自由にアクセスしている……と思っていますが、決してそうではありません。私たちのコミュニケーションは、コントロールされています。次のような意味で、です。インターネットの第三の空間を提供しているプラットフォーマー（と呼ばれる大企業）は、そこでのコミュニケーションやメッセージを検閲したり、ある種のメッセージが入ってくるのを阻んだり、あるいは私たちの注意を特定のメッセージへと向けるべく操作したりするアルゴリズムをもっているのです。人々は、インターネット上で自由に活動していると思っているそのとき、そうとは自覚することなく、これらのアルゴリズムにコントロールされています。

インターネットの第三の空間で、人は、無自覚的な不自由の状態にあります。このことは、インターネットを活用した直接民主主義に過剰な期待をもってはならない、ということを意味しています。ただし、大事なことを付け加えておけば、直接民主主義として活用するかどうかとは別にして、ある種の情報へのアクセスをコントロールするアルゴリズム自体は、絶対に必要です。たとえば、差別的な発言、ヘイトスピーチのようなものへのアクセスは制限されるべきです。

では、どうすべきなのか。どのようなアルゴリズムが使われているのか、完全に公開され、透明であること。そのアルゴリズムが妥当であるかどうかが、公共的に議論されること。そしてアルゴリズムへのアクセスが特定の個人や団体に限定されていないこと。こうしたことが最低限、必要になります。が、いずれにせよ、繰り返せば、インターネットが、まさに自由として体験される不自由な空間である以上は、直接民主主義的な意思決定のための手段としては不適切だと言わざるをえません。

＊

民主主義は、普通、大きく二種類に分けられると考えられています。私は、そのどちらに対しても疑問を呈してきました。ではどうすればよいのか。

非常に包括的な「民主主義の歴史」を書いたジョン・キーンという政治学者がいます。[＊48] キーンにると、代表民主主義、直接民主主義（キーンは「集会民主主義」と呼ぶ）とは異なる、これらとはまったく違った由来をもつ第三の民主主義があります。「モニタリング民主主義」です。この民主主義は、権力の作動を監視するのを目的としています。オンブズパーソンの制度などは、モニタリング民主主義の具体例のひとつでしょう。

私は、モニタリング民主主義の具体化と活用が鍵であると考えています。ルール圏のレベルでの意思決定は、基本的には、今後も代表民主主義によって——多党制をともなう議会主義によって——担われるでしょう（それに対して、小規模なコミューンでは直接民主主義が活用されるでしょう）。しかし、代表民主主義には先ほど述べたように限界があります。代表民主主義と（あるいはコミューンの直接民主主義と）、モニタリング民主主義を組み合わせたらどうでしょうか。先ほど、ルール圏のレベルでの適切な疎外が必要だと述べましたが、疎外が適切なレベルのうちにあるかをチェックするのもモニタリング民主主義の役目のひとつです。

犯罪者のように言われていますが、アサンジのウィキリークスは、インターネットを活用したモニタリング民主主義を実践していると見ることができます。権力の透明性を確保するために、モニタリング民主主義は絶対に必要です。付け加えておけば、インターネットの「第三の空間」で作用しているアルゴリズムもまた、モニタリング民主主義を通じて透明化すべきです。プラットフォーマーが公開しているアルゴリズムが実態と合致しているのかを調査し、アルゴリズムの妥当性を検討し、ときにアルゴリズムの改良を要求する。

そして、共同体の外から入ってくるあの「太い線」にもう一度、目を向けましょう。「太い線」

の中に、モニタリング民主主義の働きを担うものがあってもよいのではないでしょうか。権力の監視は、その権力に支配されている個人や集団によっては、十全にはなしえません。真に実効的なモニタリング民主主義は、外部からの「太い線」と結びついたときに実現されるはずです。モニタリング民主主義として機能する「太い線」を引くこともまた、支配されている者、抑圧されている者と連帯するひとつのやり方です。

＊　＊

資本主義の〈その先〉について論ずるのは、このあたりでやめましょう。いずれにせよ、私たちの社会は、資本主義の〈その先〉へ、あるとき一挙に突如として移行するわけではないでしょう。資本主義と連動する二つの言説に関して述べたように、資本主義を乗り越える解放的な因子は、資本主義そのものの中から生まれてきます。

究極の鍵は、資本が提示する「普遍性」を超える、真実の〈普遍性〉を見出すことができるか、にあります。概念を思索の中で定式化するだけでは不十分です。〈普遍性〉の概念の現実化と解釈できるような実践があるのか。それは確かにある、ということを私は示したつもりです。

百年後にも人類が繁栄しているかどうか。繁栄を享受できているとすれば、それは、資本主義の〈その先〉に歩みを進めえたときでしょう。

＊1　大澤真幸『〈世界史〉の哲学　近世篇』講談社、2017年。

＊2　柄谷行人は、この点を重視し、独自の「交換様式」論を用いて、明快に論じている。『力と交換様式』岩波書店、2022年。

＊3　Joseph Warren Dauben, *Georg Cantor*, Princeton: Princeton University Press, 1979. G・カントル『超限集合論』功力金二郎、村田全訳・解説、共立出版、1979年。

＊4　マーク・フィッシャー『資本主義リアリズム』セバスチャン・ブロイ&河南瑠莉訳、堀之内出版、2018年（原著2009年）、10頁、48頁。

＊5　デヴィッド・ハーヴェイ『資本主義の終焉』大屋定晴・中村好孝・新井田智幸・色摩泰匡訳、作品社、2017年（原著2014年）。

＊6　トマ・ピケティ『21世紀の資本』山形浩生・守岡桜・森本正史訳、みすず書房、2014年（原著2013年）。

＊7　Thomas Piketty, *Capital et idéologie*, Paris: Seuil, 2019.

＊8　それならば、資本主義が、その常態において、格差を拡大させていく傾向があるのはなぜなのか。その原因はどこにあるのか。この点についてのピケティの理論的な説明は、実は間違っている。ピケティは、資産の収益率rが、所得（≒賃金）の成長率gよりも大きいこと（r＞g）に、格差拡大の究極の原因があると論じている。しかし、所得の成長率と比べるならば、（資産の収益率rではなくて）資産収益の上昇率でなくてはならない。資産収益の上昇率は、資産収益率rに、資産収益の中であらたに再投資にまわす割合sを乗じた値になる（sr）。つまり、sr＞gであれば、ピケティの主張は整合的なものになる（経済学者の小野善康さんの教示に基づく）。詳しくは、以下を参照。大澤真幸『THINKING「O」』12号、左右社、2015年。

＊9　斎藤幸平『人新世の「資本論」』集英社新書、2019年。

＊10　大澤真幸『新世紀のコミュニズムへ』ＮＨＫ出版新書、２０２１年
＊11　ハンナ・アーレントは以下の論文の中で、この危険性を暗示している。「教育の危機」『過去と未来の間』引田隆也・齋藤純一共訳、みすず書房、１９９４年（原著１９６８年）。
＊12　柄谷行人『世界史の構造』岩波書店、２０１０年。
＊13　デヴィッド・グレイバー『負債論』酒井隆史監訳、高祖岩太郎・佐々木夏子訳、以文社、２０１６年（原著２０１１年）。
＊14　ショシャナ・ズボフ『監視資本主義』野中香方子訳、東洋経済新報社、２０２１年（原著２０１９年）。
＊15　アダム・スミス『諸国民の富』㈠〜㈤、大内兵衛・松川七郎訳、岩波文庫、１９５９―６６年（原著１７７６年）。
＊16　柄谷行人『力と交換様式』岩波書店、２０２２年、２４８―２５３頁。
＊17　マックス・ヴェーバー『プロテンタンティズムの倫理と資本主義の精神』大塚久雄訳、岩波文庫、１９８９年改訳、１０６頁。
＊18　ジョルジョ・アガンベン『残りの時――パウロ講義』上村忠男訳、岩波書店、２００５年（原著２０００年）、47頁。
＊19　真木悠介に「Ｘへの疎外」と「Ｘからの疎外」という概念がある（『現代社会の存立構造』筑摩書房、１９７７年）。一般に、疎外とは、何ものかから疎外されていることだと考えられているが、真木によれば、何かから疎外される前提として、何かへと疎外されている状態がある。資本制のもとでは、この二種類の疎外がある。ここでの議論と対応させれば、価値や意味や地位へと疎外されている状態は、召命を受けている状況、神に類する超越的なものから呼びかけられている状況である。召命を受けているのに、自分が留まるべき場所を与えられていないとき、（Ｘへと疎外されているだけではな

く）Xから疎外されてもいる。Xへと疎外されているだけなのが、ブルジョワジーだとすれば、（Xへと疎外されていると同時に）Xからも疎外されているのがプロレタリアートである。

＊20 前注、参照。これが「Xからの疎外」ということである。

＊21 カール・マルクス『ユダヤ人問題によせて ヘーゲル法哲学批判序説』城塚登訳、岩波文庫、1974年、94頁。

＊22 デヴィッド・グレーバー『ブルシット・ジョブ――クソどうでもいい仕事の理論』酒井隆史ほか訳、岩波書店、2020年（原著2018年）。大澤真幸『ブルシット・ジョブと現代思想』（THINKING「O」18号）、2022年、左右社。

＊23 マルティン・ハイデガー『技術への問い』関口浩訳、平凡社、2009年（原著1953年）。

＊24 マックス・ホルクハイマー、テオドール・アドルノ『啓蒙の弁証法』徳永恂訳、岩波文庫、2007年（原著1947年）。

＊25 だから、小説の場合、語り手そのものをフィクションの内的な要素として扱い、ほんとうの語り手である作者の痕跡を表面から消し去ることができる。つまり、本当の語り手は、小説の作者に決まっているわけだが、あたかも、作者が創造した虚構の語り手が書いているかのように思わせることができる。このように小説は、誰が語っているかということが本質的に重要な条件であるがゆえに、工夫によって、語り手を後景に退けることができる。

＊26 見田宗介「交響圏とルール圏――〈自由な社会〉の骨格構成」『社会学入門』岩波新書、2006年。

＊27 ゲゼルシャフトのもう一つの原型的なイメージは、「会社」である。

＊28 注26の文章のもとになっている論文は、1996年に、『岩波講座 現代社会学26――社会構想の社会学』（岩波書店）で発表された。これから紹介する論は、1986年5月30日に朝日新聞で発表された（『白いお城と花咲く野原』河出書房新社、2023年、所収）。

＊29　見田宗介『白いお城と花咲く野原』河出書房新社、200頁。
＊30　真木悠介『人間解放の理論のために』筑摩書房、1971年。
＊31　真木、同書、199—209頁。
＊32　オスカー・ワイルド「社会主義下の人間の魂」『オスカー・ワイルド全集4』西村孝次訳、青土社、1989年（原著1891年）。
＊33　中村哲『ペシャワールからの報告』河合ブックレット、1990年。『アフガニスタンの診療所から』ちくまプリマーブックス、1993年。『医者井戸を掘る』石風社、2001年。『医者、用水路を拓く』石風社、2007年。『天、共に在り』NHK出版、2013年。『希望の一滴』西日本新聞社、2020年。『わたしは「セロ弾きのゴーシュ」』NHK出版、2021年。
＊34　大澤真幸『THINKING「O」』1号、2010年。
＊35　「自分自身を要素として含む集合」なるものを認めるとすると、すべての集合は、「「自分自身を要素として含まない集合」の集合」G_0か、「「自分自身を要素として含む集合」の集合」G_1かのいずれかに、排他的に分類できなくてはならない。集合G_0や集合G_1も集合なのだから、G_0かG_1のどちらかに属しているはずだ。では、G_0は、G_0の要素なのか、G_1の要素なのか。少し考えるとわかるのだが、G_0をG_0の要素と仮定すると、逆にG_0はG_1の要素とならざるをえず、逆にG_0をG_1の要素と仮定すると、G_0はG_0の要素となってしまう。つまり「$G_0 \in G_0$ ならば $G_0 \in G_1$」、「$G_0 \in G_1$ ならば $G_0 \in G_0$」。G_0をどちらの集合の要素と仮定しても矛盾がでる。
＊36　以下に述べることは、ヘーゲルが『宗教哲学講義』（山﨑純訳、講談社学術文庫、2023年）で論じていることがヒントになっている。ヘーゲルによれば、ギリシアの神々は、人間（の眼）に対して人間のかたちで現れるのだが、キリスト教の神は、神自身（の眼）に対して人間として現れる。ヘーゲルの考えでは、神の受肉のポイントは、神が人間にとって可視的となり、人間にアクセス可能にな

るということにあるわけではなく、神が自分自身を人間のパースペクティヴで見る、ということにある。ここでヘーゲルが、受肉した神について論じたことが、「斜めから見返す」というイメージの原点である。

＊37 こうしたことが、どうして中村さんが語ったときにだけ、現地の人たちにとって説得的だったのか。ここから得られる教訓は、何を語るかより、どこ（どの視点）から語るかの方が重要だ、ということである。

＊38 キリストが、律法に反対したのはこのためである。キリストの言う「隣人愛」とは、律法と罪の相互依存的な循環の外部にある衝動のことだ。

＊39 Duncan J. Watts and Steven H. Strogatz, "Collective Dynamics of 'Small-World'", *Nature* 393, 440-442, 1998. スタンレー・ミリグラム「小さな世界問題」『リーディングス　ネットワーク論――家族・コミュニティ・社会関係資本』野沢慎司編・監訳、勁草書房、２００６年。

＊40 クラスター化指数が２／３とは、自分の友人の中の任意の二人を連れてきたとき、その二人もまた友人同士である確率が２／３だという意味である。

＊41 ランダムな線の比率が非常に低いからである。ランダムな線をたくさん引けば、クラスター化指数は低下したはずだ。

＊42 本書では論じなかったが、コミュニズムへの移行にとっての重要な鍵は、コモンズ（共有物）の領域を拡大することにある。資本主義は、私的所有を前提にして機能しているので、私的に所有すべきではないもの、私的な所有に不適切なものにまで、所有権が設定されている。それらはコモンズに繰り入れるべきである。コモンズとなるべきものが増えれば、貨幣経済の必要性は小さくなる。だが、貨幣経済が無になるわけではない。さらにコモンズに関しても、（排他的な所有権からは区別された）使用権のやりとりにだけ貨幣を介在させた方がよい場合もある。（少なくとも）何をコモンズにすべ

きか、私的所有を排除した使用権のみによってどのような経済を営むことが可能か、については、以下で基本的なことのみ論じている。大澤真幸『新世紀のコミュニズムへ』NHK出版新書、2021年、第3章第5節、第5章第2節。

＊43 廣松渉『マルクス主義の成立過程』至誠堂、1974年。『マルクス主義の地平』勁草書房、1980年。『資本論の哲学』現代評論社、1974年。『物象化論の構図』岩波書店、1983年。

＊44 大澤真幸『自由という牢獄』岩波書店、2015年、第一章。

＊45 第5節7で論じたように、共同体（コミューン）もまたその同一性を規定する固有の規範をもつ。しかし、それは、人間が必要としている規範のごく一部である。

＊46 どうして「法の支配」が難しいのか。法の支配には二律背反（アンチノミー）があるからだ。一方で、人は、必要や状況に応じて自由に法を創造したり、改変したりできなくてはならず、他方で、どんな有利な立場にあったとしても、人は、法に定められたことに従わなくてはならない。要するに、人は法を変えることができなくてはならず、かつ、法を変えてはならない。こんな矛盾した要請を平気で実現できるのは、特殊な文明的な伝統をもつ社会だけである。詳しくは、以下を参照。大澤真幸『〈世界史〉の哲学　イスラーム篇』講談社、2015年、第4章、第5章。大澤真幸『日本史のなぞ』朝日新書、2016年、100―102頁。

＊47 だからこそ、仲間を直接「みんな」として実感できる交響圏と、それを超えたルール圏を分けた方がよい、ということになる。われわれは、この圏域の分離をどのように乗り越えるかを、この章でずっと考えてきた。

＊48 ジョン・キーン『デモクラシーの生と死』上・下、森本醇訳、みすず書房、2013年（原著2009年）。

あとがき

私たちの〈現在〉を最も基本的な部分から捉え、〈その先〉を展望しようとすれば、〈現在〉が資本主義社会であるということを見ないわけにはいきません。実際私はこれまでも、資本や資本主義については、ずいぶんたくさん、いろいろな本で論じてきました。しかし、それらはすべて、他の主題を論ずる中でのことでしたから、資本主義の理論としては断片的でした。そのため私は、資本主義についての私の理論を全体として体系的に論ずる本を書きたいとずっと思ってきました。本書によって、社会学者としての私のこの永年の願望をかなえることができました。

本書のもとになった講義は、2018年の夏から秋にかけて、筑摩書房の会議室を使って、4回にわたって行われました。毎回、数十名の方が出席されましたが、いずれも、筑摩書房の告知で講義のことを知って申し込まれた一般の方々です。

ただ、さまざまな事情から、この講義はほとんど原型をとどめないほどに加筆・修正されました。最も大きかったのは、内容に直接的・間接的に影響を与えざるをえない大きな出来事が、講義後にいくつもあったということです。たとえば地球規模のパンデミックがあり、第二次世界大戦にもつながりうる戦争が始まりました。またこの数年の間にも、興味深い重要な本や論文が、たくさん発表されました。その間、私自身の研究も進み、考えもいくぶんかは深まりました。それゆえ、本書は講義の録音を文字に起こしたものではなく、事実上は、ほぼ全面的な書き下ろしです。文体にだけ、講義の調子をとどめました。

*

筑摩書房の編集者石島裕之さんが、体系的にまとまった資本主義論を書きたいという私の願望に共感してくださり、資本主義と〈その先〉についての本を作りましょうと提案してくださったのは、右記の講義のさらに三年以上前のことでした。石島さんは、講義の場をセッティングし、それより前には筑摩書房の公式サイトに連載の場を用意してくださるなど、ずいぶんと助けてくださいましたが、私の執筆はなかなか進みませんでした。

先ほど述べたように、この本は、私がずっと書きたいとあたためてきた構想にそったものではありますが、にもかかわらず——というより、それゆえになお執筆に時間がかかってしまいました。探究は終わりのない過程なので、その成果を本にするには、どうしても「決断」を必要とするからです。

にもかかわらず、こうして本書を上梓できたのは、ひとえに石島さんのおかげです。この一年余りの間に一挙に筆を進めることができたのは、一章ごとに送った原稿に対する石島さんの理解の深さ、反応の的確さ、コメントの鋭さに、私自身が驚き、嬉しくて仕方がなくなったからです。石島さんは、諦めずによく最後まで粘ってくださいました。石島さん、ありがとう。

また、筑摩書房での講義に出席してくださった皆さんにも、お礼を申し上げます。講義からはずいぶんヴァージョンアップしましたが、皆さんが熱心に聴講してくださったことが、執筆の励みになりました。文体を講義調にしたのは、皆さんの思いをあらためて想起しながら執筆を進めたかったからです。

二〇二三年五月九日

大澤真幸

大澤真幸（おおさわ・まさち）

1958年、長野県松本市生まれ。社会学者。専門は理論社会学。思想誌『THINKING「O」』（左右社）主宰。東京大学大学院社会学研究科博士課程修了。社会学博士。千葉大学文学部助教授、京都大学大学院人間・環境学研究科教授等を歴任。

2007年『ナショナリズムの由来』（講談社）で第61回毎日出版文化賞（人文・社会部門）を、2015年『自由という牢獄』（岩波書店）で第3回河合隼雄学芸賞を受賞。2012年『ふしぎなキリスト教』（講談社現代新書）で中央公論新書大賞を橋爪大三郎とともに受賞。

他の著書に『経済の起原（クリティーク社会学）』（岩波書店）、『不可能性の時代』『夢よりも深い覚醒へ』（以上、岩波新書）、『〈自由〉の条件』（講談社文芸文庫）、『新世紀のコミュニズムへ』（NHK出版新書）、『日本史のなぞ』（朝日新書）、『社会学史』（講談社現代新書）、『〈世界史〉の哲学』シリーズ（講談社、既刊8巻、継続中）、『増補 虚構の時代の果て』（ちくま学芸文庫）など多数。

共著に『おどろきのウクライナ』（集英社新書）、『資本主義という謎』（NHK出版新書）などがある。

資本主義（しほんしゅぎ）の〈その先（さき）〉へ

2023年6月30日　初版第1刷発行

著者　大澤真幸

装丁　水戸部 功

発行者　喜入冬子

発行所　株式会社筑摩書房
〒111-8755 東京都台東区蔵前2-5-3
電話番号03-5687-2601（代表）

印刷　株式会社精興社

製本　加藤製本株式会社

ISBN978-4-480-86743-8 C0036